国家自然科学基金面上项目（71672159）；教育部人文社会科学重点研究基地重大项目（16JJD790034）；教育部人文社会科学基金项目（15YJC790001）

中国上市公司
股权结构及其代理问题研究

Research on Ownership Structure and Agency Conflict of China's Listed Companies

蔡 宁◎著

中国经济出版社
CHINA ECONOMIC PUBLISHING HOUSE
北京

图书在版编目（CIP）数据

中国上市公司股权结构及其代理问题研究/ 蔡宁著．
—北京：中国经济出版社，2018.5
ISBN 978-7-5136-5153-0

Ⅰ.①中… Ⅱ.①蔡… Ⅲ.①上市公司—股权结构—研究—中国 Ⅳ.①F279.246

中国版本图书馆 CIP 数据核字（2018）第 064022 号

责任编辑　贺　静
责任印制　马小宾
封面设计　华子设计

出版发行	中国经济出版社
印 刷 者	北京金明盛印刷有限公司
经 销 者	各地新华书店
开　　本	710mm×1000mm　1/16
印　　张	18.25
字　　数	261 千字
版　　次	2018 年 5 月第 1 版
印　　次	2018 年 5 月第 1 次
定　　价	59.00 元
广告经营许可证	京西工商广字第 8179 号

中国经济出版社　网址 www.economyph.com　社址 北京市西城区百万庄北街 3 号　邮编 100037
本版图书如存在印装质量问题，请与本社发行中心联系调换（联系电话：010-68330607）

版权所有　盗版必究（举报电话：010-68355416　010-68319282）
国家版权局反盗版举报中心（举报电话：12390）　服务热线：010-88386794

目 录

1 绪 论 1
  1.1 研究背景与选题意义 1
  1.2 研究框架与主要内容 2

上篇 基于最终控制人视角的股权结构研究

2 投资者法律保护与现代企业股权结构 7
  2.1 产权的公共执行决定私人执行 7
    2.1.1 交易费用与产权 7
    2.1.2 产权的公共执行 9
    2.1.3 产权的公共执行决定私人执行 11
  2.2 投资者法律保护的差异性 12
    2.2.1 证券的实质与投资者法律保护 12
    2.2.2 法系决定投资者法律保护的差异性 14
    2.2.3 投资者法律保护的程度决定股权结构特征 18
  2.3 现代企业股权结构特征 20
    2.3.1 分散的股权结构特征——基于"伯利和米恩斯命题" 20
    2.3.2 集中的股权结构特征——基于 LLSV 范式 23

3 企业股权结构与代理问题 ……………………………………………… 33
3.1 最终控制人的利益输送行为 …………………………………… 33
3.1.1 不同股权结构下代理问题的转变 ………………………… 33
3.1.2 利益输送行为的代理成本 ………………………………… 36
3.1.3 利益输送行为的"合法性" ……………………………… 41
3.2 股权结构对企业绩效的影响 …………………………………… 43
3.2.1 管理层持股与企业绩效 …………………………………… 44
3.2.2 大股东持股与企业绩效 …………………………………… 46
3.2.3 最终控制人与企业绩效 …………………………………… 47
3.3 股权结构对财务报告质量的影响 ……………………………… 49
3.3.1 制度性背景对财务报告质量的影响 ……………………… 49
3.3.2 股权结构对财务报告质量的影响 ………………………… 53

4 东亚和中国上市公司股权结构特征 …………………………………… 57
4.1 东亚经济中的公司治理 ………………………………………… 57
4.1.1 投资者保护不完善 ………………………………………… 57
4.1.2 东亚企业的股权结构特征 ………………………………… 63
4.2 中国上市公司股权结构研究现状 ……………………………… 66
4.2.1 以直接股东为研究对象 …………………………………… 66
4.2.2 以最终控制人为研究对象 ………………………………… 68
4.3 我国上市公司股权结构特征 …………………………………… 71
4.3.1 控制链示例 ………………………………………………… 71
4.3.2 最终控制人 ………………………………………………… 80
4.3.3 控制权、现金流量权集中程度与两权分离情况 ………… 83

5 中国上市公司最终控制人利益输送行为分析 ………………………… 88
5.1 上市公司最终控制人利益输送行为 …………………………… 88
5.1.1 高额派现 …………………………………………………… 89

  5.1.2 关联交易 …………………………………………… 92
 5.2 上市公司最终控制人与高派现行为 ……………………… 95
  5.2.1 上市公司最终控制人类型对高派现行为的影响 …… 96
  5.2.2 上市公司最终控制人两权情况对高派现行为的影响 … 101
 5.3 上市公司最终控制人与关联交易 ……………………… 104
  5.3.1 上市公司最终控制人类型对关联交易的影响 ……… 104
  5.3.2 上市公司最终控制人两权情况对关联交易的影响 … 110

6 中国上市公司最终控制人与财务报告质量 …………………… 113
 6.1 研究背景 ………………………………………………… 113
 6.2 上市公司最终控制人与财务报告质量 …………………… 116
  6.2.1 研究假设 ……………………………………………… 116
  6.2.2 研究设计 ……………………………………………… 121
  6.2.3 检验结果及分析 ……………………………………… 125
  6.2.4 研究结论 ……………………………………………… 132

下篇　基于股东关系视角的股权结构研究

7 股权分置改革与利益输送新途径 ………………………………… 137
 7.1 问题的提出 ……………………………………………… 137
  7.1.1 股权分置改革的制度背景 …………………………… 137
  7.1.2 内幕交易——利益输送新途径 ……………………… 138
 7.2 内幕交易相关研究 ……………………………………… 139
  7.2.1 国外研究现状 ………………………………………… 139
  7.2.2 国内研究现状 ………………………………………… 144
 7.3 原非流通股份减持概况 ………………………………… 145
  7.3.1 解禁与减持的整体情况 ……………………………… 145

		7.3.2 解禁、减持与市场行情 ··· 147

- 7.3.2 解禁、减持与市场行情 ·· 147
- 7.3.3 不同股东的减持行为 ·· 150
- 7.4 原非流通股份交易中的内幕交易行为 ································ 153
  - 7.4.1 原非流通股东的内幕交易行为 ································ 153
  - 7.4.2 原非流通股东利用信息优势 ·································· 155
  - 7.4.3 原非流通股东信息优势差异影响因素 ························ 157
  - 7.4.4 影响内幕交易的外部制度因素 ································ 159

8 股东合谋与股东制衡 ·· 162

- 8.1 问题的提出 ·· 162
- 8.2 LLSV 范式下的代理问题 ·· 163
  - 8.2.1 "伯利和米恩斯命题" ·· 163
  - 8.2.2 LLSV 范式下的代理冲突 ······································ 165
- 8.3 股东合谋与制衡 ··· 167
  - 8.3.1 大股东共享控制权的理论基础 ································ 167
  - 8.3.2 股东合谋与制衡的经验证据 ···································· 170
  - 8.3.3 国内研究现状 ·· 172
- 8.4 资本市场动因的盈余管理 ·· 174
  - 8.4.1 盈余管理动因的演变 ·· 175
  - 8.4.2 盈余管理的资本市场动因 ······································ 176
  - 8.4.3 国内研究现状 ·· 179
- 8.5 对现有研究的评述 ·· 181

9 股东利益关联与股东关系 ·· 184

- 9.1 非流通股东分类 ··· 184
- 9.2 经济体制改革的制度背景 ·· 186
  - 9.2.1 股份制改造 ··· 186
  - 9.2.2 发展证券市场 ·· 189

  9.2.3 非国有经济的扶持与发展 ·············· 191
 9.3 非流通股东利益关联分析 ·················· 193
  9.3.1 发起人股东利益关联 ·················· 193
  9.3.2 "IPO前股东"利益关联 ················ 195
  9.3.3 "IPO后股东"利益关联 ················ 196
 9.4 描述性案例 ··························· 197
  9.4.1 "高鸿股份"股东变动 ·················· 197
  9.4.2 "浙富股份"股东变动 ·················· 200

10 非流通股份交易中的会计信息质量 ············ 206
 10.1 研究问题的提出 ······················ 206
 10.2 案例分析：冠福家用 ··················· 208
  10.2.1 随意变更会计政策 ··················· 208
  10.2.2 非流通股东的减持行为 ················ 210
  10.2.3 会计政策变更配合股东减持？············ 211
 10.3 制度背景与研究假说 ··················· 212
  10.3.1 制度背景 ························ 212
  10.3.2 研究假说 ························ 213
 10.4 研究设计 ··························· 214
  10.4.1 数据来源 ························ 214
  10.4.2 盈余管理的季度性财务期间 ············· 214
  10.4.3 操控性应计和市场收益 ················ 215
  10.4.4 检验模型 ························ 217
 10.5 检验结果 ··························· 220
  10.5.1 描述性统计 ······················ 220
  10.5.2 回归分析 ························ 224
  10.5.3 稳健性检验 ······················ 226
 10.6 研究结论 ··························· 228

11 股东关系、非流通股份交易与会计信息质量 ……… 230
11.1 研究问题的提出 ……… 230
11.2 案例分析：兴业房产 ……… 232
11.2.1 发起人股东联盟 ……… 232
11.2.2 发起人股东的"制衡"作用——抵制云南恒丰收购 ……… 234
11.2.3 发起人股东"制衡"失效——纺织开发占用资金 ……… 235
11.2.4 小结 ……… 239
11.3 研究假设 ……… 239
11.4 研究设计 ……… 241
11.4.1 数据说明 ……… 241
11.4.2 模型检验 ……… 242
11.5 检验结果 ……… 246
11.5.1 描述性统计 ……… 246
11.5.2 回归分析 ……… 247
11.6 补充检验 ……… 250
11.6.1 持股成本与盈余管理 ……… 250
11.6.2 股东性质与盈余管理 ……… 252
11.7 研究结论 ……… 256

参考文献 ……… 259
索引 ……… 281

1 绪 论

1.1 研究背景与选题意义

自 20 世纪 30 年代伯利和米恩斯推出其经典专著《现代公司和私有财产》以来，相对分散的股权结构、股东和公司管理层之间的代理冲突被视为现代企业的两大基本特征，构成了公司治理研究的基础。随着 La Porta，Lopez – de – Silanes，Shleifer 和 Vishny（下文简称 LLSV）等通过国际比较，将法律视角引入公司治理研究领域，越来越多的研究发现相对集中的股权结构在投资者法律保护薄弱的国家和地区更为普遍，股权的相对集中以及由此引发的控股股东对中小投资者的可能侵害，也成为现代企业更为突出的股权特征和代理问题。

国有企业改革、发展资本市场是中国经济体制改革多年来的重中之重，政府在这场改革中的主导性作用使得资本市场的准入机制带有明显的所有权性质倾向，也造就了我国上市公司独特的股权结构特征：国有经济占绝对性优势、股权结构高度集中。和 LLSV 提出的一国投资者法律保护环境决定了该国企业的所有权结构相似，我国独特的经济背景也决定了上市公司的股权结构。差异仅在于前者强调在既定的法律体系下市场自行作出的反应，在我国则是政府行政手段直接引导了微观经济主体的股权特征。因此，以公司财务主流为基础、结合我国特有的国情，本书尝试对 LLSV 范式的主要思想和相关研究成果作一个理论上的总结和梳理，并对我国上市公司股权结构和代理问题进行经验分析。

探讨中国上市公司的所有权结构和股东问题，离不开产权改革的制度背景。回顾 40 年经济体制改革历程，以国企改革为契机的历次国有资产经营、监管体系的重大变革，外生性地决定了中国上市公司的股权特征、股东关系。

2005 年，中国证券市场启动股权分置改革；2006 年，首只解禁股的抛售揭开了原非流通股份减持的序幕；2009 年，中国证券市场迎来解禁最高峰；2012 年，市场基本实现全流通预期，二元股权结构从此终结。全流通时代的到来，一方面降低了中国证券市场的股权集中度，另一方面也引起了上市公司大股东代理问题表现形式的转变。股权分置改革之前，大股东所持股份在市场上无法流通，利益输送主要通过非市场化渠道实现，包括高派现、关联方交易等；股权分置改革之后，大股东所持股份在市场上逐步可流通，这部分股东同时又具有对公司相当的控制权，因此可能凭借控制权带来的信息优势交易股份获取超常收益。由此，原非流通股份出售中的内幕交易，就成为全流通市场环境下大股东侵害的新途径。进一步看，解禁股份交易也为考察股东关系、股东行为提供了重要的研究场景。原非流通股东，也包括持股比例较低的股东，这部分股东在股份出售过程中为何能够获取信息优势？股东之间的合谋默契可能让大股东愿意与这部分股东共享控制权私利。那么为什么股东之间会具有这样的合谋默契，或哪些股东之间更可能形成合谋？股东之间由特定利益关联带来的股东关系，是合谋默契的解释角度之一。因此，本书以股权分置改革后原非流通股份交易为研究对象，考察股东关系对股份交易中股东合谋、内幕交易的影响。

1.2 研究框架与主要内容

本书分为两部分，即上篇"基于最终控制人视角的股权结构研究"和下篇"基于股东关系视角的股权结构研究"。上篇从 LLSV 理论研究出发，从最终控制人角度梳理上市公司股权结构特征以及相应代理问题。第 2 章、第 3 章为理论回顾，尝试从制度经济学角度为投资者法律保护和企业股权结构之间的关系探寻解释思路，主要遵循"投资者法律保护→股权结构特征→主要代理问题"这一思想主线。第 4 章、第 5 章、第 6 章为我国上市公司问题研究，尝试从最终控制人角度考察股权结构特征，鉴于我国目前最终控制人对企业价值的影响已较为成熟，本书着重研究上市公司最终控制人的利益输送行为以及最终控制人对财务报告质量的可能影响。下篇以中国证券市场股权分置改革为契机，从股东关系角度梳理股东行为、全流通市场环境下的代理问题。第7章、第8章、第9章为理论探讨，从股改制度背景出发，提出股东利益实现机制嬗变下的股东关系、股东合谋、利益输送新形势等问题。第10章、第11章为实证检验，考察原非流通股份减持过程中的利益输送以及股东合谋。

本书的主要内容如下：

上篇"基于最终控制人视角的股权结构研究"：

第2章"投资者法律保护与现代企业股权结构"。对投资者法律保护决定现代企业股权结构问题进行了讨论，产权的公共执行决定了私人执行的平衡状态，因此，一国投资者法律保护的完善性决定了该国企业的具体融资渠道和所有权结构。

第3章"企业股权结构与代理问题"。对特定股权结构下企业可能面临的代理问题进行了讨论，随着股权集中程度不断提高，最终控制人对外部中小投资者利益的可能侵害成为主要代理冲突。股权结构对企业绩效、财务报告质量的可能影响从经营绩效、信息要求权角度反映了这一代理问题。

第4章"东亚和中国上市公司股权结构特征"。对我国上市公司股权结构特征进行了描述和分析，我国上市公司最终控制人类型、两权情况具有不同于LLSV研究发现和东亚其他国家的显著特征。

第5章"中国上市公司最终控制人利益输送行为分析"。对我国上市公司最终控制人利益输送行为进行了分析，高额派现和关联交易是最终控制人采取的主要利益输送方式，最终控制人的类型和两权情况对利益输送方式的选择具有一定的解释力。

第6章"中国上市公司最终控制人与财务报告质量"。实证检验了我国上市公司最终控制人对财务报告质量的可能影响，主要检验最终控制人类型、两权情况对上市公司会计盈余价值相关性的可能影响。

下篇"基于股东关系视角的股权结构研究":

第7章"股权分置改革与利益输送新途径"。股权分置改革带来了非流通股东利益实现机制嬗变,股份出售中的内幕交易行为成为大股东侵害中小投资者的新途径。

第8章"股东合谋与股东制衡"。多个股东共享控制权有助于股东之间彼此制衡,但也可能引发合谋选择。但现有理论和经验研究都侧重于制衡研究,对合谋问题关注不足。解禁股份出售为研究股东合谋提供了重要场景。

第9章"股东利益关联与股东关系"。股权变动(发行、交易)的公开性影响了股东之间利益关联的紧密性。从股份公司成立到公开上市前,再到公开上市后,不同时期进入公司的股东其利益关联不同,也形成了不同的股东关系。

第10章"非流通股份交易中的会计信息质量"。以股权分置改革后原非流通股份减持中的盈余管理为研究对象,考察全流通市场环境下大股东的利益输送形式是否发生变化。

第11章"股东关系、非流通股份交易与会计信息质量"。以股权分置改革后原非流通股份减持中的盈余管理为研究切入点,考察非流通股东之间股东关系对合谋、利益输送的影响。

上 篇
基于最终控制人视角的股权结构研究

2 投资者法律保护与现代企业股权结构

产权的公共执行决定了私人执行的平衡状态,即一国投资者法律保护的完善性决定了该国企业的具体融资渠道、所有权结构、生产规模,甚至可能影响该国金融体系的广度和深度、宏观经济中资源配置的有效性以及经济的稳定性。因此,在投资者产权保护相对不力的情况下,所有权的适度集中将有助于企业运作效率的改进。正是从这一点出发,"伯利和米恩斯命题"下分散的股权结构并不具有绝对的普遍性。随着 La Porta, Lopez – de – Silanes, Shleifer 和 Vishny 将公司治理的国际比较视角引入公司治理研究领域,越来越多的研究发现相对集中的股权结构在投资者保护薄弱的国家和地区更为普遍,股权的相对集中以及由此引发的控股股东对中小投资者的可能侵害也成为现代企业更为突出的代理问题。最终控制人、最终控制权结构、控制权和现金流量权的集中程度和两权分离程度,都为本书研究现代企业股权结构提供了一个新视角。

2.1 产权的公共执行决定私人执行

2.1.1 交易费用与产权

新制度经济学对新古典经济学的变革或者说发展,是从新的初始概念的出现及其一般化开始的,"交易费用"是新制度经济学最重要也是最早提出的概念①。自由价格机制是新古典经济学的重要内容，但自由价格机制并不是在真空中运行，而是根据有关经济当事人之间的资源交换、合约履行的规则和制度做出的。科斯在其1937年的经典文献《企业的性质》中，就开拓性地指出了自由价格机制运作的代价。"……使用价格机制是需要成本的。产生这些成本的最主要原因在于要发现相对价格是什么……在市场上发现的每一笔交易的协商和签订合同的费用也必须考虑进去。"②因此，企业的存在就是为了节约市场交易费用，即费用较低的企业内交易替代费用较高的市场交易；纵向生产阶段或纵向产业之间是订立长期合同，还是实行纵向一体化，也是取决于两种形式的交易费用孰高孰低。威廉姆森的分析进一步指出，市场的不确定性和交易对手的变化等"交易要素"，以及人的有限理性和机会主义行为等"人的要素"是形成交易费用的决定因素。具体而言，交易费用就是"个人交换他们对于经济资产的所有权和确定他们排他性权利的费用，……包括事前准备合同及事后监督和强制合同执行的成本"。交易费用的存在使得交易活动中购买方的买价被抬高，出售方的售价被压低，并且前者高于后者。就社会整体而言，两者之间的差值即交易费用，是市场价格运行机制对市场资源的浪费。

既然交易费用的存在是社会资源和财富的损失，那么对于给定的产出，组织交易的费用大小也就反映了交易的效率。同时还应该意识到，各种交易中交换的实质不是物品或服务，而是附着在物品或服务上的各项权

---

① 确切地说，在新古典经济学的研究框架里，企业被视为单纯的生产函数，市场交换活动也在"看不见的手"的指引下简化为供求曲线之间的变动，在这里，人的因素被尽可能地简化、抽象。与此相反，新制度经济学的研究对象从资源配置问题转换为人与人之间的生产和交换关系。正如科斯所指出的，"在制度经济学中，我们应该从现实的组织制度出发，同样，让我们从现实的人出发……制度经济学应该从人的实际出发来研究人，而实际的人是在由现实制度所赋予的制约条件中活动的"。[美] R. 科斯. 企业、市场与法律[M]. 盛洪, 等, 译. 上海: 上海三联书店, 1990: 254.

② [美] R. 科斯. 企业的性质[M]//[美] 路易斯·普特曼, 兰德尔·科洛茨纳. 企业的经济性质. 孙经纬, 译. 上海: 上海财经大学出版社, 2002.

利,正是这些权利决定了所交换的物品或服务的价值①。因此,要使价格机制运作起来,就必须对所要交换的物品具有明晰、专一和可自由转让的产权(Property Rights),否则,为了交易顺利进行所需要的各种费用支出将相当高,甚至高到对交易的进行不再有利的程度。在这里,"产权是社会的一个工具,其意义来自于这样一个事实,即产权能够帮助一个人在与他人的交易中形成一个可以合理把握的预期……谁拥有产权,谁就能被允许以某种方式行事"②。具体而言,完备的产权允许个人:在权利所允许的范围内以各种方式使用权利,即使用权;在不损害他人的情况下可以享受从事物中所获得的各种利益,即用益权;改变事物的形状和内容,即决策权;通过出租可以把用益权转让给别人或把所有权出售给别人,即让渡权(张军,1991)。完备的产权允许所有者自由地行使他对自己财产的各项权利,同时也禁止他人在未经所有者允许的情况下,侵害所有者对其财产的行使权。正如科斯在《社会成本问题》一文中提出的"科斯定理"所表达的:在交易费用为零的情况下,无论产权如何界定,都可以通过市场交易达到资源的最优配置。但是,只要交易费用不为零,就可以利用明确界定的产权之间的自愿交换来达到配置的最优效率,从而克服"外部性效应"。可见,产权定义的不是人与物之间的关系,而是指由于物的存在所引发的人与人之间相互认可的行为关系,是用来确定每个人相对于稀缺资源使用时的地位的经济社会关系。

2.1.2 产权的公共执行

完备的产权使交易各方可能避免外部性的侵害,实现的途径之一就是由市场参与者个人采取措施来保护自身的产权。但问题的关键是,个人采取措施保护自身的产权,这种对个人而言有效率的行为对整个社会而言则未

---

① 例如,房主之所以愿意购买某一处自住房产,房产的使用权(居住权)是首要考虑,而对于以投资目的为主的房产,其未来增值的前景,也就是用益权才是首要考虑。不同地段的房产售价存在差异,正是因为价位更高地段的房产在可预见的未来将为房主带来更高的收益预期。而为债务提供担保的房产其价值之所以有限,正是因为该房产的让渡权和决策权受到了限制。

② H. Demsetz. Toward a Theory of Property Rights [J]. *American Economic Review*, Vol 57, 1967: 347.

必有效率。因为每一个市场参与者都要花费相当多的资源或代价来防御他人的侵害，而这些重复发生的资源或代价原本是可以作为生产性投入的。那么是否存在一种机制能够替代这种"各自为政"的自然状态（State of Nature），通过合作性的均衡节约重复性支出，进而提高整个社会的经济效率？在社会整体层面上建立起一套防御侵害产权的大规模系统，要比众多小规模的私人防御体系在暴力上更具有自然垄断性（Natural Monopoly）。因此，一种可行的替代机制就是，由公共机构从立宪层面上建立起强有力的产权制度。

产权本质上是一种排他性的权力，其实施需要权力的支持。作为在某一特定区域内对合法使用暴力手段具有垄断优势的制度安排，国家无疑在界定和实施产权方面具有比较优势。随着产权公共执行（Public Enforcement of Property Rights）这一合作性均衡的达成，人类社会也就从自然状态过渡到了存在政府的市民社会（Civil Society）。政府承认并保护所有人的产权，社会各利益集团之间通过复杂谈判过程达成的"社会契约"（Social Contract），也借助于国家暴力机器得以实施。这里的社会契约是立宪过程的必然结果，对所有者渴望获得的排他性权力作出了规定，从法律上确立了人类社会生活的最基本条款。在自然状态下人们为保障产权所花费的代价，和市民社会中产权制度的运行成本之间的差值便是"社会剩余"，这相当于博弈中的"合作剩余"，政府的课税和补贴等活动使社会各利益集团得以分享这些合作剩余。

国家或者政府的关键作用在于以立宪的形式确立产权，通过法律的有力执行保障产权，在这一过程中法律发挥了相当重要的作用。正如"霍布斯规范定理"（Normative Hobbes Theorem）所表述的，"通过建立法律结构，将最小化难以达成私人协议所造成的损失"[1]。可见，产权结构并不仅仅依赖于自然禀赋和技术，政府的实质，即一国政治结构才是法规结构的关键决定因素（埃格特森，2004）。诺斯关于国家产权和生产率之间关系的思想指出，社会的知识存量和资源禀赋决定了生产率和产出量的技术上

---

[1] 这个思想虽然是著名哲学家托马斯·霍布斯在17世纪提出的，但命名这个定理的却是当代产权经济学家R.考特。张军. 现代产权经济学[M]. 上海：上海三联书店，1991.

限，即经济的技术性生产边界。而对于各种产权结构，都存在一种从一切可行的组织形式中选择出来的结构性生产边界，这种结构性生产边界能使在技术边界以内的成本最小而产量最大。在给定的技术以及其他外生要素的状况下，产权体系确定了一系列可行的经济组织形式，但产权体系同时也依赖于社会的政治结构。并且，某些政治体制能驱使结构性生产边界接近于技术性生产边界，而另一些政治体制则不能。因此，"理解产权结构的两个重要基石是国家理论和产权理论"[①]。

2.1.3 产权的公共执行决定私人执行

产权的公共执行从立宪层面确立了一国的产权结构，对整个社会的运转效率产生了影响。政府决定了产权结构，产权结构则反映了政府控制者的偏好和制约。但是作为一个公共机构，政府不可能完全平等地体现社会各利益集团的利益需求，经济实力或武力等方面具有相对优势的强势集团显然有可能主导政府的立场，从而可能带来具有明显倾向性的政策方针，这其中就包括对不同资源所有者其产权的法律保护的差异性。对于不完全或不确定的产权，追求福利最大化的个人可能作出的反应就是，通过各种调整使被侵吞的风险最小化。这些降低侵吞风险的调整可能包括几种维度，如所采用的技术类型、投资的时点、所采用的投入类型以及所生产商品的性质等。这些调整往往会降低投资活动的水平及改变投资的性质，如较为极端的反应就是完全避免长期性投资，对社会整体效率的影响就是促使经济的结构性生产边界远离经济的技术性生产边界。可见，在既定的立宪层面的产权框架下，资源所有者在其产权受到某些限制时，可能在微观层面采取应对措施使其潜在的非独占性收入损耗最小，这些微观层面的产权安排就是对产权的私人执行（Private Enforcement of Property Rights）[②]。因此，产权的公共执行决定了产权的私人执行的平衡状态。

---

① ［美］道格拉斯·C. 诺斯. 经济史中的结构与变迁［M］. 上海：上海三联书店，1991.
② 这些微观层面的应对措施包括前文提到的投资决策的各个维度，进而影响到企业的具体产权安排以及企业的运作效率。

至此，我们得出下文分析的一个重要思路：产权的公共执行从立宪层面确立了对资源所有者的法律保护，但是历史、政治等方面的因素导致部分资源所有者的产权是不完全的，这些资源所有者就可能通过微观层面的产权私人执行来应对宏观层面的产权安排，这些私人执行行为可能提高个人福利，但是对全社会而言则未必具有效率。具体而言，国家对投资者各项权利法律保护的完善性，决定了该国企业的具体融资渠道、所有权结构、生产规模，甚至可能影响该国金融体系的广度和深度、宏观经济中资源配置的有效性以及经济的稳定性。以本书主要讨论的现代企业股权持有者的行为为例，一些国家司法体系对个人投资者产权的定义不完全，或者司法体系执行不力。在政府无法有效执行产权的情况下，个人投资者的行为就显得相当重要。所有权的相对集中能为所有者执行其权力提供能力（Power）和激励（Incentive），进而决定企业各方面契约的执行程度。因此，在投资者产权保护相对不力的情况下，所有权的适度集中将有助于企业运作效率的改进，同时也影响了外部资本市场的广度和深度。相对而言，东亚经济中各国的投资者法律保护较为薄弱，在政府对产权执行不力的情况下，股权相对集中的家族控制企业集团就逐渐成为东亚经济中的企业主导模式（Claessens and Joseph，2002）。正是从这一点出发，Shleifer 和 Vishny（1997）提出，作为保证资本提供者能够获取投资收益的公司治理机制，其发展的最根本决定因素在于法律体系对投资者的保护程度。

2.2 投资者法律保护的差异性

2.2.1 证券的实质与投资者法律保护

依据 Modigliani 和 Miller（1958）的观点，企业是投资项目以及这些项目所创造的现金流的集合（Collection），股票和债券等证券正是对这些现金流的要求权。例如，债权具有固定承诺的利息支付和本金返还，股票则保证所有者取得股利。但是他们并没有说明什么机制保障了企业管理层愿意将投资项目创造的现金流返还给投资者。Jensen 和 Meckling

(1976)集中关注股权分散情况下所有者与职业经理人之间的代理问题,他们认为企业的内部人完全可能出于个人私利而侵占投资项目所创造的现金流,现金流的返还并不是理所当然的。因此,Jensen 和 Meckling 提出,金融要求权实质上是一项赋予股东和债权人等外部投资者对企业现金流要求权的契约。Hart(1995)直接关注外部投资者相对于企业内部人的特定权力,并对外部投资者拥有的契约控制权和剩余索取权进行了区分,以金融工具赋予其所有者的权力而不是金融工具可能带来的现金流建立分析框架。在这一理论框架下,投资者取得现金流只是因为证券赋予了他们相应的权力(Power),如股票赋予股东召开股东大会、变更董事、参与公司重大经营决策、要求发放股利等权力,而债权则赋予债权人在公司无法兑现所承诺的利息或本金支付时要求清算、收回贷款担保物的权力。

而事实上,无论是 Jensen 和 Meckling 的契约框架,还是 Hart 的剩余权力框架,其中投资者的各项权力在现实中都受到了法律体系的保护,甚至由法规条款作出了明文规定[①]。例如,《合同法》对交易各方的缔约行为作出了专门规定,《公司法》《证券法》《破产法》等则框定了公司内部人和外部投资者具有的各项权力。因此,证券本质上并不必然具有要求现金流的权力,外部法律体系对投资者相应权力的保护也是分析证券本质的一个重要维度。只有在法律对股东的投票权、债权人的重组权和清算权等权力作出了明确规定,并且得到监管部门和法庭有力执行的情况下,投资者才愿意为企业提供资金,因为他们能够预期到未来确定的现金流。相反,如果法律体系未对投资者的有关权利作出规定或者存在相当的漏洞,那么现金流要求权或是契约控制权的未来不确定性,都将对公司治理机制的运作产生负面影响,进而危及外部金融市场。因此,LLSV(1996)认为,这些

---

① Jensen 和 Meckling(1976:311)在文中也承认了法律体系的作用,"关于企业的观点指出了法律体系和法律在社会组织中的重要作用,特别是在经济活动组织中。法规性法律对个人和组织可能介入但无须冒刑事起诉风险的契约类型进行了规定。政府的政策权力能够被用于执行契约,或者要求对拒绝执行契约所造成的损失进行赔偿。法庭对缔约各方之间的契约进行裁定,由此形成的判例构成了普通法。所有这些政府行为既影响了所执行的契约的类型,也影响了契约的被依据程度"。

针对投资者保护的法律、法规，以及监管部门、法庭等对其的执行情况，才是公司治理各项机制有效运作的关键。一国法律体系对投资者权力保护的完善性，决定了投资者愿意以金融市场为中介向实体经济提供资金的程度，进而决定了该国企业的融资偏好和股权结构特征，甚至可能影响该国的经济发展水平。正是沿着这一思想主线，LLSV 将投资者法律保护概念引入财务学研究领域，尝试从法律角度对企业资本结构、融资行为以及宏观金融体系的发展进行国别差异比较。

2.2.2　法系决定投资者法律保护的差异性

2.2.2.1　以法系作为研究投资者法律保护的外生性变量

以法律环境作为国别差异研究的制度性背景，面临的一个问题就是，如何度量法律环境才是恰当的。如果采用具体的法律法规来表征一国的法律环境，可能存在的问题就是这些法规有可能只是对经济活动所作的内生性（Endogenous）调整，因此，法规与研究结果的差异性仅仅是对外生性（Exogenous）环境差异的反映。例如，一些国家可能出于政治目的选择了银行导向的金融体系，并且为了维护银行在企业融资渠道中的主导性地位、阻止股东的介入，制定了具有倾向性的法律法规。在这种情况下，以具体法规度量法律环境，进而研究其对企业融资方式、资本结构的影响，显然可能导致"伪相关"问题。因为这里的法规和金融体系都受到政治这一外生性变量的共同影响。

不同国家法律的起草深受该国所属法系（Legal Family）的影响（Watson，1974）。相比之下，一国对法系的引入则通常是被动或者无意识的。从历史角度看，由于被占领或者沦为殖民地，许多国家都被动采用了宗主国的法系[①]。即使是一种自愿性的选择，语言的适用性以及法律上的广泛政治立场才是

[①] 例如，法兰西商法典是 1807 年拿破仑统治时代起草的，并由他的军队传播到比利时、荷兰、波兰、意大利和德国西部地区，殖民地时期，法国将其法律影响拓展到东非、北非、印度、大洋洲和法属加勒比地区。德意志商法典起草于 1897 年俾斯麦统一德国之后，随着德意志帝国的兴起，德意志商法典对当时奥地利、捷克斯洛伐克、希腊、匈牙利、意大利、瑞士、南斯拉夫等国的法理具有重大影响。英格兰普通法则通过日不落帝国的殖民统治被传播到美国、加拿大、澳大利亚、印度等国。

考虑的关键，而不是对特定投资者的保护。因此，研究一国投资者法律保护对企业融资行为的影响时，法系应作为重要的外生性变量加以考虑。如果研究发现法律规则和所属法系存在重大差异，并且企业的融资和所有权模式也存在重大差异，那么就可以认定以法规作为具体表现形式的法系对研究结果的差异性具有相当大的解释力（LLSV，1996）。

2.2.2.2 普通法与民法在投资者保护上的差异性

比较法学学者认为，尽管没有两个国家的法律规则是完全相同的，但是一些国家法律体系的相似性还是足以保证按照严格的标准将不同国家的法律体系分为两大主要法系：民法（Civil Law）与普通法（Common Law）①。

民法法系的发展历程最为古老，在世界范围内的传播也最为广泛，因此也是最具影响力的法系。民法起源于罗马法（Roman Law），主要由法学学者编撰法律规则，采用条例（Statute）和广泛的法规（Code）等形式是发布法律的主要手段，民法通常也被称作成文法。民法被认为是与正义（Justice）和道德（Morality）等理念密切联系的行为准则。法学学者通常认为民法法系又可以分为三类：法兰西民法、德意志民法和斯坎德纳维亚民法。法兰西民法形成于法兰西第一帝国时期，随着征战、殖民统治得以推广，在卢森堡、葡萄牙、西班牙、瑞士部分地区以及意大利都具有重大影响。日耳曼民法形成于1897年俾斯麦统一德国之后，由于出现的时间晚了几十年，其影响的广泛性不如法兰西民法。虽然和法兰西民法、德意志民法比较起来，斯坎德纳维亚民法来源于罗马法的部分较少，但还是被认为是民法法系的一部分。受地域所限，斯坎德纳维亚民法主要在丹麦、冰岛、挪威、瑞典等北欧国家普及。普通法起源于英国，主要包括英格兰法律和以英格兰法律为蓝本制定的其他国家的法律。和民法不同，普通法由解决特定争议的法官制定、司法裁定的先例而不是学者的研究贡献构成了

---

① 虽然法学学者在如何定义法系上还未取得共识，但是经常用于划分法系的标准通常包括：①法律体系的历史背景和发展历程；②法律起源（Source）的理论和级层；③某一法律体系下法官的工作方式；④法律体系所采用的法律概念的特征；⑤法律体系所设置的法律机构；⑥法律体系内的法律部门（Glendon等，1992）。

普通法，因此普通法也被称为判例法。普通法通过英国的殖民统治被传播到美国、加拿大、澳大利亚、印度等国家。有关学者的研究表明，普通法国家对投资者权益的保护要优于民法国家。

LLSV（1996）将投资者法律保护作为制度性背景引入财务学研究，他们做出的更进一步贡献就是量化了法律保护这一定性概念，从而使法律保护与有关问题之间的关系具有了可检验性。LLSV 将股东权利进一步分解为投票权、针对董事的权力（Anti-director Rights）和补救性权力（Remedial Rights），其中针对董事的权力包括法律是否规定必须股东本人出席董事会、是否规定在董事会召开之前股东必须托管股票、是否允许采用累计投票权、是否赋予中小投资者针对董事的法律机制、召开临时股东大会所需要征集的股权比例等 5 项权力，补救性权力主要是指强制性股利分配的规定；债权人权力被进一步分解为债务人无力清偿时的重组程序是否包括自动留置资产、有担保债权人是否有权在重组过程中收回担保物、管理层是否有权未经债权人同意进行单方面重组、在重组程序结束之前是否保留管理层的职位以及补救性权力，这里的补救性权力指的是必须保持一定法定资本保持率的规定。除法律规定之外，LLSV 还考察了各国的法律执行情况①，力图发现强有力的法律执行体系是否是薄弱法规体系的一种替代。有关法律执行情况的具体计量包括司法体系的有效性、法律规则、是否存在腐败现象、政府剥夺的风险以及政府取消合同的可能性，前两项度量的是法律是否得到恰当的执行，后三项度量的是政府对商业活动的态度和立场。LLSV 以各国法律对股东和债权人的上述权力是否做出规定以及有关法律的执行情况作为评分标准，对普通法、法兰西民法、德意志民法和斯坎德纳维亚民法下的 49 个国家的投资者法律保护情况进行了比较。

研究发现，同一法系对不同类型投资者（股东和债权人）的保护不存

---

① 尽管这里同时提到了法律条文的质量和法律的执行情况，但本书所讨论的投资者法律保护主要指的是针对投资者各项权力的法律条文的完善性、法律的执行情况是作为其是否是法律自身质量的一种替代机制加以考虑的。整体而言，投资者保护既包括法律条文对投资者权力的规定，也包括在现实经济背景影响下法律的实际执行情况，两者共同决定了一国投资者保护的完善性，这一点在第 4 章东亚经济中的投资者保护情况部分有进一步的说明。

在差异;相比之下,普通法国家对投资者提供了最为完善的法律保护,而法兰西民法国家的投资者法律保护最为薄弱,其他两类民法国家居于两者之间;就法律的执行情况而言,斯坎德纳维亚民法国家最为有力,德意志民法国家次之,再次为普通法国家,法兰西民法国家殿后。综上可见,首先,法系对投资者法律保护的国别差异确有解释力,总体而言,普通法国家对投资者权益的法律保护要优于民法国家;其次,法律执行质量并不是对法律自身质量的一种替代,应该说法律执行力度较弱反而加重了法兰西民法国家投资者所面临的困境;最后,投资者保护薄弱的国家其法规执行力度也较弱,这些国家更可能借助一些补救性质的法律规定,即相对于普通法国家,民法国家更有可能采取补救性质的措施。①

---

① 不同法系下投资者法律保护存在差异的原因,具有两种互补的解释观点:侧重分析不同法律体系下法理差异的"司法"解释和侧重分析各国政治历史背景的"政治"解释。"司法"解释是由 Coffee(2000)和 Johnson 等(2000)提出的。普通法下的法律规则通常是由法官执行的,法官的裁定以先例为基础,以受托责任(Fiduciary Duty)或公允性原则(Fairness)为指导。当一些特定的行为在现有的法规条例中没有作出规定或明文禁止时,法官将运用上述原则对新情况作出裁定。投资者保护方面案例的裁定也是由法官自行处理(Self-dealing),在不具有先例的情况下,法官采用"寻问测试"(Smell Test)来确定内部人之前未采取过的行为是否侵害了外部投资者的利益。随着违反受托责任的判例不断增多,内部人可能侵害外部投资者的行为不断受到限制,普通法对投资者的保护也就相对健全。与此相反,民法国家的法律是由立法机构制定的,法官无权超越法规条例的界限采用"寻问测试"或运用公允性原则。招致的结果就是,如果内部人发现法规条例没有明文禁止某一类侵害外部投资者的行为,就可能采取这一类行径而无须担心会受到法律的制裁。其次,由于民法对内部人的侵害行为作出了明确的规定,意图侵害外部投资者的内部人完全可能针对这些详尽条例采取规避行为。较之普通法下的宽泛受托责任原则,民法下的明确规则对投资者的保护显然更为不力。该解释隐含着一个重要的前提假设,即普通法国家的法官倾向于保护外部投资者而不是企业内部人。一旦这一假设不成立,司法解释的合理性也将受到质疑。"政治"解释认为,民法国家的政府对商业活动的介入和规范作用要强于普通法国家的政府,而这正是对各国法律产生重大影响的重要历史因素。从历史的角度看,之所以会产生这一差异是因为欧洲各国的国王和财产所有者(Property Owner)所拥有的权力存在相当大的差异。从 17 世纪开始,随着议会的发展以及作为议会议员的财产所有者的影响力不断扩大,英国王室逐渐失去了对法庭的控制权。普通法随之朝着保护私有产权、针对王室的方向发展,法庭判例的增加不断拓展了对财产所有者所有权的保护。和英国议会相比,法国和德国的议会在政治生活中的力量要薄弱许多。商法典只在 19 世纪拿破仑和俾斯麦执政时期实施过,其目的主要还是为了保证政府能够更好地监督商业活动。政府始终保持着对企业的控制力,并拒绝将这一权力转交给企业的资本提供方。更为重要的是,民法国家的政府也未将经济决策的权力转交给法庭,从而保证了政府对商法的法定介入,限制了法庭对经济活动的自由裁量。在不同法系国家的政治历史发展历程中,王室、议会、法庭等政治力量对比的差异性,以及政府对社会经济活动介入程度的差异性,导致了各国法律对投资者的保护存在相当大的差异。

2.2.3 投资者法律保护的程度决定股权结构特征

2.2.3.1 投资者法律保护不完善时的主要替代机制

投资者法律保护的完善性影响了一国企业的融资方式和该国金融体系的发展程度，那么在投资者保护不健全的国家是否存在其他替代性的公司治理机制？这些机制是存在于法律体系之外还是法律体系之内？通常认为主要的替代性机制有三项：法律的执行力度、采取其他强制性规定、相对集中的股权结构。

当针对投资者各项权力的法规制度不健全或存在漏洞时，通常认为对现有法规的有力执行在一定程度上能弥补法律条文的不足，以加强对投资者的保护。但是 LLSV（1996）的经验性证据表明，法律条文是否健全和法律的执行情况并不具有互补性。就法律对投资者有关权力的规定而言，普通法对投资者的法律保护是最为完善的，德意志民法和斯堪德纳维亚民法次之，法兰西民法最为薄弱。但是在法律的执行情况上，斯堪德纳维亚民法国家和德意志民法国家的法律执行情况才是最好的，普通法次之，法兰西民法国家仍是最差的。事实上，研究还发现国民收入水平对法律自身的完善性不具有解释力，但是对法律执行情况有一定的解释力，即人均国民收入水平越高，法律的执行越有力。

强制性规定指的是投资者的补救性权力（Remedial Rights）。例如，针对股东的强制性股利发放，即要求企业必须定期向股东支付一定比例的现金股利；针对债权人的法定资本保持率，即为了不被自动清算，企业必须保持一定水平的资本，从而避免在债权人察觉之前企业所有资本被内部人窃取或挥霍一空。LLSV（1996）的研究发现，投资者保护较弱的国家确实倾向于采取一些强制性的规定来维护投资者的利益，即这些强制性规定是对投资者保护不完善、法律执行力度较弱等情况的一种应对。

股权集中度和投资者保护完善性之间的关系，是近年来公司治理国别比较研究的一项新发现。在投资者保护较为完善的情况下，中小投资者能够从大股东对管理层的监管行为中获利，那么一定程度的股权分散就是可能的，但在投资者保护不完善的情况下，股权的一定程度集中也是投资者维护自身利益的一种方式（Shleifer and Vishny，1997）。

2.2.3.2 投资者法律保护的程度决定股权结构特征

有关投资者法律保护与企业股权结构特征之间关系的一个重要分析思路就是，产权的公共执行和私人执行是相互替代的机制。一国在法律上对其投资者所具有的各项权力、权力受到侵害后可能诉诸的途径等作出规定，并能得到有力执行，那么可以说投资者的所有权在公共层面上得到了执行，相对不再需要其他弥补性机制。如果法律保护不力，投资者就可能通过微观层面上的一些行动来维护自己的所有权，反映在公司治理机制上就是相对集中的所有权结构。

在投资者保护较为完善的国家，控股股东即使因为收购兼并丧失了控制权，也无须担心在这些事件中被侵害。因此，这些国家的控股股东出于募集资金或分散风险等方面的考虑，愿意出售手中的股票，从而放松其对企业的控制权。相比之下，在投资者保护较为薄弱的国家，对控股股东而言，被迫丧失控制权、成为中小投资者将是高成本。因为他们不仅放弃了作为控股股东时的控制权私利，同时还可能因为成为中小投资者而受到新的控股股东的侵害。因此，这些国家的控股股东将倾向于保持现有的控制权，而不愿意向市场出售手中的股票。换言之，不同投资者保护环境下的控制权私利（Private Benefits of Control）规模决定了股权的集中程度（Bebchuk，1999）。当控制权能为控股股东带来相当规模的独享利益时，为了保持现有的控制权私利，为了通过未来的利益输送行为（Tunneling）获取更多的控制权剩余，控股股东将不会轻易放弃改变企业相对集中的股权结构。

LLS（1999）以 27 个经济发达国家大型企业的所有权结构为研究对象，发现伯利和米恩斯所描述的股权广泛分散的企业并不具有普遍性，这一类企业多集中在投资者保护相当完善的普通法国家，随着投资者保护完善性的不断减弱，企业的所有权结构有不断趋于集中的趋势。

2.3 现代企业股权结构特征

2.3.1 分散的股权结构特征——基于"伯利和米恩斯命题"

2.3.1.1 "伯利和米恩斯命题"下的股权结构特征

伯利和米恩斯在其1932年的经典著作《现代公司和私有财产》中指出，19世纪工业革命之后，技术革新不断拓展着企业的最优规模边界，个人、家族以及管理人员自身的财富都不足以完全保持对企业的控制性利益。这样，企业就面临着"原有所有权分解为控制权（Control）和获益性所有权（Beneficial Ownership）两个部分"的问题。"20世纪美国经济革命的中心内容是用于生产的财产大规模集中化，与之相伴的是个人决策权和控制权的衰弱，拥有财富与积极参与管理之间的联系也大为削弱。"所有权结构的这一变化从根本上改变了公司法，作为所有者的股东失去了权力。"随着每个公司股东人数的增加，股东投票权的作用日益减小，当公司向巨型化发展时，这一作用事实上已降至无足轻重的地步。随着股东人数增加，每个人表达自己意见的能力也受到极大限制。"结果，股东持有的公司财产仅被当作一种消极投资，而管理人员控制了公司。这种"资本所有权分散在众多小股东手中，而控制权集中在管理层手中"的现象，就被归结为"伯利和米恩斯命题"（Berle and Means Theorem）。

伯利和米恩斯对1929年美国42家铁路公司、52家公用事业公司和106家制造业公司等200家最大公司的调查发现，所有权与控制权的分离变得日益明显，管理人员对公司的控制已经初现端倪（见表2-1）。

表2-1 美国200家最大非金融公司的控制类型（1929年）

控制类型	占全部公司的比例	占非金融资产的比重
管理层	44%	58%
法律机构	21%	22%
少数所有权	23%	14%
多数所有权	5%	2%

续表

控制类型	占全部公司的比例	占非金融资产的比重
私人所有权	6%	4%
其他	1%	忽略不计
总计	100%	100%

资料来源：张军. 现代产权经济学 [M]. 上海：上海三联书店，1991.

勒纳运用伯利和米恩斯的标准，对1963年美国200家最大的非金融公司的产权类型进行调查（见表2-2）。对比两张表可以发现，由经理控制的资产比例从1929年的58%上升到1963年的85%。可见，发轫于20世纪之初的经理革命（Managerial Revolution）在经历了60多年的发展之后，已趋于完成，管理层被推至现代大公司的核心位置。

表2-2　美国200家最大非金融公司的控制类型（1963年）

控制类型	公司数量	占全部公司比例	占非金融资产的比重
完全所有权	0	0	0
多数所有权	5	2.5%	1%
少数所有权	18	9%	11%
法律机构	8	4%	3%
管理层	169	84.5%	85%
总计	200	100%	100%

资料来源：何自力. 法人资本所有制与公司治理 [M]. 天津：南开大学出版社，1997.

《现代公司和私有财产》一文就职业经理人目标问题的探讨引发了之后一系列的"经理人主义"文献（Managerialist），大量研究围绕这种"强管理者、弱所有者"的股权分散模式提出了相似理论，其中比较著名的包括Jensen和Meckling（1976）、Grossman和Hart（1980）等[①]的研究。股权

---

① Denis（2001）认为，尽管公司治理文献最早可以追溯至1776年亚当·斯密的《国富论》，其后也有伯利和米恩斯（1976）等的一系列文献，但正是Jensen和Meckling（1976）将代理理论运用于现代公司并正式构建了外部权益的代理成本模型，此后财务经济学家才开始致力于理解、定义、计量以及最小化所有者和管理层之间的利益冲突，因此，该文可被认为是公司治理研究的开创性文献。

结构分散以及资本所有权和控制权相分离，也被认为是美国现代公司的两大基本特征。

2.3.1.2 "伯利和米恩斯命题"的非广泛成立性

"伯利和米恩斯命题"被提出后，最初广受关注的是两权分离问题。现代企业理论认为，所有权和控制权的分离使股东与管理层之间形成一种纯粹的委托—代理关系。在这一委托—代理分析框架中，作为委托人的股东总是希望作为代理人的管理者能够从股东利益最大化出发来管理公司。但是股东和管理者之间存在相当多的信息不对称，兼之代理人本身的道德风险问题，股东必须通过一定的控制机制对管理者进行监督与约束。公司的控制机制包括内部和外部两部分，其中关于外部控制机制的讨论引发了公司控制权市场（Market for Corporate Control）方面的大量讨论文献[1]。这一期间的研究很自然地以股权分散作为所必需的前提，几乎没有什么研究对这一论断的经验可靠性提出质疑，也很少有研究涉及大型所有者和管理层的所有权问题。

20世纪80年代中期的3篇经验文献开始了对所有权结构的研究[2]。Demesetz和Lehn（1985）对更有可能具有较高管理层持股水平的公众公司的类型进行了研究。Holerness和Sheehan（1988）对当公司具有持有大比例股权的股东时公司的决策是否存在差异的问题进行了研究，该研究发

---

[1] Journal of Financial Economics 在1983年推出了一期公司控制权市场特刊，其中许多文献被后来的研究广泛引用，但是这期16篇文献几乎都没有提及大型所有权问题。在这期特刊里，Jensen 和 Ruback（1983）作了一份回顾性评论，但无论是管理层所有权问题还是外部所有者所有权问题，都不被认为是未来研究的一个方向。之所以会出现这一情况，一定程度上与 Jensen 自身的学术观点有关。Jensen 本人认定公司内部控制机制"从根本上而言是失败的"，这其中就包括了所有权结构，而外部控制机制中的法律体系也被认为是"愚钝的"（Blunt），公司控制权市场就成为 Jensen 最为推崇的公司控制机制。

[2] 这3篇经验文献包括：Demsetz and Lehn. The Structure of Corporate Ownership: Causes and Consequences [J]. Journal of Political Economy, 1985（93）. Holderness and Sheehan. The Role of Majority Shareholders in Publicly Held Corporation [J]. Journal of Financial Economics, 1988（20）. Mock, Shleifer and Vishny. Management Ownership and Market Valuation: An Empirical Analysis [J]. Journal of Financial Economics, 1988（20）. 从20世纪80年代中期开始，所有权结构研究逐渐成为财务学关注的焦点，也引发了之后大量的研究文献。Jensen 和 Warner（1988）在 JFE 后来一期特刊的综述性文献里也提出，"所有权结构以及投票权的分配问题"将是未来研究的一个方向。

现，美国许多上市公司都具有持股比例超过51%的大股东。Mock，Shleifer 和 Vishny（1988）则研究了不同管理层持股水平对企业价值的影响。这些研究都表明，即使在美国最大型的公司里也存在一定程度的股权集中现象。Holerness，Kroszner 和 Sheehan（1999）的证据进一步表明，美国目前的管理层持股水平要大于伯利和米恩斯作其著作时期。Shleifer 和 Vishny（1986）以 1980 年财富 500 强企业为研究对象，发现大型所有权十分普遍，并且持股规模相当大。354 家企业至少具有一位股权比例不低于5%的大股东，仅有 15 家企业其大股东持有的股权比例低于 3%。456 家企业的大股东平均持股比例为 15.4%[①]，前五大股东的平均持股比例为 28.8%，对规模更小的企业而言，这一现象可能更为显著。

较之以上研究多以美国公司为研究对象、基于美国证券市场特征多关注管理层持股问题，LLSV 等将研究视野推向国别比较，考察全球资本市场上市公司外部所有权的集中程度。LLSV 的国别比较研究不仅将公司治理研究向前推进了一步，还以经验证据质疑了伯利和米恩斯提出的股权分散论断的广泛性，即德国、日本、意大利等发达国家以及众多发展中国家都存在相当多的所有权集中现象。

2.3.2 集中的股权结构特征——基于 LLSV 范式[②]

2.3.2.1 集中的股权结构

LLS（1999）以 27 个经济发达国家的前二十大上市公司以及中等规模上市公司为研究对象，并根据各国法律条例中投资者针对董事（Antidirec-

---

[①] 另外，44 家公司为子公司、合伙企业、非公开交易企业以及在 1980 进行合并的企业，Shleifer 和 Vishny 未将这 44 家企业包括在研究样本中。

[②] 有关公司治理的研究，早期多以美国公司为研究对象，侧重于对董事会构成、所有权结构、外部控制权市场等单项治理机制的有效性进行评价，这期间有涉及国别比较的，也多集中关注英、法、德、日等发达国家。LLSV 的一系列文章进一步拓展了比较的范围，不仅包括发达国家，还考虑了发展中国家。随着研究范围的扩大，LLSV 提出了股权相对集中、大股东和中小投资者之间的代理冲突等不同于早期研究的观点，也掀起了之后公司治理领域国别比较研究热潮（如 Claessens 等的东亚比较研究）。基于此，本书将 LLSV 的系列国别比较研究以及之后的相关研究称为 LLSV 范式。

tor Rights）的规定完备与否，将27个国家分作"针对董事的权力较为完备组"（High Antidirector）和"针对董事的权力不够完备组"（Low Antidirector），考察企业的股权结构特征及其与投资者法律保护环境之间的关系。之所以集中关注经济发达国家的大型企业，是因为根据之前的研究，经济发达国家的投资者保护相对健全，那么发现企业所有权广泛分布的可能性也较大。研究以样本企业是否存在其直接和间接投票权超过某一设定比例（Cutoff）的股东为标准，来区分企业是否存在控股股东。如果采用比较严格的控制权定义，这一设定比例是20%；如果采用比较宽松的控制权定义，这一设定比例是10%。若企业不存在持股比例超过某一设定比例（20%或10%）的股东，该企业则被归类为股权分散型企业（Widely Held）。表2-3表示了LLS研究发现的27个国家股权分散企业占样本企业的比例。

表2-3　27个发达国家和地区股权分散企业占样本企业的比例

国家/地区	前二十大上市公司		中等规模上市公司	
	20%	10%	20%	10%
阿根廷	0.00	0.00	0.00	0.00
澳大利亚	0.65	0.55	0.30	0.10
加拿大	0.60	0.50	0.60	0.40
中国香港	0.10	0.10	0.00	0.00
爱尔兰	0.65	0.45	0.63	0.50
日本	0.90	0.50	0.30	0.20
新西兰	0.30	0.05	0.57	0.00
挪威	0.25	0.05	0.20	0.10
新加坡	0.15	0.05	0.40	0.10
西班牙	0.35	0.15	0.00	0.00
英国	1.00	0.90	0.60	0.10
美国	0.80	0.80	0.90	0.50
针对董事的权力较完备国家的平均情况	0.4792	0.3417	0.3750	0.1667
奥地利	0.05	0.05	0.00	0.00

续表

国家/地区	前二十大上市公司		中等规模上市公司	
	20%	10%	20%	10%
比利时	0.05	0.00	0.20	0.10
丹麦	0.40	0.10	0.30	0.00
芬兰	0.35	0.15	0.20	0.00
法国	0.60	0.30	0.00	0.00
德国	0.50	0.35	0.10	0.00
希腊	0.10	0.05	0.00	0.00
以色列	0.05	0.05	0.10	0.00
意大利	0.20	0.15	0.00	0.00
韩国	0.55	0.40	0.30	0.10
墨西哥	0.00	0.00	0.00	0.00
荷兰	0.30	0.30	0.00	0.00
葡萄牙	0.10	0.00	0.00	0.00
瑞典	0.25	0.00	0.10	0.10
瑞士	0.60	0.50	0.50	0.40
针对董事的权力不够完备国家的平均情况	0.2733	0.1600	0.1267	0.0600
样本平均情况	0.3648	0.2407	0.2370	0.1074
均值检验	-1.95	-1.92	-2.86	-1.83

资料来源：LLS. Corporate Ownership around the World [J]. *Journal of Finance*，1999 (54). 根据 Table II 和 Table III 整理，研究样本包括前二十大上市公司和中等规模上市公司两组，每组样本分别以 20% 和 10% 的持股比例作为划分股权分散和股权集中企业的标准。根据各国针对董事权力的有关规定的完备性，将 27 个国家划分为"针对董事的权力较为完备国家"（High Antidirector Avg）和"针对董事的权力不够完备国家"（Low Antidirector Avg）两组。

从表 2-3 中可以看出，对 27 个国家和地区前二十大上市公司而言，当采用是否有股东持股比例超过 20% 作为划分股权集中还是分散的标准时，股权分散上市公司占样本企业的比例为 36.48%，如果放松控制权比例至 10%，这个比例就下降到 24.07%。以中等规模上市公司为研究对象时，股权分散上市公司所占比例分别是 23.70% 和 10.74%。但是在这 4 组研究中，美国的股权分散上市公司的比例都达到了 80% 或 90%，只在最后一组中降到50%。英国的比例除最后一组降到10%之外，其他都在50%以上。从研究结果可以看出，伯利和米恩斯准确描述了美国大型公司的股权状况（还可以推广至英国），但就世界范围而言，这并不是广泛现象。只有采用严格的控制权定义，并且以大型公司为研究对象时，股权分散的比例才较高，但平均而言不超过40%，可见相对集中的股权结构更为普遍。

从表2-3中还可以看出，投资者法律保护的完善性对股权集中情况确有一定的解释力。"针对董事的权力较为完备组"的股权分散公司的比例普遍高于"针对董事的权力不够完备组"，两者的差异程度基本都在20个百分点左右，并且T检验显著。这一结果支持了投资者法律保护的程度决定了股权结构的特征这一论断。

2.3.2.2 最终控制人类型

LLS（1999）是第一篇对最终控制权问题进行研究的文献，针对股权集中型的企业研究其最终控制人的情况。所谓最终控制人（Ultimate Owner），是相对于直接股东（Immediate Shareholder）而言的，从经济实质上看，是最终控制人而不是直接股东对企业的经营、财务决策具有实质性的控制力。通常认为直接持有上市公司股权的所有者是上市公司的直接股东，但是如果直接所有者还受到其他方的控制，则可以继续追溯每一个所有者（或控制人）背后的控制人。如此循序进行直至无法追溯①，就能够描述出上市公司直接所有权背后复杂的控制链（Control Chain）结构。在这一控制链上无法追溯其背后的控制人且直接和间接持股比例之和超过某一设定比例（如20%或10%）的控制实体，就是上市公司的最终控制人。由于直接股东和最终控制人的性质可能并不一致，采用直接所有者判断企业所有权情况完全有可能掩盖企业的真实所有权情况，并且直接股东的所有权比例和最终控制人的所有权比例也存在差异，采用前者判断企业的股权集

---

① 这里所说的"无法追溯"有两种情况：第一，某一控制实体为政府或个人（家族），那么这些个体背后再无其他控制实体，就可以停止追溯；第二，某一控制实体为股权分散的商业企业或金融企业，因为股权分散使这些企业不受任何实体控制，可以停止对控制人的追溯。

中情况也有可能导致偏颇的研究结果①。

最终控制人通常分为四类：家族、政府、股权分散的金融机构、股权分散的商业企业，最终控制人非以上四类的企业被归为混合型所有者（Miscellaneous），这一类所有者可能是养老基金、共同基金、授权信托、管理信托、非营利组织等。研究发现，家族控股最为普遍，并且家族对企业的控制权是不受其他类型权益所有者威胁的。虽然通常认为金融机构可以通过向董事会派驻代表、向企业借贷取得对企业的控制权，但是研究发现，金融机构作为控股股东并不具有普遍性。表2-4是研究发现的几类控股股东在样本企业中所占比例的情况。

表2-4 27个发达国家和地区各类控股股东所占比例

国家/地区	家族	政府	股权分散的金融机构	股权分散的企业
阿根廷	0.65	0.15	0.05	0.15
	0.80	0.20	0.00	0.00
澳大利亚	0.05	0.05	0.00	0.25
	0.50	0.00	0.00	0.20
加拿大	0.25	0.00	0.00	0.15
	0.30	0.10	0.00	0.00
中国香港	0.70	0.05	0.05	0.00
	0.90	0.00	0.00	0.00
爱尔兰	0.10	0.00	0.00	0.10
	0.13	0.00	0.00	0.19
日本	0.05	0.05	0.00	0.00
	0.10	0.00	0.00	0.00

---

① 这一点在会计学上也有所体现。在编制合并报表确定母公司对子公司的合并比例时，就充分考虑并区别了母公司对子公司的控制权和现金流量权。会计上是以母公司和子公司之间控制链上数额最小的持股比例作为母公司对子公司的合并比例，因为这个数字是母公司对子公司实际控制力也就是控制权的表征。控制链上各控制权比例的乘积只表示母公司参与子公司现金流分配的能力，不能作为合并比例的确定标准。

续表

国家/地区	家族	政府	股权分散的金融机构	股权分散的企业
新西兰	0.25	0.25	0.00	0.20
	0.29	0.14	0.00	0.00
挪威	0.25	0.35	0.05	0.00
	0.40	0.20	0.10	0.00
新加坡	0.30	0.45	0.05	0.05
	0.40	0.20	0.00	0.00
西班牙	0.15	0.30	0.10	0.10
	0.30	0.20	0.40	0.10
英国	0.00	0.00	0.00	0.00
	0.40	0.00	0.00	0.00
美国	0.20	0.00	0.00	0.00
	0.10	0.00	0.00	0.00
针对董事的权利较为完备国家的平均情况	0.2458	0.1375	0.025	0.0833
	0.3850	0.0867	0.0417	0.0358
奥地利	0.15	0.70	0.00	0.00
	0.17	0.83	0.00	0.00
比利时	0.50	0.05	0.30	0.00
	0.40	0.30	0.10	0.00
丹麦	0.35	0.15	0.00	0.00
	0.40	0.20	0.00	0.00
芬兰	0.10	0.35	0.05	0.05
	0.20	0.20	0.10	0.10
法国	0.20	0015	0.05	0.00
	0.50	0.20	0.20	0.00
德国	0.10	0.25	0.15	0.00
	0.40	0.20	0.20	0.10
希腊	0.50	0.30	0.10	0.00
	1.00	0.00	0.00	0.00
以色列	0.50	0.40	0.00	0.05
	0.60	0.30	0.00	0.00

续表

国家/地区	家族	政府	股权分散的金融机构	股权分散的企业
意大利	0.15	0.40	0.05	0.10
	0.60	0.00	0.00	0.10
韩国	0.20	0.15	0.00	0.05
	0.50	0.00	0.00	0.20
墨西哥	1.00	0.00	0.00	0.00
	1.00	0.00	0.00	0.00
荷兰	0.20	0.05	0.00	0.10
	0.20	0.10	0.00	0.10
葡萄牙	0.45	0.25	0.15	0.00
	0.50	0.50	0.00	0.00
瑞典	0.45	0.10	0.15	0.00
	0.60	0.20	0.00	0.00
瑞士	0.30	0.00	0.05	0.00
	0.50	0.00	0.00	0.00
针对董事的权力不够完备国家的平均情况	0.3433	0.2200	0.07000	0.0233
	0.5047	0.2020	0.0400	0.0400
样本平均情况	0.3000	0.1833	0.0500	0.0500
	0.4515	0.1507	0.0407	0.0381
均值检验	1.09	1.20	1.70	−2.38
	1.24	1.64	−0.45	0.18

资料来源：LLS. Corporate Ownership around the World [J]. *Journal of Finance*, 1999(54). 根据 Table Ⅱ 和 Table Ⅲ 整理，每个国家第一行数据是以20%作为判断控股股东标准时，前二十大上市公司各类型控股股东分布情况，第二行数据是以20%作为判断标准时，中等规模上市公司各类型控股股东分布情况。以10%作为判断标准的情况和以20%作为判断标准相类似。

2.3.2.3 最终控制人的现金流量权和控制权

最终控制人对企业所具有的权力可以分为两种：现金流量权和控制权。现金流量权（Cashflow Right）也称作所有权（Ownership Right），指的是最终控制人参与企业现金流分配的权力（如股利分配），是所有权的直接体现。具体而言，是控制链上各个控制环节持股比例的乘积。控制权

（Control Right）也称作投票权（Voting Right），指的是最终控制人参与企业经营、财务等决策的权力，通常以重大决策中的投票权来实现。具体而言，就是控制链上数额最小的持股比例。

如果控股股东从企业获益的途径仅包括现金股利以及股价波动带来的收益（即仅通过现金流量权），那么控股股东和企业的中小投资者之间就不存在利益冲突。但是现实中控股股东可能具有激励通过手中的控制权（投票权）消费公司的资源或享有公司的货币性、非货币性利益，这些都是中小投资者所无法分享的控制权私利，并且这些私利很可能是对中小投资者财富的转移。但控股股东手中持有的现金流量权是对这种侵害行为的一种抑制，因为现金流量权的存在，控股股东必须承担相应比例的行为后果。控股股东必须持有相当的现金流量权才能作为限制对中小投资者侵害的承诺，但随着现金流量权的不断增大，控制权私利又可能被逐渐抵消。这样，对于控股股东而言，在持有一定现金流量权的同时，还需要保持现金流量权和控制权之间的差异性（也就是保持控制权大于现金流量权）。实现这一两权分离的机制通常有：金字塔式持股结构、企业间交叉持股和发行多重表决权的股票①。控制权与现金流量权相分离形成了一种"杠杆效应"：控股股东能以较小的持股比例为代价转移较多的少数股东财富，并且两权的差异性越大，所"撬动"的私利就越多。

LLS（1999）将金字塔式持股结构定义为：控股股东至少通过一家公开交易公司实施其控制权。Claessens, Djankov, Fan 和 Lang（2000），Faccio 和 Lang（2002）将其定义进一步推广为：最终控制人"持有一家公司的大部分股权，而这一家公司又持有另一家公司的大部分股权，这一过程可能重复若干次"。即在最终控制人和其所控制的目标企业之间的控制链上，至少存在一家其他企业，最终控制人首先控制某一家企业，再由这家企业控制另一家企业，以此类推，最终控制目标企业。Wolfenzon（1998）

---

① 目前有关这些机制的经济理论还不成熟，现有研究多集中于这些机制可能带来的侵害效应等方面的经验性检验。

认为金字塔式持股结构在投资者保护较弱的国家更为普遍，控股股东利用控制权促使中小投资者承担建立子公司的成本的同时，也无须和中小投资者分享新的投资项目所带来的全部受益。交叉持股是金字塔式持股结构的一种特例，也就是在控制链上的企业相互持有对方的股权，既可以是逆流持股，也可以是平行持股。这种股权结构较为复杂，通常被认为是抵制外部收购的一种策略，因为除非外部投资者完全收购一个集团的企业，否则难以完全取得对这些企业的控制权。多重表决权背离了"一股一权"的原则，控股股东和中小投资者持有的股票虽然具有相同的收益权，但是控股股东所具有的投票权要大于中小投资者。Grossman 和 Hart（1988）的研究指出，当控制权私利较大时，对"一股一权"的偏离才可能发生，并且一般发生在投资者保护较弱的国家。

2.3.2.4 最终控制人示例

图 2-1 列示了韩国第二大企业三星电子（Samsung Electronic）的主要股东，该企业没有发行具有多重表决权的股票，是典型的金字塔式持股结构，企业的最终控制权可以追溯至集团主席李健熙（Lee Kun - Hee）。李健熙直接持有三星电子 8.3% 的股份，同时还分别持有 Samsung Life 和 Cheil Jedang 15% 和 14.1% 的股份，其中 Samsung Life 控制了三星电子 8.7% 的股份，Cheil Jedang 控制了三星电子 3.2%、Samsung Life 11.5% 的股份。此外，李健熙、Samsung Life、Cheil Jedang 还通过控制其他公司（Samsung Co, Shinsegae Dept Stores, Cheil Wool Textile Co, Joong - ang Daily News, Joong - ang Develop.）间接持有三星电子的股份，李健熙对三星电子的控制链在图 2-1 中采用粗线条方框标示。根据前文对股权集中型企业的定义，李健熙对三星电子的直接和间接投票权之和超过设定比例 20% 和 10%。因此，三星电子属于家族控制型企业，最终控制人为集团主席李健熙。

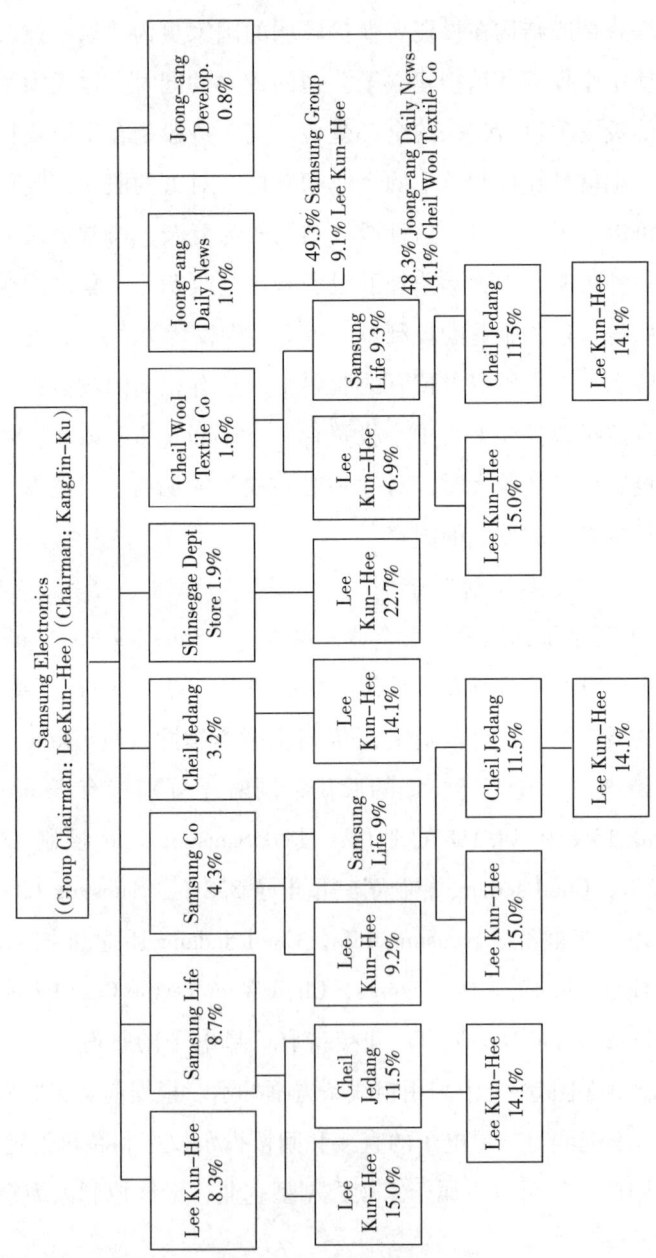

图 2-1　Samsung Electronics（ROK）最终控制人

资料来源：LLS. Corporate Ownership around the World [J]. *Journal of Finance*, 1999 (54)：Figure 5.

3 企业股权结构与代理问题

现代企业股权结构特征决定了企业可能面临的特定代理问题。在政府对产权执行不力的情况下，相对集中的所有权结构将有助于产权保护的改进，虽然这样的私人执行行为可能提高某一方的个人福利，但对企业的其他契约方而言则可能未必具有效率性。相对集中的股权结构为大股东提供充分激励监督经理人员的同时，也带来了大股东侵害外部中小投资者的代理问题。最终控制人的利益输送行为（Tunneling）是对中小投资者财富的一种转移，由此引发的效率损失则是代理成本的体现。企业绩效是代理人受托责任履行情况的直接体现，企业财务报告是向市场传递履行情况的信息载体。因此，股权结构对企业绩效的影响和股权结构对财务报告质量的影响，从经营绩效和信息要求权两个角度反映了大股东的侵害行为，也是代理问题在这两个方面的体现。

3.1 最终控制人的利益输送行为

3.1.1 不同股权结构下代理问题的转变[①]

在股权结构相对分散的情况下，"搭便车"等问题的存在使得股东持

---

① Holerness（2002）将企业所有权分为内部所有权（Inside Ownership）和外部所有权（Outside Ownership）两部分，其中内部所有权指的是企业高管和董事所持有的所有权，外部所有权指的是除高管、董事之外的股东持有的所有权，至少持有企业5%权益的任何个人或实体为大型所有者（Blockholder）。尽管许多所有权结构方面的研究文献未明确采用这两个术语，并且可能同时以两者为研究对象，但是本书认为采用这两个术语分类的有关研究文献，脉络相对清晰，是较为恰当的。"利益协调与管理层防御"指的就是内部所有权引发的代理问题，"控制权共享利益和控制权私利"指的就是外部所有权引发的代理问题。

有的公司财产逐步成为一种消极投资，企业的代理问题也主要表现为公司管理层对股东利益的可能转移和侵害。随着股权集中度不断提高，控股股东约束管理层的激励和能力也随之增强。在管理层代理问题得以解决的同时，也引发了新的代理冲突，即控股股东可能利用对企业的实质性控制权侵害外部中小投资者的利益。

3.1.1.1 管理层持股的"利益协调"和"管理层防御"假说

从"伯利和米恩斯命题"出发，在分散的股权结构基础上，企业的主要代理问题是两权分离造成的股东和管理层之间的利益冲突。让管理层持有一定股份、参与企业剩余收益的分享，也就成为激励企业管理层的一项公司治理机制。Jensen 和 Meckling（1976）将代理理论运用于现代公司，集中关注股权分散情况下股东和职业经理人之间的利益冲突问题，正式构建了外部股东和职业经理人之间的委托—代理关系契约模型。研究发现，随着管理层持股比例的提高，其攫取非货币性消费的动机也随之减弱，企业的价值因此得到提升。Jensen（1986）进一步指出，管理层持股可以降低代理成本和自由现金流量（Free Cash Flow），从而提高公司价值。管理层持股的这一激励作用被后来的学者归结为"利益协调"假说（Interests Alignment 或 Convergence of Interests）。Fama 和 Jensen（1983）考察了各种组织中的代理问题及其解决代理问题的措施，他们将企业内部的决策过程区分为决策管理（Decision Management）和决策控制（Decision Control），并认为将二者分离是重要的。如果决策管理者不是主要的剩余索取者，并且企业缺乏一套有效的控制机制时，决策管理者就可能偏离剩余索取者的利益而牟取个人私利。Jensen 和 Warner（1988）又进一步指出，如果公司管理层持股比例太高，则可能控制董事会，阻隔公司控制权市场的约束作用，进而侵占其他投资者的财富，这就是"管理层防御"假说（Management Entrenchment）。

从"利益协调"到"管理层防御"，基本都是以美国现代企业为研究对象。在股权高度分散的背景下，管理层的"道德风险"、股东和管理层之间的信息不对称、"经理帝国"构建起的对企业的实质控制力等，使得管理层和外部股东之间的利益冲突成为现代企业的主要代理问题。

3.1.1.2 大股东持股的"控制权共享利益"和"控制权私利"

Grossman 和 Hart（1980）指出，如果外部投资者未持有股权分散公司的股份（或者仅持有少量股份），那么他们是不可能进行有助于改进公司绩效的收购活动的。一方面，股权的分散性使得单个股东是否接受收购要约的决定不足以影响最终的收购结果；另一方面，一旦现有股东意识到成功的收购行为将提升公司的价值时，就可能拒绝出售股票，以期从收购成功后公司股票价格的上升中获利。在存在这种"搭便车"（Free-ride）行为的情况下，收购方必须承担所有的收购成本和监督成本，但是企业绩效改进这个公共产品（Public Good）却被各方共享。因此，当收购方意识到收购对其而言无利可图时，就会放弃收购计划。同理，中小投资者之所以放弃对管理层的监督职能，也是因为"搭便车"现象使分享的绩效改进不足以补偿监督成本。Shleifer 和 Vishny（1986）指出，解决这一问题的途径之一就是引入大股东（Large Shareholders）。大股东在收购过程中具有相当重要的作用，他们是公共产品的主要消费者，出于个人利益考虑将愿意支付产品的相应成本。即使无法亲自监督管理层，大股东也将通过与收购方分享所持有的股份上的巨额收益，来便利第三方的收购行为。

在 LLSV 范式下，相对集中的股权结构是更为普遍的现代企业股权特征，不断提高的剩余索取权为外部股东积极约束管理层提供了有效激励，而与大型所有权相伴的决策权分布以及财富效应则能带来优良的管理和监督水平。因此，随着所有权水平的不断提高，控股股东增进企业价值的激励也随之增强，中小投资者由此得以共享的更高的现金流，就构成了"控制权共享利益"（Shared Benefits of Control）。但是，当大股东在收益最大化上具有相当多的利益，并且对企业资产拥有的控制权足以取得其所期望的利益时，就可能引发新的代理问题（Shleifer and Vishny, 1997），即大股东在发挥监督管理层职能的同时，也具有激励通过所持有的投票权消费公司的资源或享有公司的利益，随着持股比例的不断上升，这一激励可能成为现实。而这部分收益正是中小投资者所无法分享的，也就是所说的"控制权私利"（Private Benefits of Control）。这种将公司资源转移至控股股东手中的行为，Johnson，La Porta，Lopez – de – Silanes 和 Shleifer（2000）称之为"利益输送"（Tunneling）①。

这样，在股权相对集中的情况下，集中的所有权为控股股东提供激励约束管理层、解决所有者和职业经理层之间利益冲突的同时，也带来了新的代理问题。控股股东和中小投资者利益的不一致性，以及控股股东对管理层所具有的控制力，使得控股股东对外部中小投资者利益的可能侵害成为现代企业的主要代理问题。

3.1.2 利益输送行为的代理成本

正如 LLS（1999）指出的，投资者保护较弱的国家股权结构相对集中，企业的最终控制人通常通过金字塔式持股结构、交叉持股、发行多重表决权股票等机制实现控制权和现金流量权之间的分离。两权分离带来的直接影响就是最终控制人对企业具有实质性的控制力，同时能够外部化（Externalize）决策行为的大部分后果。Bubchuk 等（1998）以投资项目选择、公司规模决策和控制权转让等重大决策为背景，分析了两权分离情况下，控制权私利对最终控制人决策效率性的可能影响。最终控制人利益输送行为导致的效率损失（即中小投资者被转移的财富）是一种代理成本，虽然现金流量权的存在对利益输送具有一定的抑制性，但是随着两权分离程度的不断加大，低效率决策的可能性以及由此引发的代理成本却呈迅速上升之势。

3.1.2.1 投资项目选择

假设最终控制人在上市公司持有的现金流量权比例为 α，并且最终控制人将在上市公司两个投资项目 X 和 Y 之间进行选择。项目 X 带来的总价

---

① 利益输送（Tunneling）这一术语是 Johnson 等（2000）提出的，按照其定义，指的是控股股东转移公司资源的行为，并主要关注资产性交易，不包括"不胜任的管理层、安插亲戚任高管职位、投资不足或投资过度、阻止增加价值的收购行为"。本书对这一术语的使用拓展了原定义的范畴，凡是控股股东以牺牲中小投资者利益为代价的低效率决策行为都被称作利益输送，不仅包括资产性交易，还考虑资本性交易。

值为 V_X，这其中包括所有股东能够获取的现金流 S_X，以及仅归属于公司控股股东的控制权私利 B_X，因此

$$V_X = S_X + B_X \tag{3-1}$$

项目 Y 的总价值为 V_Y，包括类似的项目 S_Y 和 B_Y，因此

$$V_Y = S_Y + B_Y \tag{3-2}$$

假设项目 X 的总价值低于项目 Y，但是项目 X 带给最终控制人的控制权私利规模要大于项目 Y，即

$$V_X < V_Y \tag{3-3}$$

$$B_X > B_Y \tag{3-4}$$

通常情况下，企业应该选择总价值更高的投资项目，即项目 Y。但是在存在最终控制人的情况下，最终控制人对投资项目的选择将以项目能为其带来的收益（包括现金流和控制权私利）为判断标准。最终控制人从项目 X 中获取的收益为 $\alpha(V_X - B_X) + B_X$，从项目 Y 中获取的收益为 $\alpha(V_Y - B_Y) + B_Y$。因此，只要不等式（3-5）成立，最终控制人将选择投资项目 X

$$\alpha(V_X - B_X) + B_X > \alpha(V_Y - B_Y) + B_Y \tag{3-5}$$

即

$$V_Y - V_X < (\frac{1-\alpha}{\alpha})\Delta B \tag{3-6}$$

其中，$\Delta B = B_X - B_Y > 0$。

可见最终控制人完全可能选择价值 V 较低但是控制权私利 B 较高的项目，这在很大程度上取决于最终控制人持有的现金流量权 α 的大小。随着 α 降低，对最终控制人而言，相对控制权私利之间的差异而言，项目 Y 和项目 X 之间的价值差异可能逐渐变得并不重要。如果对不等式（3-6）右边的 α 求导可以得到 $-(\alpha^{-2})\Delta B$，因此，对于给定的项目 Y 的分布，随着 α 降低，最终控制人选择项目 X 从而造成效率损失的可能性迅速提高。

可以通过一个具体例子来说明最终控制人持有的现金流量权比例对其投资决策的重大影响。假设 $\Delta B = B_X - B_Y = 0.03V_X$，即两个投资项目控

制权私利之差为项目 X 价值的3%。如果最终控制人持有上市公司50%的现金流量权，即 $\alpha = 0.5$，那么只有当 $V_Y - V_X > 0.03V_X$，即项目 Y 的价值超过项目 X 的价值3%时，最终控制人才会选择项目 Y。如果最终控制人持有上市公司10%的现金流量权，即 $\alpha = 0.1$，那么只有当 $V_Y - V_X > 0.27V_X$，即项目 Y 的价值超过项目 X 的价值27%时，最终控制人才会选择项目 Y。

因此，在投资项目的选择上，归属于个人的控制权私利而不是项目的整体价值才是最终控制人考虑的关键，由此而导致的分配给中小投资者现金流的减损是一种效率损失，也是代理成本的体现。虽然最终控制人持有的现金流量权对投资决策具有重大影响，但是金字塔式持股结构等机制使得现金流量权比例通常远远小于控制权，随着现金流量权比例的降低，最终控制人选择低效率投资项目的可能性也迅速提高。

3.1.2.2 公司规模决策

公司规模决策指的是最终控制人决定是将现金流作为股利分配给股东还是用于扩大公司现有规模，当最终控制人能够从非获益性项目中获取控制权私利时，公司规模决策就可能引发代理成本。

假设某一项资产能创造的总价值为 V，其中包括所有股东共享的现金流 S 和归属于最终控制人的控制权私利 B，即 $V = S + B$。假设第一种情况下这一资产归属于该公司，那么最终控制人将拒绝出售该项资产，并将出售所得 P 分配给所有股东，因为这一缩减公司规模的决策将使所有股东共享控制权私利。假设第二种情况下资产由第三方持有，那么为了获取资产可能带来的控制权私利，最终控制人可能促使公司购买资产而不是将现金流 P 作为股利进行分配。对最终控制人而言，这两种情况的实质是相同的，即控股股东都通过扩大公司规模增加了控制权私利。正如 Jensen (1986) 的自由现金流量假说所提出的，最终控制人有可能投资于一些亏损但是能带来控制权私利的项目，而不是将自由现金流作为股利进行分配。

确切地说，只要不等式（3-7）成立，最终控制人就可能选择扩大而

不是缩减公司的规模

$$\alpha(V - B) + B > \alpha P \qquad (3-7)$$

移项得

$$V > P - \left(\frac{1-\alpha}{\alpha}\right)B \qquad (3-8)$$

当 $P \in \left[V, V + \left(\frac{1-\alpha}{\alpha}\right)B\right]$ 时，最终控制人将作出扩张公司的低效率决策。效率损失为 $(P - V) = \left(\frac{1-\alpha}{\alpha}\right)B$，对 α 求导可以得到 $-(\alpha^{-2})B$。因此，给定扩大或者缩减公司规模的任何分布，随着最终控制人现金流量权 α 的降低，公司作出低效率决策（从而发生代理成本）的可能性不断增大。和投资项目选择的情况相类似，随着 α 的降低，潜在代理成本呈指数增大。

同样可以通过一个具体例子来说明最终控制人持有的现金流量权对公司规模决策的影响。当 $\alpha = 0.5$ 时，最终控制人作出低效率决策的区间是 $P \in (V, V + B)$；当 $\alpha = 0.1$ 时，最终控制人作出低效率决策的区间是 $P \in (V, V + 9B)$。随着 α 的降低，最终控制人扩大公司规模的可能性不断增大。假定资产为最终控制人带来的控制权私利 $B = 0.05V$。当 $\alpha = 0.5$ 时，最终控制人可能作出扩张规模的低效率决策，但是只要出售资产的所得 $P > V + 0.05V$，即出售所得高于资产价值的5%，最终控制人就可能同意出售资产；当 $\alpha = 0.1$ 时，除非出售所得 $P > V + 0.45V$，即出售所得高于资产价值的45%，否则最终控制人将拒绝出售资产。可见，随着 α 的降低，最终控制人作出低效率决策的可能性不断增大，并且效率损失（代理成本）迅速上升。

3.1.2.3 控制权转让

当有可能从控制权的转让中谋求自身效用最大化时，最终控制人就可能放弃对上市公司的控制权，这时同样存在低效率决策引发的代理成本问题。

假设上市公司的原最终控制人 I 持有 α 的现金流量权，在 I 的控制下企

业价值为 V_I，这其中包括现金流量 S_I 和控制权私利 B_I，即 $V_I = S_I + B_I$。假设存在一个潜在的收购人 N，在 N 的控制下企业价值为 V_N，并且 $V_N = S_N + B_N$。通常情况下，只有当 $V_I < V_N$ 即 $S_I + B_I < S_N + B_N$ 时，I 向 N 出让控制权才是有效率的。但是如果 α 的比例很小，那么最终控制人 I 的转让决策将更多地取决于 I 和 N 持有的控制权私利 B_I 和 B_N，而不是 I 和 N 控制下的企业价值 V_I 和 V_N。具体又可以分为两种情况进行讨论。

第一种情况下，控制权的出让方即原最终控制人将独享控制权溢价。对于原最终控制人而言，公司的价值为 $\alpha S_I + B_I$，只有当转让所得高于 $\alpha S_I + B_I$ 时，最终控制人才会转让控制权。那么只有不等式（3-9）成立时，控制权才会被转让

$$\alpha S_N + B_N > \alpha S_I + B_I \qquad (3-9)$$

将 $V_I = S_I + B_I$，$V_N = S_N + B_N$ 代入式（3-9）得到

$$B_N - B_I > (\frac{\alpha}{1-\alpha})(V_I - V_N) \qquad (3-10)$$

因此，虽然从社会福利最大化的角度而言，只要 $V_I < V_N$，原最终控制人就应该转让控制权，否则将造成社会效率的损失。但是只要潜在收购人的出价低于最终控制人目前享有的公司价值，控制权转让就不会发生。也就是说，即使 $V_I < V_N$，但是如果不等式（3-11）成立，原最终控制人也将拒绝转让控制权

$$B_N - B_I < (\frac{\alpha}{1-\alpha})(V_I - V_N) \qquad (3-11)$$

同理，虽然 $V_I > V_N$，但是只要不等式（3-10）成立，原最终控制人就将作出转让控制权的决策。

前一种情况下，拒绝转让控制权的决策是低效率的；后一种情况下，转让控制权的决策是低效率的。无论哪一种情况，随着 α 的降低，低效率决策引发的代理成本都将呈指数性上升。

第二种情况下，潜在收购人能够平等地和原最终控制人一起参与控制权转让交易，即潜在收购人将参与控制权溢价的分享。那么，只要不等式（3-12）成立，原最终控制人将出售其控制权

$$\alpha S_I + B_I < \alpha V_N \qquad (3-12)$$

将 $V_I = S_I + B_I$ 代入得

$$B_I < \frac{\alpha}{1-\alpha}(V_N - V_I) \qquad (3-13)$$

这时，即使 $V_I > V_N$，只要不等式（3-13）成立，原最终控制人都将转让控制权。同理，如果不等式（3-14）成立，那么虽然 $V_I < V_N$，原最终控制人也将拒绝转让控制权

$$B_I > \frac{\alpha}{1-\alpha}(V_N - V_I) \qquad (3-14)$$

3.1.3 利益输送行为的"合法性"

Johnson 等（2000）认为控股股东转移中小投资者财富的利益输送行为通常包括两种形式：第一，控股股东为了自身利益通过自我交易（Self-dealing Transactions）转移企业资源，具体包括直接的窃取（Theft）或欺诈（Fraud）行为、出售资产、订立转让价格有利于控股股东的契约、过高的高管报酬、借款担保等；第二，通过资本性交易增进对企业的控制权，具体包括发行稀释的股票、秘密收购（Creeping Acquisition）、冻结（Freezeout）中小投资者等。从交易的形式来看，除了直接的窃取或欺诈行为容易辨识外，其他的利益输送形式相对间接，或者说通常具有"合法"的形式。

3.1.3.1 现有法律原则与利益输送行为

大多数国家的法律明确禁止某些利益输送行为，在对有关行为进行界定时，法庭通常会依据两项广泛适用的原则：第一项原则是"尽职责任"（Care Duty），第二项原则是"忠诚责任"（Loyalty Duty）或"受托责任"（Fiduciary Duty），之所以说其广泛，是因为这两项原则在所有主要法律体系中都有提及。

尽职责任主要指的是在日常经营管理活动中公司董事应尽的职责，这一原则来源于罗马法的托管概念（Mandatum），要求董事在其职位上必须明智（Reasonable）、谨慎（Prudent）或理性（Rational）。大多数国家的法庭通过"商业判定规则"（Business Judgment Rule）来执行尽职责任，但是

这一判定规则显然将投资者置于相对被动、不利的位置。商业判定规则要求在不存在特定利益冲突的情况下，除非原告（投资者）能从董事的立场出发，举证董事在日常经营活动中故意失职或者玩忽职守，否则法庭不能裁定董事未尽职责。在存在争议的情况下，商业判定规则显然更有利于公司董事开脱责任。以美国为例，美国的证券市场监管体制独步全球，但是法庭在对以外部股东利益为代价向内部人提供非货币性利益（如构建经理帝国）、由大多数不具有利益关系的股东决定高管报酬、高管抵制收购等利益输送行为进行裁定时，虽然中小投资者在这些方面受到的肆意侵害是相当显著的，但是未发生利益冲突情况下控方举证的难度显然为高管提供了庇护。"忠诚责任"或"受托责任"原则主要适用于发生利益冲突的情况，这一原则明确规定内部人不能以股东或者公司的利益为代价来谋取个人私利，具体情况取决于法律上规定内部人应向哪一方负有忠诚责任。相比之下，除非外部股东能够证明某些交易不具有合法的商业目的，或者交易的唯一目的就是为了侵害外部股东，否则"尽职责任"原则可能允许内部人以外部股东利益为代价谋求个人私利；而"忠诚责任"原则从法规上明确禁止这一类服务自我的交易（Self-serving），或者要求法庭对交易的公允性进行调查。①

3.1.3.2 普通法和民法下的利益输送行为

LLSV（1996）的研究发现，民法国家的法律对中小投资者的保护要弱于普通法国家，同样，民法国家对利益输送行为的监管也要弱于普通法国家，这一差异性很大程度上来源于普通法和民法在"司法"（Judicial）方面的差异性。

普通法下的法律规则通常是由法官执行的，法官的裁定以先例为基础，强调公允性（Fairness）的含义。当一些特定的行为在现有法规中未作

---

① "忠诚责任"和"尽职责任"的证据标准也存在相当大的差异。"就尽职责任而言，对所行使的职责必须有一个规定的标准，如果董事没有达到这一标准，那么他将被认为是玩忽职守；就受托责任而言，董事利益和公司自身利益相冲突这一确凿事实就构成了责任的基础，如果因为这些冲突公司的利益受到损害，就可能产生违反受托责任义务的责任……"（Shibuya，1972）。

禁止或不具有先例的情况下，法官将运用公允性原则，通过寻问测试（Smell Test）来确定内部人的行为是否侵害了中小投资者的利益。随着违反受托责任的判例不断增多，内部人可能采取的利益侵害行为不断受到限制，普通法对投资者的保护也就相对健全。"……受托责任是一个剩余概念，可能包括任何人都无法预见、分类的情况。受托责任要求公司法不断发展，而事实上也会导致这一结果"（Clark，1986）[①]。相比之下，民法国家的法律是由立法机构制订的，法官无权超越法规条例的界限运用公允性原则。招致的结果就是，如果内部人发现法规条例没有明文禁止某一类侵害外部投资者的行为，就可能采取这一行径。其次，由于法律对侵害行为作出了明确规定，即使一些规定可能招致内部人创造性地构造一些不公允、但是符合法律的文字性规定的交易，民法国家也将依据这些规定对侵害行为作出裁决。普通法中公允性原则在评价交易条款和制定规则时要求较高水平的司法裁量权，这一点和民法对法律确定性（Certainty）的强调相对立。因此，尽管民法国家的法庭能通过实施法令直接阻止窃取和欺诈行为，但是法庭要阻止具有"合法"商业目的的侵害行为，难度显然更大。

总而言之，民法国家的法庭遇到的利益输送行为要比普通法国家多得多，因为：①难以将忠诚责任广泛运用于不具有商业目的的交易；②发生利益冲突时需要更高标准的证据；③对利益相关方更高的责任；④更为倚重法律而不是公允性原则来约束自我交易等行为（Johnson et al.，2000）。

3.2 股权结构对企业绩效的影响

股权集中程度对企业价值的影响从绩效角度对企业代理问题进行了检验。在股权结构相对分散的情况下，管理层持股的代理问题是经验研究文献的重点；随着股权集中度不断提高，外部大股东持股的控制权私利问题

[①] 转引自 Johnson, Simon, Rafael La Porta, Florencio Lopez – de – Silanes and Andrei Shleifer, 2000, Tunneling [J]. *Harvard Institute of Economic Research Discussion Paper*, No. 1887：6.

受到关注；LLSV 范式下，最终控制人身份和行为、控制权和现金流量权的集中程度、两权分离程度对企业价值的影响，检验了最终控制人对外部中小投资者的可能侵害。

3.2.1 管理层持股与企业绩效

Morck，Shleifer 和 Vishny（1988）的研究是第一篇专门检验内部所有权和企业价值之间关系的经验文献，该文以 1980 年《财富》500 强企业中的 371 家作为研究样本，采用分区间回归。研究发现，当管理层所有权比例在 0~5% 的区间时，以托宾 Q 值计量的企业价值随着持股比例的上升而增加；在 5%~25% 的区间，托宾 Q 值随着持股比例的上升而减少；在 25% 以上的区间，托宾 Q 值再次随着持股比例的上升而缓慢增加[①]。针对管理层持股水平和企业价值之间呈"锯齿"形关系，而不是传统认同的单一线性关系，Morck 等采用"利益协调"和"管理层防御"假说进行了解释。当管理层持股比例较低时，持有一定比例的股份使得管理层必须承担其行为的相应后果，从而抑制可能的渎职、在职消费、非企业价值最大化的经营决策等行为，管理层和股东的利益趋于协调；当管理层持股比例超过某一临界点，随着持股比例的增大，管理层逐渐取得了对企业的控制权，这其中包括对董事会的控制权、对董事和高管的人事任免权等，从而使得管理层能够不受股东所有权约束，构建自主的"经理帝国"。Morck 等的这一研究发现引发了之后一系列针对内部所有权和企业价值关系的讨论文献。

McConnell 和 Servaes（1990）采用了与 Morck 等（1988）相类似的方法，对纽约证券交易所（NYSE）和美国证券交易所（ASE）上市公司的托宾 Q 值与管理层持股比例、外部大股东持股比例之间的关系进行检验。但是研究结果与 Morck 等（1998）的研究存在差异，他们发现当内部所有权趋近 40%~50% 之前，托宾 Q 值都一直处于不断上升的趋势，但是所有

[①] 5% 的临界点具有相当的显著性；而 25% 的临界点在一些公式中具有显著性，而在另一些公式中仅为边际显著。

权超过这一比例之后,托宾 Q 值开始逐渐下降[①]。同时发现托宾 Q 值和是否存在外部股东以及外部股东的持股比例不存在显著相关性[②]。McConnell 和 Servaes 的研究结果只支持了 Morck 等在 0~5% 内部所有权区间的发现。

Kole(1995)指出,Morck 与 McConnell 的研究结果之所以存在差异是因为两者采用的样本公司的规模存在差异。Morck 等(1988)采用了财富 500 强中的 371 家样本公司为研究对象,这些都是大规模公司,而 McConnell 和 Servaes(1990)采用的样本公司的规模明显小于前者。虽然 Kole 得出了大致相同的结论,但她指出这种管理者持股比例与公司价值之间的正相关关系在小公司中可以维持到较高的比例,但在大公司中则只能维持在较低的比例。

Short 和 Keasey(1999)以英国上市公司为研究对象,采用公司市场价格和账面价值之比、股票收益率作为衡量公司绩效的指标。研究发现,公司绩效是管理层持股比例的三次函数,并且当管理层持股比例达到 12% 时,管理层防御效应开始替代利益协调效应。较之 Morck 等(1988)发现 5% 作为管理层持股的激励效应开始发生转变的临界点,Short 等(1999)发现的临界点显然要高许多,研究认为这是因为英国机构投资者发挥监督作用带来的协调效应更显著,以及市场环境的差异导致英国企业的管理层抵制收购的能力受到限制。Miguel,Pindado 和 de la Torre(2001)发现西班牙企业的内部所有权和企业价值之间也存在类似的非线性关系。Carlin,Linn 和 Yadav(2002)发现英国企业合并之后管理层所有权和企业绩效改进正相关。Claessens 和 Djankov(1998)以捷克企业为研究对象,发现管理层持股对企业绩效不具影响力,但是企业的绩效随着新管理人员上任得到改进,当管理人员是由个人所有者而不是政府选派时这一关系更为显著。Craswell,Taylor 和 Saywell(1997)发现对澳大利亚企业而言,内部所

[①] McConnell 和 Servaes(1990)对 1976 年和 1986 年两个年份的情况进行了研究。在 1976 年,当内部所有权达到 49.4% 时,托宾 Q 值最大;在 1986 年,当内部所有权达到 37.6% 时,托宾 Q 值最大。

[②] 但是该文没有明确界定何谓"外部大股东"(Outside Blockholder),外部大股东指的是非高管的大股东,还是既不是高管也不是董事的大股东?McConnell 和 Servaes 没有说明。

有权和企业绩效之间仅存在微弱的曲线关系,并且这一关系在不同研究期间的稳定性不足,在不同企业规模样本组也不一致。

3.2.2 大股东持股与企业绩效

大股东持股对企业价值的影响主要从研究大宗股权交易入手。Barclay 和 Holderness（1989）的研究是第一篇对大宗普通股交易的定价进行研究,从而为控制权私利提供系统证据的文献。他们提出,如果大股东获取的公司利益和他们持有的所有权成比例,即不存在控制权私利,那么大宗所有权应该以交换价格（Exchange Price）进行交易。相反,如果大股东预期投票权能使其获取并不归属于中小投资者的私利时,那么大宗所有权将以高于交换价格的价格进行交易,这里的溢价就相当于控制权私利的折现值。研究的显著发现就是,与披露后的股票交换价格相比,大宗普通股的交易通常具有相当高的溢价（溢价的平均数为20%,中位数为16%）。Barclay 和 Holderness 对溢价的横截面检验也为控制权私利提供了其他支持性证据。他们发现,在其他变量保持不变的情况下,大宗股票交易的规模越大,溢价也越高,可见持股比例越高,股权购买者实现控制权的可能性也越大。并且交易之前的公司绩效和溢价规模正相关,这是因为绩效越好的企业才可能支付更多的控制权私利。

之后的一些研究也发现了大宗股权通常都以高于交换价格的价格进行交易,并且认为这些大型溢价反映了预期的控制权私利。Mikkelson 和 Regassa（1991）对1978—1987年的37起股权交易进行了研究,发现溢价的平均值为9.2%,溢价的中位数为5.5%。Chang 和 Mayers（1995）发现的溢价均值为13.6%,中位数为10.1%,并且当交易的股权超过企业发行在外普通股的25%时,溢价规模趋于更大。Nicodano 和 Sembenelli（2000）以意大利企业的大宗股票交易为研究对象,发现溢价的平均值为27%（中位数为8.3%）。他们认为,意大利企业的溢价要高于美国企业,是因为意大利法律对大股东权利、行为等方面作出的限制极为有限,从而为控制权私利提供了更大的可能性。

3.2.3 最终控制人与企业绩效

近年来的研究侧重于从最终控制人控制权和现金流量权两权分离的角度来讨论控制权私利问题，这其中包括两权分离的程度以及实现两权分离的机制等方面的研究。所有权的适度集中有助于提升企业的价值，但是控制权和现金流量权的差异性过大则可能带来企业价值的减损。LLSV（2002）以27个发达国家的大型企业为研究对象，检验投资者保护和控股股东所有权对企业价值的影响。研究采用一国法律所属法系和该国投资者保护的法规指数计量投资者保护，采用企业控股股东的现金流量权计量控股股东侵害中小投资者的激励，采用托宾Q计量企业价值。回归结果表明，投资者保护较为完善的外部法律环境和较高的企业资产价值相联系，控股股东较高的现金流量权和较高的企业价值相联系。

Claessens，Djankov，Fan 和 Lang（1999）以1996年亚洲金融危机之前东亚九国2658家大型企业为研究样本，采用超额价值（Excess Value）计量企业价值①，检验控股股东持有的现金流量权和控制权与企业价值之间的关系。研究发现，控股股东持有的现金流量权和企业价值正相关，持有的控制权和企业价值负相关，现金流量权和控制权之间的差异性越小，企业价值越高。如果进一步考虑控股股东的性质，现金流量权和企业价值之间的正相关性在股权分散的金融机构尤为显著，控制权和企业价值之间的负相关性在家族企业、股权分散的金融机构更为显著，但在控股股东为国家和股权分散的商业的企业的情况下，控制权和企业价值之间不存在相关性，研究结果主要是受东亚经济中普遍存在的家族企业的影响。Claessens，Djankov，Fan 和 Lang（2002）继续以8个东亚国家中的1301家上市公司为研究对象，研究大股东持有的现金流量权带来的正面激励（Positive In-

---

① 超额价值＝企业的实际价值（Actual Value）/企业的估算价值（Imputed Value），实际价值＝普通股的市场价值＋债务的账面价值，估算价值的计算较为复杂，先采用所有企业在某一行业分部的市值销售比（Market‐to‐sales Ratio）计算出该行业的整体市值销售比中位数，再以单个企业每一行业分部的销售水平乘以该行业的市值销售比中位数，并将企业各行业分部的乘积相加，从而得出企业的估算价值。

centive)、持有的控制权带来的负面防御效应（Negative Entrenchment Effect）对企业价值的影响，对企业价值采用市值账面价值比（Market-to-book Ratio）和托宾Q值计量。研究发现，企业价值随着控股股东持有的现金流量权的增加而提高，随着控股股东持有的控制权的增加而降低。

Lins（2003）对18个新兴市场国家的所有权结构和企业价值之间的关系进行检验，研究发现控制权和现金流量权相分离在新兴市场具有相当的普遍性，并且将导致企业价值下降。Bae，Kang和Kim（2002）以韩国大型企业集团（Chaebols）的并购活动为研究对象，考察集团内的企业是否从并购中受益，或者说并购行为仅仅是为控股股东的利益输送行为提供了一个机会。研究发现，当集团中的某一个企业宣布进行并购时，该企业的股价通常会下跌，由此，集团的中小投资者遭受损失。但是集团的控股股东则从并购中受益，因为并购提升了集团内其他未进行并购活动的企业的价值。因此Bae等认为，并购是集团最终控制人转移中小投资者财富的一种途径。Volpin（2002）以意大利上市公司的所有权和控制权结构对高管变动和企业价值的影响为研究对象，发现当控股股东同时也是高管人员、企业控制权完全由一名控股股东而不是若干核心股东控制、控股股东持有的现金流量权低于50%时，高管变动对企业绩效的敏感性较小，且企业的托宾Q值较低。Bertrand，Mehta和Mullainathan（2002）以印度企业为研究对象，通过盈余意外（Earnings Shock）在企业集团内部的传播程度来检验利益输送问题。研究发现，当集团所有者持有的现金流量权比例较低时，集团内部存在相当显著的利益输送行为。Joh（2000）以韩国企业为研究对象，发现只有当企业的控股股东持有较高的现金流量权的时候，企业才可能具有较高的获利能力，当企业是商业集团的一部分时，其获利能力将受到影响。Lins和Servaes（1999）发现，日本的企业如果成为产业集团（Industrial Groups）的一部分，那么这些企业更容易发生多元化折价问题。Gorton和Schimd（2000）指出，如果德国的银行持有和投票权相对应的股份，那么银行对企业的控制与企业的资产收益率正相关，如果银行持有的仅是他人的代理表决权，那么银行控制权对企业的资产收益率没有影响。

在美国，最为普遍的两权分离机制就是不同的普通股股东具有不同的表决权。Lease，McConnell 和 Mikkelson（1984），Zingales（1994）的研究发现，在美国，一些股票偏离了"一股一权"的原则，较之具有次等投票权的股票，具有优等投票权的股票的交易价格有一定的溢价，这一溢价被认为是控制权私利的体现。Dyck 和 Zingales（2002）对 39 个国家的大型控制权交易中具有投票权和不具有投票权的股权的溢价差异进行研究，发现投票权溢价在不同国家间存在相当大的差异，并且投票权溢价和一国投资者法律保护的程度负相关。

3.3 股权结构对财务报告质量的影响

信息要求权是投资者产权保护中的一项重要权力，其中，财务报告是投资者作出投资决策、评价受托责任的重要信息依据，因此，各国都通过专门机构（官方或民间）为财务报告的编制提供技术标准。但是会计准则在具备技术性的同时也兼具了社会性，高质量的会计准则并不必然带来高质量的会计信息，一国的政治、经济等宏观环境，以及微观经济主体的所有权特征等，对财务报告的质量都具有相当大的影响力。最终控制人利用对企业的实质性控制权操纵财务报告的行为，从信息权力角度反映了最终控制人对中小投资者的侵害。

3.3.1 制度性背景对财务报告质量的影响

Alford，Jones，Leftwich 和 Amijewski（1993），Ali 和 Hwang（2000）等的研究都表明，区域性宏观制度背景是会计准则之外影响财务报告质量的重要因素，这些因素又可以进一步划分为政治因素和经济因素。

3.3.1.1 政治因素对财务报告质量的影响

Ball，Kothari 和 Robin（2000）提出不同制度背景对会计信息的需求存在差异，从而导致会计收益的特征存在国别差异，其研究的主要制度变量是政治因素。这里的政治因素包括政府对会计准则制订和执行的介入、税法与会计准则之间的关系，以及政府平抑会计收益变动的激励等，具体采用国家所属法系表征该国的政治影响①。Ball 等（2000）认为，普通法国家的会计实务主要由民间部门决定，民法国家则具有高度政治影响，准则制定和强制执行的政治性削弱了对及时、稳健会计收益的需要，而更倾向于会计收益的稳定性②。

  法系对会计的政治影响体现在国家和企业两个层面上。民法国家通常由政府执行会计准则的制定权，以及对准则的强制执行（Enforcement），如行政部门可能对违反准则的行为提起刑事诉讼。和企业缔约的主要利益相关方都在会计准则的制订过程和对单个公司的监管过程中得到了体现，具体包括资本提供方（主要是银行）、雇员、主要客户和供货商、监管部门等，由此形成企业的"利益相关方"（Stakeholder）治理模式。在这种治理模式下，债务契约通常是私下达成的而不是通过公开发行或交易，股权通常集中在银行等机构手中，个人股东持有的股权份额相当少。企业和利益相关方之间的密切联系，使得信息不对称更有可能通过双方之间的"内部沟通"予以解决。因此，对高质量公开财务报告和披露的要求也就不高，从而降低了对会计收益及时反映经济收益的需求。"利益相关方"治理模式下，当期会计收益被视为可在各方之间分配的利益集合，包括分配给股东的股利、向政府交纳的税金、支付给管理层和员工的红利等。因此，民法国家的会计收益可能更多受到银行、工会、政府等利益相关方的利益分配偏好的影响。管理层和雇员的个人利益与企业绩效的联系相对更

---

  ① 采用法系定义政治影响，Ball 等（2000）也承认不全面。之所以采用这一计量，Ball 等认为主要是不同法系下政府部门对经济活动的介入程度存在差异，因此，解决信息不对称的途径也存在差异，进而影响了会计收益的特征。他们的研究结果支持了他们的假设。Ball, Robin 和 Wu（2003）的研究针对这一不足作了进一步的深入研究。

  ② 在这里，及时性（Timely）指的是当期会计收益（Accounting Income）对经济收益（Economic Income）的反映程度，经济收益采用所有者权益市场价值的变动计量。稳健性（Conservatism）指的是相对经济利得（Economic Gain），当期会计收益对经济损失（Economic Loss）的不对称反映，即会计收益更为及时地反映了经济损失。会计收益的稳定性意味着前后会计期间收益的变动性不大，甚至可能有一个稳定的增长趋势，这是通过一系列"平滑"手段，以牺牲会计收益的及时性，特别是稳健性（及时反映经济损失）为代价而实现的。

为直接，因此他们具有平抑会计收益波动的激励；金融监管部门对银行杠杆率作出的规定，使得银行将对企业会计收益以及权益投资的股利收益波动进行处罚；政府作为公共管理部门，也具有保持税收稳定性的动机。因此，尽管普通法国家也具有平抑会计收益波动的动机，但是民法国家的公共治理以及公司治理特征显然强化了这一倾向。

相比之下，普通法国家的会计准则主要由民间部门制定，并且准则的强制执行是一项私人事务，如主要是由私人提起诉讼。公司治理的"股东"（Stockholder）治理模式在普通法国家较为普遍，这一治理模式赋予了企业所有者相当大的治理权利。通常由股东确定董事会人员的构成情况，债权人、雇员等利益相关方在董事会中基本不设代表。"股东"治理模式下，高管人员持有大规模股权的可能性比较小，外部股权市场（包括分析师）和债权市场是监督高管的主要形式，并且个人股东和债权人的数量众多，且更为分散。因此，公开披露能更为有效地解决信息不对称问题，信息使用者对会计信息质量的要求也更高，这其中就包括报告的会计收益应更为及时地反映经济收益。由于利益相关方和企业之间的联系不那么密切，利益分配和当期会计收益的直接联系也较弱，兼之对管理层的监督主要由外部市场来完成，由此又提出了对会计收益稳健性也就是会计收益更为及时反映经济损失的要求。例如，债权人的不对称损失函数（Asymmetric Loss Function）要求会计收益更为稳健，因为及时确认了经济损失，债务契约中的限制性条款才可能尽快生效；由于管理层在披露有利信息和不利信息上具有不对称动机，对市场而言，预期未来现金流量不利变动的信息（经济损失）要比有利变动的信息更为可靠，外部股东也就更为倾向于及时反映经济损失的会计信息。普通法国家市场导向的经济体系使得公开披露成为获取会计信息的主要渠道，由此提出对会计收益及时性和稳健性的需要。

3.3.1.2 经济环境对财务报告质量的影响

Ball，Robin 和 Wu（2003）以之前的结论为基础，以中国香港、马来西亚、新加坡和泰国等东亚国家和地区为研究对象，进一步拓展了制度背景和会计信息质量之间的关系。Ball 等（2003）指出，既定准则之下的财务报告质量对负责编制财务报表的公司管理层和审计人员的激励（Incentive）具有敏感性，而报表编制人员和审计人员激励取决于报告地区市场因素和政治因素的相互影响。因此，仅仅采用政治因素（所属法系）来解释会计信息质量不够全面，会计信息的质量是每个国家特定市场环境和政治影响的内生性函数，即会计信息质量是由制度环境的需求所决定的。

中国香港、马来西亚、新加坡和泰国的会计准则属于普通法系，但是因为一些经济因素的影响，这4个国家和地区具有了民法模式下的一些特征：财务报告过程受到了重大政治影响；信息不对称更多通过私下沟通而不是公开披露予以解决。首先，东亚经济的一个重要制度性特征就是家族所有权在企业中的主要地位。通常一个家族会对多个公众和私人公司进行投资，这些公司之间通过复杂的交叉持股、个人或家族的关系联系在一起。关系家族企业集团在经济中占主导是因为资本市场不发达，同时也进一步加剧了资本市场的不发达程度，因为私人关系和公开市场是可以相互替代的缔约系统。这样，东亚经济就具有民法国家的一些特征，即管理层和利益相关方之间的交流具有相对重要的作用。家族企业和关系网的盛行减少了对公开披露的需要，也降低了对会计收益及时确认经济损失的需要。其次，银行作为主要的资本提供方与企业集团密切联系，这一制度性要素也降低了对公开财务报告的需要。在东亚国家和地区，银行在企业发展的早期通常是相当重要的资本提供方。而家族企业集团占主导地位又进一步强调了银行的作用，因为相对公开的权益和债务，家族控制的企业更为倾向于内部资金和银行贷款。拥有私人信息渠道的银行以及个人股东和公开债务在向企业提供资本上的重要性不足，都降低了对高质量公开财务报告的需要。再次，Wattz 和 Zimmerman（1986）提出，政治程序通常会避免企业报告巨额亏损。由于东亚经济中政府和大型企业之间通常具有密切联系，这一点在东亚经济可能更为明显。普通法社会中公共部门通常会对企业施加压力，要求其及时报告经济损失，但是东亚国家和地区的政府则可能允许甚至鼓励企业对亏损的财务业绩进行粉饰，从而避免或者推迟企业的财务失败。政府之所以这么做可能是为了避免承担公司财务失败的责任，可能是因为和公司具有密切的联系，也可能是为了避免国际方面的介入[①]。因此，东亚经济中的企业可能具有强烈的动因避免报告巨额利润和巨额亏损，而更倾向于报告平滑的会计收益。最后，东亚国家和地区诉讼成本预期较低，这也降低了管理层和审计人员及时确认经济损失的激励。此外，会计职业的独立性和影响力是会计准则实施有效性的一个表征，也是高质量财务报告的表征，鉴于东亚国家和地区会计职业团体的经济重要性存在重大差异，其财务报告质量也存在差异。综上所述，由于东亚国家和地区的制度环境和执行机制更多体现了民法而不是普通法模式，虽然其会计准则大部分来自普通法模式，但是如果考虑了管理层和审计人员的激励，会计收益的及时性和稳健性还是不足。

Ball 等（2003）由此提出，财务报告的质量最终是由影响激励的经济和政治因素决定的，而不是会计准则本身，高质量的会计准则并不必然保证高质量的会计信息。而财务报告动机的国际性差异又进一步限制了仅仅通过会计准则的国际性趋同来实现会计信息国际可比性的程度。因为遵守 IAS 提供完全可比的财务报告要求管理层和审计人员的激励在全球范围内一致，这又对全球经济、法律和政治体系提出了趋同的要求，后一点显然难以做到。

3.3.2 股权结构对财务报告质量的影响

较之上述研究从宏观外部环境解释会计信息质量的国别差异，所有权结构是一国制度环境影响单个企业财务报告质量的途径之一（Fan 和 Wong，2002），从而把微观层面的股权结构视角引入财务报告质量研究领域。

---

① 例如，针对东亚经济危机，一个广泛的观点认为，如果马来西亚政府阻止企业向国外债权人及时报告损失和技术性财务失败，那么局面可能会有所缓和。

3.3.2.1 管理层持股对财务报告质量的影响

Warfields, Wild 和 Wild (1995) 以美国企业为研究对象,考察管理层持股水平和会计盈余信息含量之间的关系,提出会计盈余的信息含量、可操纵应计会计项目的规模随着管理层在公司的持股水平发生变化。管理层持股水平和会计盈余信息含量之间可能存在两种关系。第一,管理层持股和以会计数字为基础的契约性限制是可以相互替代的监督或激励机制。在管理层持股水平较低的情况下,公司治理将更为倚重契约性限制,管理层可能通过会计政策选择等自利行为作出反应,从而造成会计数据在计量经济绩效上信息含量不足。而持股比例较高时,管理层受到来自资本市场的压力也相对较小,兼之个人在公司股权投资方面的考虑,管理层所披露的会计信息将更加反映企业的经济实质而不是管理层的个人私利。第二,管理层持股比例和会计盈余质量之间具有内生性(Endogeneity),即企业经营绩效计量上的困难影响了管理层的所有权水平。如果会计信息在计量企业经济绩效上信息含量不足,那么较高的管理层持股水平就可能是企业组织结构方面对此作出的一种应对。Warfields 等(1995)的研究结果支持了第一个假设,当管理层持股水平低于 5% 时,盈余和收益之间的相关性达到 0.21,当持股比例超过 45% 时,两者相关性增加一倍;当管理层持股水平低于 5% 时,应计性调整的绝对值是管理层持股水平高于 45% 时的两倍多。

之后一系列研究也针对管理层持股水平和会计盈余信息含量这一问题,采用不同国家的企业为对象进行了研究,这些研究进一步表明,盈余信息含量随着所有权环境不同有所差异。Gabrielsen, Gramlich 和 Plenborg (2002) 以丹麦企业为研究对象,研究结果和 Warfields 等(1995)的发现正相反。Gabrielsen 等(2002)发现,丹麦企业的管理层持股比例和会计盈余信息含量之间具有显著的负相关关系。Gabrielsen 等认为研究结果的差异是因为丹麦和美国的制度性背景存在差异。第一,丹麦企业具有高度集中的所有权和控制权,这一点和美国高度分散的所有权结构存在相当大的差异;第二,美国法律限制银行等金融机构持有非金融企业的大型所有权,但是丹麦等国家的银行显然没有面临这些限制;第三,丹麦企业管理层在企业所持有的所有权规模要大于美国[①]。由于管理层持股比例相当高,股权分散情况下管理层持股的"利益协调"效应不再发挥作用,代之以"管理层防御"效应。

Yeo, Tan, Ho 和 Chen (2002) 以新加坡企业为研究对象,对 Warfields 等 (1995) 研究结果的进一步发展就是,发现了在东亚经济环境中管理层持股水平和会计盈余信息含量之间存在非线性关系,并且外部非关联大股东对管理层的盈余操纵行为具有监督作用。Jung 和 Kwon (2002) 对韩国企业的所有权结构和盈余信息含量之间的关系进行了检验,韩国企业的所有权结构也具有一些特殊性。研究发现,所有者兼管理人员所持有的股权比例越高,会计盈余对股权收益的解释力也越强;随着机构投资者和大型所有者持股比例上升;第一大股东持股比例和盈余信息含量之间不存在显著相关性。

3.3.2.2 最终控制人对财务报告质量的影响

相比之下,由于近年来才开始最终控制人研究,有关最终控制人对财务报告质量影响的研究相对较少。Fan 和 Wong (2002) 以 7 个东亚国家中 977 家上市公司的所有权结构为研究对象,检验上市公司最终控制人持有的控制权和两权分离程度对会计盈余信息含量的影响。研究提出"信息观"(Information Argument)和"防御观"(Entrenchment Argument)两个待检验假说。"信息观"认为,集中的所有权能够限制企业对外披露的信息,信息不透明阻止了企业将特有的信息传递给潜在竞争对手,从而避免了不必要的政治或社会关注,因此,控股股东和中小投资者都倾向于向公众披露尽可能少的会计信息。"防御观"认为,如果所有者对企业具有有效的控制权,那么也就控制了企业会计处理和财务报告的会计政策选择权,并且随着两权分离程度增大,外部投资人将预期控股股东提供会计信

[①] 在 Warfileds (1995) 的研究中,美国企业管理层所有权的中位数(均值)为 8%(17%),该研究中丹麦企业管理层所有权的中位数(均值)为 62%(59%)。

息是出于个人私利而不是为了反映企业潜在的经济实质。"信息观"预期最终控制人的控制权水平和盈余信息含量负相关,"防御观"预期最终控制人两权分离的程度和盈余信息含量负相关。研究结果支持了上述两个假说。

　　Francis,Schipper和Vicent(2003)以具有不平等投票权的普通股为研究对象,检验了发行不平等投票权普通股的公司和仅发行单一投票权普通股的公司,在会计盈余信息含量和股利信息含量上的差异性。研究认为,发行单一投票权普通股的公司,股票的现金流量权和控制权相一致,控股股东也就承担了其决策行为的相应后果;发行具有不平等投票权普通股的公司,具有优先投票权的股票其投票权通常高于具有次等投票权的股票,但是这两类普通的现金流量权是相同的,因此,具有优先投票权的股东无须承担相应比例的行为后果。持有次等投票权股票的股东在企业的决策过程中可能处于一种被侵害、财富被转移的地位,这一类股东对企业披露的财务信息的置信度也就不高。有研究表明,当投资者判断当期会计盈余并不是未来盈余的可靠预期时,他们对企业未来价值的评价将更多考虑企业股利状况(DeAngelo,DeAngelo和Skinner,1992),因为在控制权高度集中、两权分离程度比较大的情况下,股利政策可以被视为抑制侵害的一种非法律性承诺。所以较之同一企业披露的会计盈余,具有次等投票权的股东将更为信赖现金股利所传递的信息。研究提出了两个待检验假设:较之单一类型股票的收益,次等投票权股票的收益与会计盈余之间的相关性较弱,与现金股利信息之间的相关性较强。研究结果支持了这两个假设,也证明了发行不平等表决权股票对企业会计盈余可靠性的影响。

4 东亚和中国上市公司股权结构特征

1997年亚洲金融危机之后,东亚国家和地区的投资者保护和公司治理问题成为学术界关注的焦点。一系列研究表明,虽然东亚国家和地区投资者保护的法律规定较为完善,但是东亚经济独特的制度性背景影响甚至制约了有关法规的实施,由此引发东亚国家和地区相对集中的股权结构。在东亚经济的国际比较研究中,中国上市公司的股权结构特征未被列入研究范围,国内的相关研究也很少涉及上市公司最终控制人问题。本章以中国上市公司最终控制人为研究对象,发现在政府主导的经济模式下,我国上市公司控制权、所有权的集中程度,以及两权的拟合程度都远远高于LLSV研究的水平,并且略高于东亚经济的平均水平。在最终控制人的性质上,国有经济占有绝对优势,国有经济采用多种代理模式、通过多层控制链实现对国有上市公司的最终控制。

4.1 东亚经济中的公司治理[①]

4.1.1 投资者保护不完善

4.1.1.1 投资者法律保护较为健全

20世纪七八十年代,随着"亚洲四小龙"的经济腾飞,东亚经济开始受到世界瞩目,但这时候的关注焦点多集中于其经济环境、经济政策等。

[①] 本章所讨论的东亚概念要小于地理范畴,主要涵盖现有研究讨论的对象,包括中国香港、中国台湾、印度尼西亚、马来西亚、新加坡、斯里兰卡、泰国、印度、菲律宾、日本、韩国等国家和地区(LLSV,1996;Claessens,2000)。

中国上市公司股权结构及其代理问题研究

1997年的亚洲金融危机使得东亚模式再次受到学术界的关注，并且重心开始转移至东亚各个国家和地区的法律环境、特定制度性背景、公司治理等方面。在有关金融危机期间汇率贬值、股市衰退原因的讨论中，除宏观经济和金融体系之外，目前不完善的投资者法律保护环境、薄弱的公司治理机制也被归结为造成危机的关键因素，对亚洲金融危机期间汇率贬值、证券市场衰退具有重大影响（Johnson，Boone，Breach and Friedman，2000）。在面临影响投资者信心的不利事件时，投资者保护较弱国家的资本外逃现象更为严重，这是因为造成预期投资回报下降的危机事件使得这些国家的外部投资者受到内部人侵害的程度更为严重，进而加剧了外部市场的衰退。Mitton（2002）以印度尼西亚、韩国、马来西亚、菲律宾和泰国上市公司金融危机期间的股票业绩为研究对象，考察与公司治理有关的企业特征是否有助于阻止对中小投资者的侵害行为。研究发现，会计信息披露质量较高、外部所有权集中程度较高的企业，为中小投资者提供了更好的保护，股票的市场表现也更为突出。因此就企业层面而言，一些特定因素确实有助于改进中小投资者保护，进而有助于对金融危机期间股票的市场表现作出解释。

东亚各个国家和地区的经济发展水平和政治历史背景存在相当大的差异，各国的投资者法律保护程度也不能一概而论。我们可以借助 LLSV（1996）对投资者法律保护的国别比较，对东亚的法律环境作一个大概的评价。LLSV 研究的 49 个国家和地区中包括 11 个东亚国家和地区，其中普通法系 6 个、法兰西民法法系 2 个、德意志民法法系 3 个。表 4-1 是这 11 个东亚国家和地区投资者法律保护各项评价指标的得分情况，其中股东的权力包括投票权、针对董事的权力和补救性权力，债权人的权力包括债务人无力清偿时的重组程序是否包括自动留置资产、有担保债权人是否有权在重组过程中收回担保物、管理层是否有权未经债权人同意进行单方面重组、在重组程序结束之前是否保留管理层的职位以及补救性权力。这 11 个国家和地区分布于不同法系，因此，研究结果具有一定的代表性。

表4-1　东亚国家和地区投资者法律保护评分情况

法系/国家和地区	股东权力	债权人权力
普通法		
中国香港	5	4
印度	5	4
马来西亚	4	4
新加坡	4	4
斯里兰卡	3	3
泰国	2	3
东亚国家和地区均值	4.50	3.67
普通法国家和地区均值	4.00	3.11
法兰西民法		
印度尼西亚	2	4
菲律宾	3	0
东亚国家和地区均值	2.50	2
法兰西民法国家和地区均值	2.33	1.58
德意志民法		
日本	4	2
韩国	2	3
中国台湾	3	2
东亚国家和地区均值	3.00	2.33
德意志民法国家和地区均值	2.33	2.33
11个东亚国家和地区均值	3.73	3.00
49个样本国家和地区均值	3.00	2.30

资料来源：LLSV. Law and Finance [R]. NBER Working Paper, 5661, 1996. 根据table2和table4计算整理，所考察的东亚国家和地区没有属于斯坎德纳维亚民法法系的。

这11个东亚国家和地区的评分情况也表明了普通法国家和地区对投资者的法律保护要优于民法国家和地区。从表4-1中可以看出，各法系组一半以上东亚国家和地区的得分高于该组样本国家和地区均值，各组东亚国家和地区的得分均值高于（或等于）该组样本国家和地区均值，11个东亚国家和地区得分均值也高于49个样本国家和地区均值。虽然这些国家和地区的得分情况和投资者保护较为完善的英、美等国还有一定的差距，但是就研究整体而言，东亚国家和地区特别是普通法国家和地区保护投资者有关权力的法律条文还是相对完善的。近代史上许多东亚国家和地区成为西方国家的殖民地或附属国，其法律体系也都不同程度地受到宗主国法系的影响。但是一国法律环境现状既有对所属法系的传承，也受到了本国政治、经济、文化等方面特征的影响，东亚经济中一些特定的制度性背景可能制约甚至影响法律条款的实施（Ball 等，2003）。

4.1.1.2 特定的制度性背景影响投资者法律保护的有效性

东亚经济中的特殊制度性背景包括"裙带资本"、家族控制的企业集团、复杂的关系网和银行导向的金融体系。可以说，正是这些制度性背景影响了东亚经济中投资者法律保护的有效性，强化了集中所有权可能带来的控制权私利，进而决定了东亚经济中的所有权结构。

"裙带资本"（Crony Capital）通常被用于形容东亚经济中政府和大型企业之间的密切联系。在东亚，通常一小部分家族控制了大部分的经济，公司的控制权集中在少数家族手中，这些家族不可避免地具有为了优先待遇而"游说"政府机构、公共事务部门的强烈激励。专有的进出口经营权、对当地市场的垄断经营权、建立贸易壁垒、非市场融资渠道、大宗政府采购协议等都是实现倾斜性政策的途径。控制权的集中使控股股东侵害外部投资者的激励和可能性不断增强，而游说政府的行为又导致公司控制权的进一步集中，这样一个循环互动过程最终制约了旨在保护中小投资者权力的司法和监管制度的发展。随着大型企业和政府的联系不断加强，政府对经济活动的介入甚至干涉程度也不断增强。Wiwattanakantang，Kali 和 Charumilind（2002）以亚洲金融危机之前泰国金融机构向一些企业发放"软预算约束"性质长期贷款为研究对象，发现获取这一类贷款的企业多和当地政府具有密切的裙带关系，并且财务学研究文献中认为是相当重要的企业特征等因素对这类融资行为几乎不具有任何解释力。研究认为，政府的指令性行为主导了金融机构对软预算约束贷款的发放，政府对经济活动的干涉制约了债权约束机制治理效应的发挥，也为后来的金融危机埋下伏笔。

企业集团（Business Group）指的是一系列企业通过金字塔式股权结构以及交叉持股等方式联系在一起而形成的组织形式。企业集团在东亚相当普遍，韩国的企业集团通常被称作 Chaebols，日本的企业集团则被称作 Keirestsu。和大部分新兴市场相似，家族是东亚企业集团的主要控制实体①，通常一小部分家族就控制了大部分的本地经济。企业集团的广泛存在直接引发了东亚经济中的一系列公司治理问题。第一，许多上市公司的终极所有者可以追溯至某个家族，这些家族掌握了集团旗下上市公司的绝对控制权，并且在很大程度上控制了上市公司的管理层。股权高度集中、家族对上市公司管理层具有控制权，这些都限制了外部控制权市场、董事会等传统治理机制的有效性。第二，企业集团内部复杂的持股结构造成了终极所有者较大的两权差异程度。因此，东亚公司的主要代理问题不是传统的所有者和管理层之间的利益冲突，而是公司控股股东对外部中小投资者利益的可能侵害。在大型企业和政府具有密切联系的情况下，家族可能出于维护自身利益的目的，游说政府解决有关投资者保护立法问题，或者在既定的法律框架下寻求于己更为有利的司法解释。

尽管具有一定规模的股权市场，大部分东亚国家的金融体系还是银行导向型的，即银行借贷是东亚上市公司较为倚重的融资渠道。银行导向金融体系对投资者保护的影响与企业集团、裙带资本密切联系。相对于公开的权益和债务，家族企业集团更倾向于内部资金和银行贷款，这是因为后者更为隐瞒，并且在政府的介入下自由裁量的余地也更大。金融资本和家族企业之间的密切联系，一方面，削弱了债权资本在公司治理中的监督作用，使得保护债权人权力的法律条文可能流于形式；另一方面，银行具有的私人信息渠道又进一步降低了东亚公司的透明度，也影响了其他投资者保护法规的有效性。

---

① 但是有一个例外，即金融机构是日本企业集团的主要控制实体。

表4-2 东亚国家和地区投资者保护法律的执行情况

法系/国家和地区	司法体系的有效性	法律规则	腐败现象	政府剥夺的风险	政府取消合同的风险
普通法					
中国香港	10.00	8.22	8.52	8.29	8.82
印度	8.00	4.17	4.58	7.75	6.11
马来西亚	9.00	6.78	7.38	7.95	7.43
新加坡	10.00	8.57	8.22	9.30	8.86
斯里兰卡	7.00	1.90	5.00	6.05	5.25
泰国	3.25	6.25	5.18	7.42	7.57
东亚国家和地区均值	7.88	5.98	6.48	7.79	7.34
普通法国家和地区均值	8.15	6.46	7.06	7.91	7.41
法兰西民法					
印度尼西亚	2.50	3.98	2.15	7.16	6.09
菲律宾	4.75	2.73	2.92	5.22	4.80
东亚国家和地区均值	3.63	3.36	2.54	6.19	5.45
法兰西民法国家和地区均值	6.56	6.05	5.84	7.46	6.84
德意志民法国家和地区					
日本	10.00	8.98	8.52	9.67	9.69
韩国	6.00	5.35	5.30	8.31	8.59
中国台湾	6.75	8.52	6.85	9.12	9.16
东亚国家和地区均值	7.58	7.62	6.89	9.03	9.15
德意志民法国家和地区均值	8.54	8.68	8.03	9.45	9.47
11个东亚国家和地区均值	7.02	5.95	5.87	7.84	7.49
49个样本国家和地区均值	7.67	6.85	6.90	8.05	7.58

资料来源：LLSV. Law and Finance [R]. NBER Working Paper, 5661, 1996. 根据table5计算整理，所考察的东亚国家和地区没有属于斯坎德纳维亚民法法系的。

表4-2是LLSV（1996）对有关东亚国家和地区投资者保护法规执行结果的评价情况。与表4-1的情况相反，从表4-2中我们可以看出各法系组东亚国家和地区投资者保护法律的执行情况得分均值均低于该组样本国家和地区的均值，11个东亚国家和地区法律执行情况的得分均值也低于49个样本国家和地区的均值。法兰西民法法系下的东亚国家和地区各项评

分标准的得分均低于该法系样本国家和地区的均值，德意志民法法系下的东亚国家和地区仅有日本（占该组东亚国家和地区的1/3）超过该法系样本国家和地区的均值。普通法法系的情况好一些，日本、马来西亚、新加坡三国（占该组东亚国家和地区的1/2）超过该法系样本国家和地区的均值。这一结果一方面印证了LLSV（1996）的结论，即投资者法律保护较为薄弱的国家和地区其法律的执行力度也较弱；另一方面也说明了，尽管东亚国家和地区投资者保护的法律条文相对完善，但是在实际执行过程中能为投资者提供的保护却比较有限。应该说，正是东亚经济中的一些特定的制度性背景，影响了投资者保护法律条文有效性的发挥，因此也带来了东亚经济中高度集中的所有权结构。

4.1.2 东亚企业的股权结构特征

4.1.2.1 控制权、现金流量权集中且两权相分离

东亚经济中较弱的投资者保护带来了相对集中的股权结构，随着股权结构的集中，控股股东控制权和现金流量权之间的差异性就是对这种侵害可能性的一种表征。表4-3是Claessens，Djankov和Lang（2000）对9个东亚国家和地区股权结构的调查情况，调查对象包括控股股东投票权比例超过5%的所有企业，样本覆盖率最高为全部市值的96%（新加坡），最低为全部市值的64%（泰国），但各国和地区前100家市值最大的公司都在调查范围之内，表中列示的是均值。

从表4-3中可以看出，各国和地区控股股东控制权的集中程度和现金流量权的集中程度相似，但是各国和地区之间集中度的差异性较大。泰国和印度尼西亚的控制权集中程度最高，分别达到35.25%和33.68%，日本、韩国和中国台湾的控制权集中程度最低，仅为10.33%、17.78%和18.96%。就两权的差异性而言，日本的差异性最高，达到0.02，泰国和菲律宾的差异性最小，分别为0.941和0.908。东亚经济中实现两权分离的机制主要包括金字塔式持股结构和企业间交叉持股、发行双重类型投票权股票，其中金字塔式持股结构较为普遍，而东亚公司通常不倾向于发行

双重类型投票权的股票,如日本、韩国、新加坡等国都没有发行双重类型投票权股票的证据。

表 4-3 东亚 9 个国家和地区现金流量权和控制权情况(均值)

国家和地区	现金流量权	控制权	现金流量权/控制权
中国香港	24.30%	28,08%	0.882
印度尼西亚	25.61%	33.68%	0.784
日本	6.90%	10.33%	0.602
韩国	13.96%	17.78%	0.858
马来西亚	23.89%	28.32%	0.853
菲律宾	21.34%	24.36%	0.908
新加坡	20.19%	27.52%	0.794
中国台湾	15.98%	18.96%	0.832
泰国	32.84%	35.25%	0.941
平均	15.70%	19.77%	0.746

资料来源:Claessens, Djankov and Lang. The Separation of Ownership and Control in East Asian corporation [J]. *Journal of Financial Economics*, 2000 (58). 根据 table 4 整理。

4.1.2.2 家族是主要终极所有者

LLS(1999)在对 27 个经济发达国家和地区前 20 大上市公司控制权结构的调查中就发现,家族是股权集中公司的主要终极所有者。Claessens, Djankov 和 Lang(2000),Claessens, Djankov, Fan 和 Lang(2002)对东亚国家控股股东的研究表明,家族控股在东亚国家同样具有普遍性,超过一半的东亚公司为家族控股,但也具有一定的国别差异。日本的公司是股权分散型的居多,股权集中企业的终极所有者多为股权分散的金融机构。印度尼西亚和泰国的公司主要由家族控制,国家控制在印度尼西亚、韩国、马来西亚、新加坡和泰国也比较显著。在一些国家,相当一部分的公司资产集中在少数几个家族手中,例如,印度尼西亚上市公司总资产的 16.6% 能够追溯至具有最终控制权的某一家族,在菲律宾,这个比例是 17.1%。印度尼西亚、菲律宾和泰国的前十大家族控制了超过一半的公司资产,中国香港、韩国的前十大家族控制了大概 1/3 的公司资产。在东亚企业中,管理层通常和控股家族联系密切,控股家族通过在董事会中安插家族成员、指定管理层等行为,加强对企业集团的控制。因此,伯利和米恩斯命题下的管理层和股东之间的利益冲突在东亚经济中十分有限,企业的代理问题也就由管理层和股东之间的冲突转变为控股股东对中小投资者的侵害。

表4-4 东亚9个国家和地区股权分散企业和各类控股股东所占比例

国家和地区	股权分散	家族	政府	股权分散的金融机构	股权分散的企业
10%的控制权比例					
中国香港	0.6%	64.7%	3.7%	7.1%	23.9%
印度尼西亚	0.6%	68.6%	10.2%	3.8%	16.8%
日本	42.0%	13.1%	1.1%	38.5%	5.3%
韩国	14.3%	67.9%	5.1%	3.5%	9.2%
马来西亚	1.0%	57.5%	18.2%	12.1%	11.2%
菲律宾	1.7%	42.1%	3.6%	16.8%	35.9%
新加坡	1.4%	52.0%	23.6%	10.8%	12.2%
中国台湾	2.9%	65.6%	3.0%	10.4%	18.1%
泰国	2.2%	56.5%	7.5%	12.8%	21.1%
20%的控制权比例					
中国香港	7.0%	66.7%	1.4%	5.2%	19.8%
印度尼西亚	5.1%	71.5%	8.2%	2.0%	13.2%
日本	79.8%	9.7%	0.8%	6.5%	3.2%
韩国	43.2%	48.4%	1.6%	0.7%	6.1%
马来西亚	10.3%	67.2%	13.4%	2.3%	6.7%
菲律宾	19.2%	44.6%	2.1%	7.5%	26.7%
新加坡	5.4%	55.4%	23.5%	4.1%	11.5%
中国台湾	26.2%	48.2%	2.8%	5.3%	17.4%
泰国	6.6%	61.6%	8.0%	8.6%	15.3%

资料来源:Claessens, Djankov and Lang. The Separation of Ownership and Control in East Asian Corporation [J]. *Journal of Financial Economics*, 2000 (58). 根据 table 6 整理。

表4-4是Claessens等(2000)对9个东亚国家和地区终极所有者的

调查情况，表内列示的是股权分散企业和每一类型终极所有者企业在样本企业中所占的比例。和 LLS（1999）相类似，Claessens 等也分别采取 20%的控制权比例和 10%的控制权比例作为确定企业是否存在控股股东的设定比例。

4.2 中国上市公司股权结构研究现状

4.2.1 以直接股东为研究对象

对国有企业、上市公司所有权问题的讨论一直是我国理论界的一个热点，从早期的纯粹定性分析，到后来辅之以定量的经验性检验。我国企业股权结构的研究主要有以下几个特点：第一，多数研究以企业的直接股东为研究对象，研究范围主要包括股权构成（性质）和股权集中度两方面；第二，从服务国企改革出发，研究多关注国有企业、国有上市公司的股权结构问题，随着"国退民进"改革思路的提出，民营经济的股权结构问题开始受到关注，在研究中多作为国有经济的比较对象；第三，有关不同性质所有权、不同程度股权集中度的研究结果存在较大分歧；第四，研究主要以市场整体为研究对象，案例研究近年才逐渐兴起。

这一类研究主要将股东性质划分为国家股东、法人股东以及社会公众股东三类，考察股权性质和股权集中度对企业各项治理机制和绩效的影响。对国有股在改进企业绩效中可能发挥的作用，现行研究存在不同的意见。在国有股相对集中的上市公司，代表国家行使股东权利和承担股东责任的主体主要有三类：国资局、财政局和企业主管部门等政府机关，国有资产经营公司或国有控股公司，代表国家持有股权的集团公司（或总公司）（何浚，1998）。受性质所限，这三类主体行使股东权利更有可能只是行政职能的延伸，而不是以寻求企业价值最大化为目的，兼之国有股普遍存在的"一股独大"问题，国有股比例越高，公司治理机制、公司绩效受到的负面影响就越大。虽然国有股比例的提高也意味着获得政府保护、享受税收优惠的可能性上升，但总体上内部人控制和由此引发的道德风险将对企业绩效产生更大的负面影响。在国有股高度集中的情况下，股东大会成为大股东的"一言堂"（黄余海、王贤英，1998）；随着股权集中程度的提高，董事会受到内部人控制的趋势也不断增强（何浚，1998）；国有产权的不可转让性使得流通股股东难以对公司的经营状况进行有效的监督和激励，经理人才市场和公司控制权市场难以形成（陈小悦、徐晓东，2001）。国有股对企业经营绩效影响的研究结果主要有三类：第一，国有股比例和企业业绩负相关（许小年、王燕，1999；陈晓、江东，2000）；第二，国有股比例和企业业绩负相关关系不显著（张红军，2000；刘小玄，2000；陈小悦、徐晓东，2001）；第三，国有股比例和公司业绩正相关（周业安，1999；于东智，2001）。

有关法人股对企业绩效的研究，基本都没有进一步将法人股区分为国有法人股、境内法人股和境外法人股。并且有关研究都将法人股视为不同于国家股的独立机构持股形式，认为法人股倾向于长期投资，因此能为管理层提供更好的监督。周业安（1999）、刘小玄（2000）发现法人股比例和净资产收益率显著正相关，许小年、王燕（1999）发现法人股比例和总资产收益率、净资产收益率、市值与账面价值比显著正相关，张红军（2000）发现企业托宾Q和法人股比例存在"U"形关系。与上述研究发现法人股比例与企业绩效正相关相反，也有部分研究发现两者之间不相关。陈小悦、徐晓东（2001）以净资产收益率、主营业务资产收益率为被解释变量，得出法人股比例与企业业绩相关性不显著的结论，通过具体考察时间变化的影响，进一步提出虽然法人股对企业绩效的正向影响不显著，但不断朝着显著方向发展。

由于我国上市公司流通股比例都相当低，通常认为市场上股权交易、股价波动不可能对管理层起到重大监督约束作用，因此，流通股比例和企业绩效之间的关系应该是不显著的。陈小悦、徐晓东（2001）发现，在公司治理对外部投资人保护不力的情况下，流通股比例和公司绩效之间显著负相关，但是这种相关性随着考察时间的变化越来越不显著。张红军（2000）以社会公众持股比例为解释变量，发现社会公众持股比例和企业托宾 Q 值正相关，但未能通过显著性测试。

4.2.2 以最终控制人为研究对象①

目前国内直接以最终控制人为研究对象的研究还不多，从本书所掌握的文献来看，主要有刘芍佳、孙霈和刘乃全（2003），苏启林、朱文（2003），张华、张俊喜和宋敏（2004），Fan，Wong 和 Zhang（2004）和赖建清（2005）等几篇。

刘芍佳、孙霈和刘乃全（2003）的研究是本书所掌握的文献中，第一篇以最终控制人为研究对象、对我国国有上市公司股权结构和公司绩效之间的关系进行研究的文献。该文采用问卷调查的方式向上市公司收集股权构成情况，对上市公司控股主体进行重新分类，研究发现84%的中国上市公司最终由政府控制，因此，上市公司的股本结构仍然是国家主导型的。该文的研究贡献就在于，提出尽管国有上市公司的最终控制人都是国家，但是同一最终控制人采取的不同控股方式将导致这些国有上市公司的经营业绩存在差异。研究将国家控股方式具体分为 4 个层次，图 4-1 是国有经济 4 个层次控股类型的示意图。

刘芍佳等采用年利润、年经济增加值（EVA）、净资产利润率、投资的经济增值率、销售增长、销售收入的利润边际等六项指标衡量公司经营业绩。研究发现：第一，政府间接控制的上市公司的经营业绩要显著优于政府直接控制的公司，这一点与现有经济学文献中关于政府官僚在公司治理中的根本性缺陷相一致。政府部门直接控制的企业是一种典型的"换汤不换药"的传统国有企业，政府官员作为直接控制人不具有任何现金流量权，其改进企业管理与效率的动机是不足的。这一发现表明了代理问题在政府直接控制企业中的严重性。第二，投资管理公司控制的上市公司其经

---

① 和国外股权集中上市公司的终极所有者可分为家族、政府、股权分散的金融机构和股权分散的企业不同，我国 3/4 以上的上市公司属于国有，国有上市公司的终极所有者都是相同的——国家。对这些上市公司而言，不同的只是行使国有产权的代理形式，如政府机构、国有资产经营公司、国有独资或控股公司代行所有者权利、承担所有者责任，这些机构只是代行国有上市公司终极所有者控制权的机构。

4 东亚和中国上市公司股权结构特征

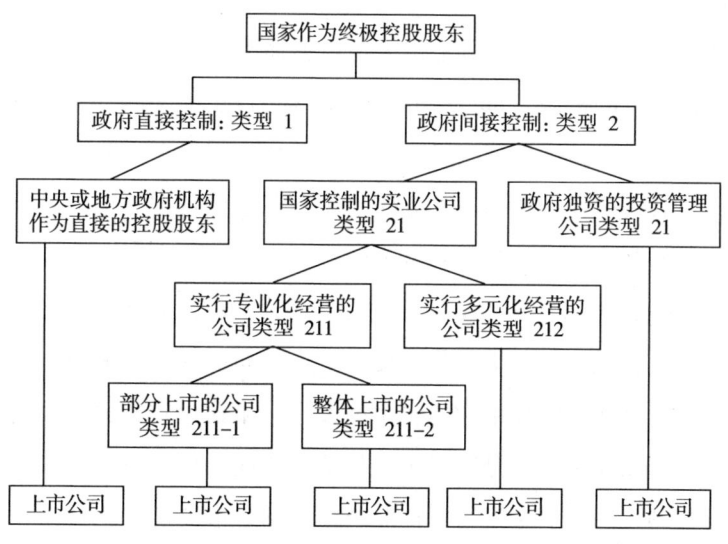

图 4-1 中国式金字塔式控股体系

资料来源：刘芍佳，孙霈，刘乃全. 终极产权论、股权结构及公司绩效 [J]. 经济研究, 2003 (4).

营业绩要低于实业公司控制的上市公司。投资管理公司绩效不佳的一个原因可能是投资管理公司在大量相互没有关联的项目或产业中过度投资，尽管以投资组合的形式来分散、规避风险的经济学原理能够为公司的投资行为提供一定程度的理论支持，但现实中经营失败的风险很可能由于在投资项目中监督投入及管理能力的不足而变得更大。另一个原因可能是投资管理公司的经理人员既没有充分信息也没有足够的专业知识对各行业的下属公司实施有效的监督与控制。第三，专业化经营的实业公司作为控股股东的上市公司的经营业绩要好于多元化经营的大型企业作为控股股东的上市公司。尽管多元化经营可以减少市场交易成本，但现实中企业多元化经济的成本却往往超过其潜在收益，这是因为多元化经营的企业集团内部的资本配置过程并不都是有效率的，不完善的内部治理机制可能导致企业内部资金由高效率部门流向低效率部门。此外，多元化经营的高成本可能源自管理层的机会主义行为，即为了攫取控制权私利而进行过度的多元化经营。第四，部分上市公司的经营业绩要差于整体上市公司的经营业绩。从传统的代理成本观点看，部分上市公司与整体上市公司之间的一个关键性差异在于代理链的链级，部分上市公司比整体上市公司多了一层代理链，代理成本将随着委托—代理层级的增加而增加。部分上市公司的较高代理成本可以从其资产经常被剥离并挪作他用的现象体现出，也就是经常所说的向母公司的利益输送行为（Tunneling）。

张华、张俊喜和宋敏（2004）对我国民营上市公司最终控制人问题进行了研究。其贡献在于分析了我国民营上市公司的最终控制权结构，并对可能影响民营企业控制权结构的多个因素进行了讨论，检验了民营企业所有权、控制权以及两者的分离对企业价值的影响。研究发现，我国民营企业的最终控制人多采取金字塔式持股结构控制上市公司（占样本民营上市公司的96.43%），最终控制人持有的平均控制权为32.15%，平均现金流量权为18.93%，两者的平均差异程度为58.3%。与所有权和控制权分离情况严重的东亚其他国家和地区相比，我国民营上市公司的两权分离程度更为显著，并且民营上市公司的最终控制权结构还受到民营化时间、公司规模等企业特征的影响。研究以最终控制人对企业的所有权度量其对企业的"监督效应"，以最终控制人对企业控制权与所有权之差度量其对企业的"隧道效应"，发现前者对企业价值有正向影响，后者的影响则为负向，并且和东亚其他国家和地区相比，我国的"监督效应"比"隧道效应"更为显著[①]。

较之前两篇文献分别以国有上市公司和民营上市公司为研究对象，Fan，Wong和Zhang（2004）则同时对中国证券市场两类上市公司的最终控制权问题进行了研究。其贡献在于，提出了国有上市公司和民营上市公司不同的控制级层假说；在横向上同时以两类上市公司为研究对象，比较了两类公司的最终控制权结构；在纵向上，时间跨度为1993—2001年，分

---

① "隧道效应"是张华等（2004）中的用语，对应的英文术语是"tunneling"，在本书中意译为"利益输送"。

析了不同时期上市公司控制权结构的时间性变化,并通过外部法律、市场环境的发展对这些变化作出解释。研究以最终控制人和上市公司之间控制链的级层(Layer)为考察对象①,以市场环境完善程度、法律环境完善程度以及地方政府的政治动因作为外部制度性因素,检验外部环境变化对控制链级层的影响。

Fan等(2004)等认为,金字塔式持股结构之所以会出现,"控制权私利"和"效率改进"是两种不同的解释角度,而在其研究中,Fan等尝试从效率改进角度对国有和民营上市公司的金字塔式持股结构和控制级层作出解释。对国有上市公司而言,随着市场和法律机制的发展,政府干涉企业经营活动或掠夺企业资源所带来的政治成本不断增大。因此,对这一类上市公司而言,"公司级层是限制政府掠夺行为的一种机制"。控制级层通过将决策权从政府部门转移给上市公司,限制了政府的控制或干涉行为,从而使国有上市公司的经营活动以经济目标而不是政治目标为导向;对民营上市公司而言,建立控制级层则是为了隐藏最终控制人的身份、财富和交易行为,使自己免受政府的干涉甚至掠夺。市场和法律机制的发展意味着对私有产权保护的增强,这也就降低了民营上市公司通过建立控制级层隐藏个人投资的激励。Fan等的研究结果支持了研究假设,研究表明,随着时间的推移,中国上市公司的外部市场和法制环境趋于成熟,国有上市公司的控制级层有不断增多的趋势,而民营上市公司的控制级层则不断减少。

4.3 我国上市公司股权结构特征

4.3.1 控制链示例

我国上市公司年报从2001年开始披露上市公司实际控制人的情况,这也为本书讨论上市公司控制链、最终控制人以及两权分离等问题提供了可

---

① 这里的级层指的是控制链上控制环节的数目,终极所有者通过几个控制环节实现对上市公司的最终控制,那么该控制链上就有几个级层。

能。本书以2002年上市公司年报中的实际控制人资料为准①，分析上市公司的控制权结构，年报信息来自巨潮资讯网（www.cninfo.com.cn）。年报信息不全面的上市公司，则通过三大证券报、网络财经新闻、上市公司网站、上市公司有关公告、《新财富》《新财经》等传媒资料予以补充。一共取得1087家上市公司的控制权结构资料。

法律规定我国上市公司不得发行具有多重投票权的股票②，所以我国不存在多重投票权问题。鉴于我国证券市场的特定情况，本书放松了LLS（1999）对金字塔式持股结构的限定，采用Claessens等（2000）的定义③。即在最终控制人和其所控制的目标企业之间的控制链上，至少存在一家其他企业，最终控制人首先控制某一家企业，再由这家企业控制另一家企业，以此类推，最终控制目标企业，而不要求控股股东至少通过一家上市公司实施其控制权。分析发现，除了最终控制人直接控股外，金字塔式持股结构在我国证券市场具有相当的普遍性。图4-2到图4-6是我国上市公司控制链情况的示意图，并对所举的上市公司的两权情况进行了说明。

在政府作为最终控制人的情况下，金字塔式持股结构的控制链结构较为简单。年报中显示秦川发展（000837）的第一大股东是秦川机床集团有限公司，持股比例为41.46%，陕西省经贸委持有该公司49.59%的股权。因此，陕西省经贸委是秦川发展（000837）的最终控制人，该单位性质上属于典型的政府部门，持有的控制权是控制链上数额最小的持股比例41.46%（41.46%<49.59%），持有的现金流量权是控制链上各持股比例

---

① 2001年是上市公司第一次披露实际控制人信息，披露上还存在一些不规范和遗漏之处，因此，本书采用信息相对全面的2002年年报。2001年的最终控制人情况根据公司2002年股权变动信息追溯调整得到。

② 《公司法》（1999）第106条规定："参加股东大会的股东按其持股的份额行使投票权，"因此，我国上市公司所发行股票的投票权不存在差异。

③ 我国大部分国有上市公司都是由国有企业改制而来，并由政府机构、国有投资公司、国有独资或控股公司等代行所有者权利，除了国有独资或控股公司有上市的可能性，前两者不可能上市。民营经济发展相对有限，除了德隆系等几大家族企业可能拥有一家以上的上市公司，并且这些上市公司之间形成相对复杂的资金链关系外，大部分民营上市公司和最终控制人之间的控制链上不存在其他上市公司。因此，如果严格采用LLS（1999）的定义，将导致研究样本极为有限。

的乘积41.46%×49.59%=20.56%。

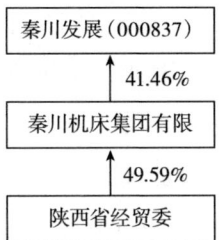

最终控制人：陕西省经贸委
最终控制人性质：政府
控制权比例：41.46%
现金流量权比例：41.46%×49.59%=20.56%

图4-2 秦川发展（000837）控制链

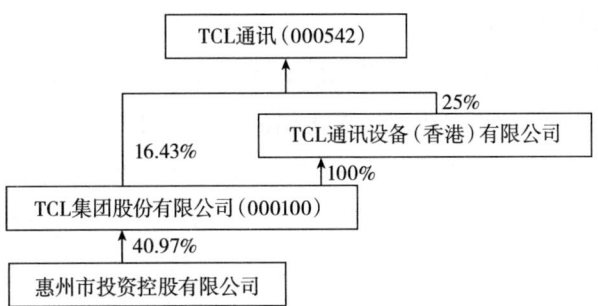

最终控制人：惠州市投资控股有限公司
最终控制人性质：国有投资公司
控制权比例：40.97%
现金流量权比例：40.97%×41.43%=16.97%

图4-3 TCL通讯（000542）控制链

年报中显示TCL通讯设备（香港）有限公司是TCL通讯（000542）的第一大股东，持股比例为25%，股权性质上属于外资股。如果仅关注上市公司的直接所有者，可能会得出TCL通讯（000542）属于港资公司，并且TCL通讯设备（香港）有限公司取得了对公司的控制权（持股比例大于20%）的结论。但事实上，TCL通讯设备（香港）有限公司和第二大股东TCL集团（000100）之间存在关联关系，前者是后者在香港设立的全资子公司，因此TCL集团（000100）持有TCL通讯（000542）16.43%+25%=41.43%的股份。此外，惠州市投资控股有限公司是TCL集团（000100）的控股股东，持有该公司 40.97% 的股权。惠州市投资控股有限公司是惠州市政府批准设立的国有独资有限公司，经营范围是惠州市政府授权范围内的国有资产的经营管理。因此，惠州市投资控股有限公司是 TCL 通讯（000542）的最终控制人，性质上属于国有投资公司，持有的控制权比例为 40.97%，持有的现金流量权比例为 40.97%×41.43% = 16.97%。

中国石化集团目前在深、沪两市控制了 15 家上市公司，其中 13 家上市公司的第一大股东是中国石化（600028），另外两家的第一大股东分别是汉江石油管理局和成都华川石油天然气勘探开发总公司。中国石化（600028）是中国石化集团以独立发起方式于 2000 年设立的股份制企业，中国石化集团持有该公司国有股的比例占总股本的 55.06%，此外，中国石化集团持有汉江石油管理局和成都华川石油天然气勘探开发总公司 100% 的股份，因此，中国石化集团是这 15 家上市公司的最终控制人，性质上属于国有独资公司。

近年来，高校系在中国证券市场的表现也较为突出，北京大学在深沪两市控制了 5 家上市公司。麦科特（000150）、青鸟华光（600076）和青鸟天桥（600657）是通过北大青鸟软件系统公司、北大青鸟有限责任公司实现控制，北大高科（000004）是通过北大未名生物工程集团公司和深圳市北大高科技投资有限公司实现控制，方正科技（600601）的第一大股东是北京北大方正集团公司。北京大学是北大未名生物工程集团公司、北大青鸟软件系统公司和北大方正集团公司的全资控股母公司。而北京大学为隶属于教育部的高等院校，因此，教育部是这 5 家上市公司的最终控制人。

最后一个示例是德隆系旗下的民营上市公司，这 5 家控股上市公司的最终控制人是唐万新、唐万里、唐万平、唐万川四兄弟，性质上属于个人（家族）。唐氏兄弟持有德隆国际战略投资有限责任公司（德隆国际）33.7% 的股权，德隆国际持有新疆德隆（集团）有限公司（新疆德隆）92% 的股权，唐氏兄弟中的唐万里作为新疆德隆的法人代表同时持有该公司 8% 的股权。唐氏兄弟通过新疆德隆直接、间接控制了湘火炬（000549）、合金投资（000633）、新疆屯河（600737）、北京中燕（600763）和天山股份（000877）5 家上市公司。

4 东亚和中国上市公司股权结构特征

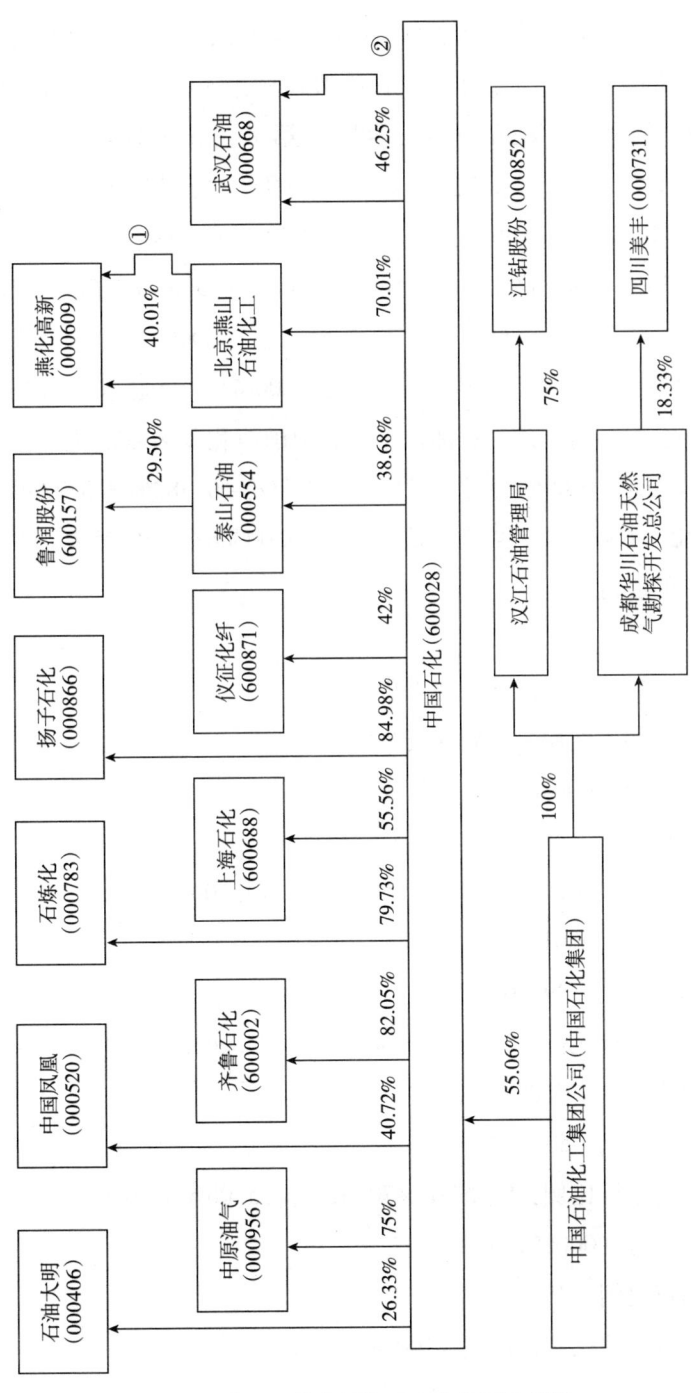

图4-4 中国石化集团旗下上市公司控制链

75

中国上市公司股权结构及其代理问题研究

第一，中国石化集团北京燕山石油化工有限公司（燕山石化）是燕化高新（000609）第一大股东，直接持股比例为40.01%，此外，燕化高新（000609）的第二、第五、第六、第七、第十大股东都是燕山石化的全资公司，因此，燕山石化通过这5个全资子公司间接持有燕化高新（000609）8.12% + 1.66% + 1.50% + 1.50% + 0.75% = 13.53%的股份。燕山石化共持有燕化高新（000609）40.01% + 13.53% = 53.54%的股份。

第二，中国石化（600028）是武汉石油（000668）第一大股东，直接持股比例为46.25%。此外，中国石化（600028）还通过下属企业江汉石油管理局、中国石化武汉石油化工厂、中国石化茂名石油化工公司，间接持有武汉石油（000668）2.072% + 1.275% + 0.382% = 3.729%的股份。中国石化（600028）共持有武汉石油（000668）46.25% + 3.729% = 49.979%的股份。

最终控制人：中国石油化工集团公司

最终控制人性质：国有独资公司

石油大明（000406）：

控制权比例：26.33%

现金流量权比例：$26.33\% \times 55.06\% = 14.50\%$

鲁润股份（600157）：

控制权比例：29.50%

现金流量权比例：$29.50\% \times 38.68\% \times 55.06\% = 6.28\%$

燕化高新（000609）：

控制权比例：53.54%

现金流量权比例：$53.54\% \times 70.01\% \times 55.06\% = 20.64\%$

江钻股份（000852）：

控制权比例：75%

现金流量权比例：$75\% \times 100\% = 75\%$

4 东亚和中国上市公司股权结构特征

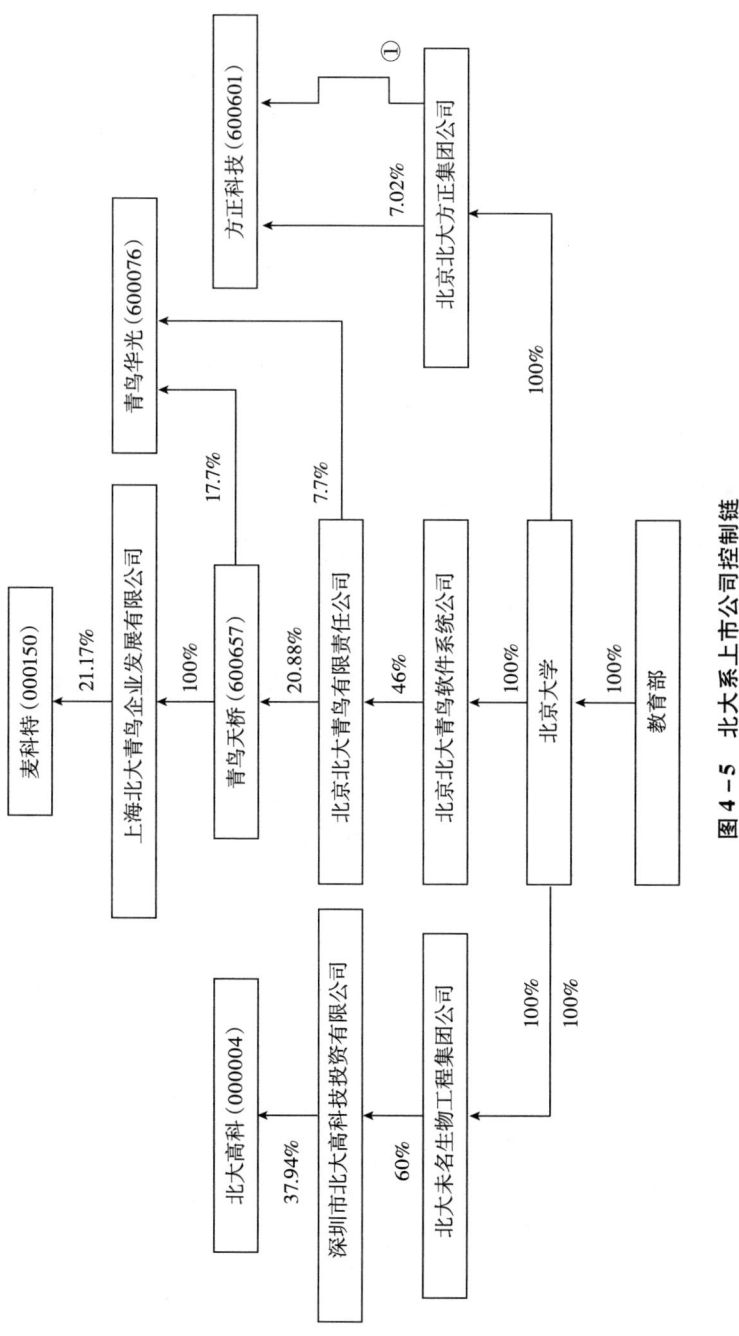

图 4-5 北大系上市公司控制链

北京北大方正集团公司是方正科技（600601）的第一大股东，直接持股比例为7.02%。北大方正集团公司与前10名股东中的深圳市方正科技有限公司、北京方正蓝康信息技术有限公司、河南方正信息技术有限公司为关联企业，这4家公司与北大方正集团公司其他关联企业北大资源集团公司、北京北大方正投资有限公司合计持有方正科技（600601）11.91%的股份。

最终控制人：教育部

最终控制人性质：政府

北大高科（000004）：

控制权比例：37.94%

现金流量权比例：$37.94\% \times 60\% \times 100\% = 22.76\%$

麦科特（000150）：

控制权比例：20.88%

现金流量权比例：$21.17\% \times 100\% \times 20.88\% \times 46\% \times 100\% = 2.03\%$

青鸟天桥（600076）：

控制权比例：20.88%

现金流量权比例：$20.88\% \times 46\% \times 100\% = 9.60\%$

青鸟华光（600657）：

控制权比例：25.40%

现金流量权比例：$17.7\% \times 20.88\% \times 46\% \times 100\% + 7.7\% \times 46\% \times 100\% = 5.23\%$

方正科技（600601）：

控制权比例：11.91%

现金流量权比例：$11.91 \times 100\% = 11.91\%$

4 东亚和中国上市公司股权结构特征

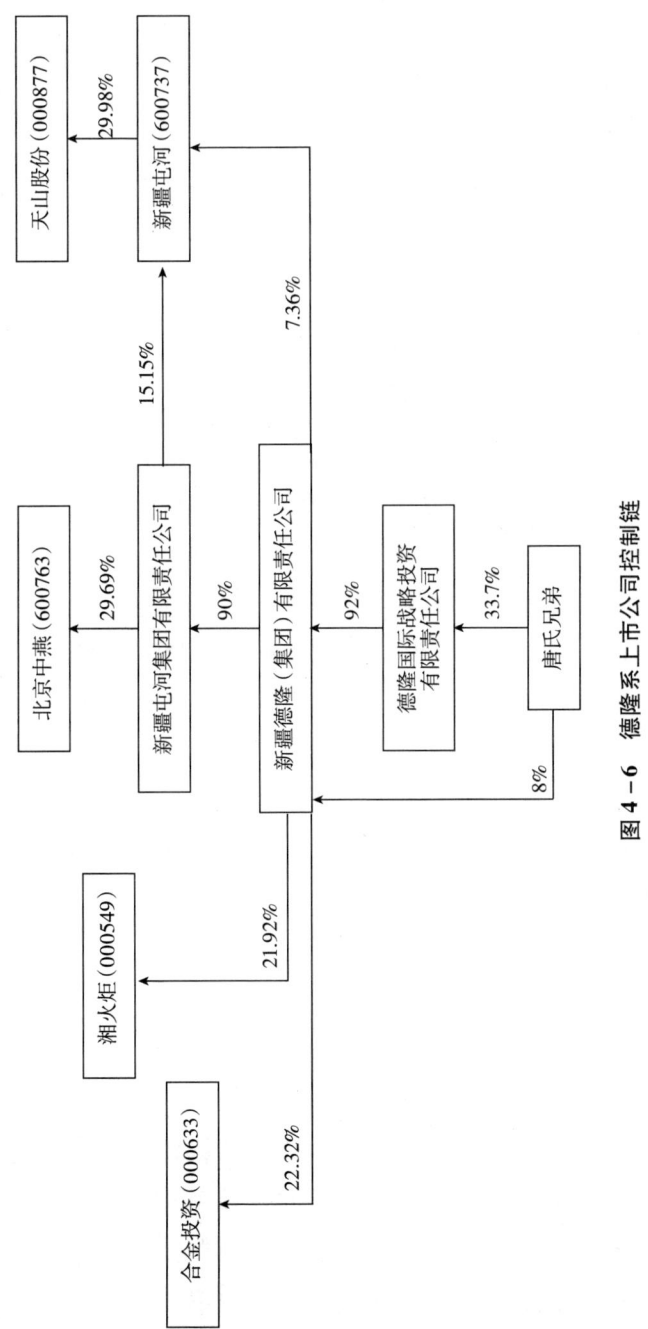

图 4-6 德隆系上市公司控制链

最终控制人：唐万新、唐万里、唐万平、唐万川四兄弟

最终控制人性质：个人（家族）

合金投资（000633）：

 控制权比例：22.32%

 现金流量权比例：（33.7%×92%+8%）×22.32%=8.71%

湘火炬（000549）：

 控制权比例：21.92%

 现金流量权比例：（33.7%×92%+8%）×21.92%=8.55%

北京中燕（600763）：

 控制权比例：29.69%

 现金流量权比例：（33.7%×92%+8%）×90%×29.69%=10.42%

新疆屯河（600737）：

 控制权比例：15.15%+7.36%=22.51%

 现金流量权比例：（33.7%×92%+8%）×（15.15%×90%+7.36%）=8.19%

天山股份（000877）：

 控制权比例：22.51%

 现金流量权比例：（33.7%×92%+8%）×（15.15%×90%+7.36%）×29.98%=2.46%

4.3.2　最终控制人

4.3.2.1　股权集中程度

在上市公司的控制链上，如果存在这样一个控制实体，无法追溯其背后的控制人，且其控制权比例超过某一设定比例，本书就认定该上市公司为股权集中型上市公司，且该控制方为上市公司的最终控制人。这里所说的"无法追溯"有两种情况：第一，某一控制实体为政府或个人（家族），那么这些个体背后再无其他控制实体，就可以停止追溯；第二，某一控制实体为股权分散的商业企业或金融企业，因为股权分散使这些企业不受任

何实体控制,可以停止对控制人的追溯。这里的"设定比例"研究采用两个标准:第一,《企业会计制度》(2001)规定,当投资企业拥有被投资企业20%或20%以上的股权时,投资企业对投资的核算方法应由成本法转为权益法,因为投资企业对被投资企业有重大影响。本书以20%和超过20%的控制权作为判断企业股权集中与否、是否存在最终控制人的标准。第二,为了和LLS(1999),Claessens等(2000)的研究作比较,本书还采用了10%和超过10%的控制权这一较为"宽松"的控制权判断标准。研究发现,采用"20%"的设定标准时,1087家上市公司中70家上市公司属于股权分散型上市公司,占样本总量的6.44%,1017家上市公司属于股权集中型上市公司,占样本总量的93.56%;采用"10%"的设定标准时,1087家上市公司中仅有3家公司上市公司属于股权分散型上市公司①,占样本总量的0.28%,1084家上市公司属于股权集中型上市公司,占样本总量的99.72%。表4-5是中国上市公司股权集中情况和LLS(1999),Claessens等(2000)研究结果的比较。

表4-5 中国、东亚9个国家和地区、27个发达国家
上市公司股权集中程度比较

国家和地区	20%的控制权比例	10%的控制权比例
中国	93.56%	99.72%
中国香港	93%	99.4%
印度尼西亚	94.9%	99.4%
日本	20.2%	58%
韩国	56.8%	85.7%
马来西亚	89.7%	99%
菲律宾	80.8%	98.3%
新加坡	94.6%	98.6%
中国台湾	73.8%	97.1%

---

① 这3家公司分别是:兴业房产(600603),控制权比例为0.39%,系全流通股无控股股东;爱使股份(600603),控制权比例为3.24%;银河科技(000806),控制权比例为8.86%。

续表

国家和地区	20%的控制权比例	10%的控制权比例
泰国	93.4%	97.8%
27个发达国家平均情况	63.52%	75.93%

资料来源：①研究分析结果；②Claessens, Djankov and Lang. The separation of ownership and control in East Asian corporation [J]. Journal of Financial Economics, 2000: table 6；③LLS. Corporate Ownership around the World [J]. Journal of Finance, 1999 (54): Table II, Table III。其中27个发达国家列示的是前20大上市公司的情况。

从表4-5中可以看出，东亚9个国家和地区上市公司股权集中情况明显高于29个发达国家的平均水平，中国上市公司股权集中情况也普遍高于东亚9个国家和地区。

4.3.2.2 最终控制人类型

我国上市公司最终控制人通常分为国有和民营两大类，本书将两类性质的控制人作进一步的划分。国家作为上市公司最终控制人的，根据代理行使国有产权的不同形式，可进一步划分为政府直接控制和政府间接控制。政府间接控制的形式包括国有资产经营公司、国有独资或控股公司、院校。政府直接控制指的是中央各部委、地方机关、国有资产管理部门等代表国家行使股东权利、承担股东责任，如水利部控股三峡水利（600116）、山东省财政厅控股泰山旅游（600756）、成都国有资产管理局控股倍特高新（000628）等。国有资产经营公司指的是主要由地方政府组建并独资经营的投资管理公司，如深圳市投资管理公司控股赛格三星（000068）、武汉国有资产经营公司控股武汉中商（000785）等。国有独资或控股公司指的是政府出资设立或控制的实业公司，如中国石油天然气集团公司控股锦州石化（000763）、包头钢铁有限公司控股钢联股份（600010）等。院校指的是各高等院校、研究所，这些院校通常隶属教育部、国务院国有资产管理委员会或国务院有关部委，如北大系、清华系等。本书之所以将其作为单独的政府间接控制类型，一方面是因为院校虽然隶属中央部委，但是不同于政府直接控制的形式，并且院校的特定性质也有别于国有资产经营公司、国有独资或控股公司等间接控制形式；另一方面也是因为近年来高校系上市公司在我国证券市场的独特表现。

民营上市公司的最终控制人主要分为个人（家族）、境内法人和外资三类。个人指的是上市公司的最终控制人为具有中华人民共和国国籍的自然人，如果上市公司的股东为同一家族的不同成员，本书将同一家族作为一个控制实体加以考虑，如德隆系的唐氏家族。境内法人指的是上市公司的最终控制人为注册地在境内、非国有性质的法人机构。外资则是境外法人机构。表4-6是我国上市公司最终控制人的构成情况，区分20%和10%控制权比例两种情况。

表4-6 中国上市公司最终控制人构成情况

最终控制人性质	20%控制权比例		10%控制权比例	
	数量	比例	数量	比例
国有上市公司	799	78.56%	841	77.58%
政府	61	6.00%	71	6.55%
国有资产经营公司	79	7.77%	85	7.84%
国有独资或控股公司	621	61.06%	644	59.41%
院校	38	3.74%	41	3.78%
民营上市公司	218	21.44%	243	22.42%
个人（家族）	121	11.90%	135	12.45%
法人	87	8.55%	97	8.95%
外资	10	0.98%	11	1.01%
股权集中型上市公司	1017	100%	1084	100%

从表4-6中可以看出，两种最终控制人划分标准下，国家作为最终控制人的上市公司占了我国上市公司的3/4以上。在国有上市公司中，国有独资或控股公司是最主要的国有产权代理所有者形式，占全部股权集中上市公司的60%左右。民营上市公司中，个人（家族）是主要的最终控制人，其次为境内法人，外资控股在我国证券市场还相对较少。

4.3.3 控制权、现金流量权集中程度与两权分离情况

控制权（投票权）指的是最终控制人参与企业经营、财务等决策的权力，通常以重大决策中的投票权来实现，采用控制链上数额最小的持股比

例计量。现金流量权（所有权）指的是最终控制人参与企业现金流分配的权力，是所有权的直接体现，采用控制链上各个控制环节的持股比例的乘积计量。控制权比例越高，最终控制人越有可能通过手中的控制权转移中小投资者财富，但是现金流量权的存在使得最终控制人必须承担相应比例的行为后果，即现金流量权抑制了最终控制人侵害中小投资者的可能性。控制权的存在为侵害提供了可能，而现金流量权则抑制这种可能性，最终控制人的现实行为就是对这两权带来的侵害效益和侵害成本相权衡的结果。通常两权之间存在一定的差异性（即控制权大于现金流量权），差异越大，侵害发生的可能性也越大，所以两权的分离程度是最终控制人侵害可能性的一种表征，两权的分离程度采用现金流量权和控制权之比计量。

本书采用整个市场的数据来考察我国上市公司的两权状况。需要说明的是，一些上市公司的最终控制人持有的股份存在托管的情况，虽然最终控制人仍能行使该比例的投票权[①]，但是无权享有该部分股份可能带来的现金收益（包括现金股利和股价波动带来的收益），因此这部分股份的现金流量权可视为零。研究剔除了这部分极端的情况，图4-7是研究的样本企业的控制权、现金流量权以及两权分离的情况。

表4-7 中国上市公司两权状况

	控制权	现金流量权	现金流量权/控制权
均值	44.59%	40.35%	0.8846
中位数	44.43%	39.70%	1.0000
标准差	17.26%	19.45%	0.2184
最小值	0.39%	0.39%	0.0325
最大值	85.00%	85.00%	1.0000
25%位数	29.50%	24.40%	0.8994
75%位数	58.82%	56.72%	1.0000
样本数	1087	1087	1087

从表4-7中可以看出，我国上市公司的控制权和现金流量权的集中程

---

① 事实上，托管的股票也无权参与资产重组等公司重大决策。

度较高,两权的分离程度较低。具体数字可以和表4-3"东亚9个国家和地区现金流量权和控制权情况"相比较,东亚9个国家和地区的平均控制权为19.77%,平均现金流量权为15.70%,平均两权分离程度为74.6%。可见,无论是控制权还是现金流量权的集中度,我国上市公司都大大高于东亚9个国家和地区的平均情况,两权的集中度也更高。

表4-8 国有和民营上市公司两权状况

	控制权		现金流量权		现金流量权/控制权	
	国有	民营	国有	民营	国有	民营
均值	47.89%	33.31%	45.45%	22.88%	0.9458	0.6756
中位数	49.18%	29.29%	45.97%	20.85%	1.0000	0.6947
标准差	16.72%	14.01%	17.70%	14.37%	0.1548	0.2693
最小值	10.00%	0.39%	2.03%	0.39%	0.0972	0.0325
最大值	85.00%	72.20%	85.00%	70.91%	1.0000	1.0000
25%位数	34.28%	24.18%	30.82%	12.43%	1.0000	0.4774
75%位数	61.55%	42.23%	59.93%	28.73%	1.0000	0.9551
样本数	841	246	841	246	841	246

表4-8进一步比较了国有和民营企业的两权状况。从中可以看出,国有企业的控制权和现金流量权的集中程度要高于民营企业,国有企业的两权集中程度也相当高。

表4-9和表4-10比较了国有上市公司、民营上市公司不同最终控制人的两权状况。从表4-9中可以看出,在国有上市公司中,国有独资或控股公司作为最终控制人的上市公司,控制权和现金流量权的集中程度最高,其次为国有资产经营公司作为最终控制人的上市公司。两权差异性上,国有资产经营公司控股的上市公司两权分离程度最低,其次为国有独资或控股公司作为最终控制人的上市公司。从表4-10中可以看出,民营上市公司中,境内法人控股的上市公司两权集中程度最高,个人(家族)控股的上市公司两权集中程度最低。在两权差异性上,境内法人控股的上市公司两权分离程度最低,个人(家族)控股的上市公司最高。

表 4-9 国有上市公司两权状况

	最终控制人	均值	中位数	标准差	最小值	最大值	25%位数	75%位数	样本数
控制权	政府	37.79%	38.93%	14.26%	10.00%	70.10%	27.49%	47.17%	112
	国有资产经营公司	43.32%	43.33%	17.10%	10.04%	78.63%	28.81%	56.74%	85
	国有独资/控股公司	50.19%	52.46%	16.27%	11.30%	85.00%	37.82%	63.16%	644
	国有上市公司	47.89%	49.18%	16.72%	10.00%	85.00%	34.28%	61.55%	841
现金流量权	政府	34.59%	34.70%	14.41%	5.60%	70.08%	24.20%	44.19%	112
	国有资产经营公司	42.04%	39.36%	17.95%	9.04%	78.63%	27.43%	56.20%	85
	国有独资/控股公司	47.85%	49.64%	17.15%	5.07%	85.00%	34.65%	62.12%	644
	国有上市公司	45.45%	45.97%	17.70%	2.03%	85.00%	30.82%	59.93%	841
现金流量权/控制权	政府	92.05%	100.00%	17.93%	24.97%	100.00%	100.00%	100.00%	112
	国有资产经营公司	96.45%	100.00%	12.74%	33.91%	100.00%	100.00%	100.00%	85
	国有独资/控股公司	95.17%	100.00%	14.27%	19.44%	100.00%	100.00%	100.00%	644
	国有上市公司	94.58%	100.00%	15.48%	9.72%	100.00%	100.00%	100.00%	841

表4-10 民营上市公司两权状况

	最终控制人	均值	中位数	标准差	最小值	最大值	25%位数	75位数	样本数
控制权	个人(家族)	32.11%	29.00%	12.88%	3.24%	72.20%	23.23%	39.72%	136
	法人	34.94%	29.58%	15.60%	0.39%	71.43%	24.81%	47.47%	99
	外资	33.47%	34.54%	11.59%	14.08%	50.40%	24.20%	41.26%	11
	民营上市公司	33.31%	29.29%	14.01%	0.39%	72.20%	24.18%	42.23%	246
现金流量权	个人(家族)	18.63%	17.76%	11.73%	0.52%	67.19%	9.93%	23.80%	136
	法人	28.79%	25.69%	15.79%	0.39%	70.91%	17.57%	34.29%	99
	外资	22.24%	20.25%	12.98%	7.04%	50.40%	12.41%	34.54%	11
	民营上市公司	22.88%	20.85%	14.37%	0.39%	70.91%	12.43%	28.73%	246
现金流量权/控制权	个人(家族)	56.73%	51.34%	24.51%	3.25%	100.00%	39.61%	77.04%	136
	法人	82.74%	97.38%	23.00%	19.99%	100.00%	65.01%	100.00%	99
	外资	64.78%	53.70%	24.27%	31.24%	100.00%	50.00%	100.00%	11
	民营上市公司	67.56%	69.47%	26.93%	3.25%	100.00%	47.74%	95.51%	246

5 中国上市公司最终控制人利益输送行为分析[①]

本章所讨论的中国上市公司最终控制人的利益输送行为主要包括高额派现和一些关联交易方式。在对上市公司派现行为、产品购销关联交易、资产购销关联交易、股权交易等行为案例分析的基础上,后文从最终控制人类型、最终控制人两权情况出发,分析最终控制人对利益输送行为的可能影响。研究发现,就最终控制人类型而言,国有上市公司和民营上市公司在是否采取高额派现行为上不存在显著差异,但是国有上市公司更有可能采取产品购销和资产购销的关联交易方式,民营上市公司更有可能采取股权关联交易;当国有上市公司最终控制人为国有独资或控股公司时,更倾向于通过高派现、产品购销关联交易、资产购销关联交易和资金借贷实现利益输送。就最终控制人两权情况而言,现金流量权比例较高、两权差异性较小的最终控制人更有可能通过高额派现实现利益输送;控制权和现金流量权比例较高的最终控制人,更有可能进行资产购销关联交易;现金流量权比例较低的最终控制人,更有可能进行股权交易。

5.1 上市公司最终控制人利益输送行为

确切地说,最终控制人和上市公司之间的利益往来,除了以最终控制人利益为直接目标的利益输送(Tunneling),还包括最终控制人对上市公

[①] 我国现有最终控制人研究主要集中于关注最终控制人对企业绩效的可能影响,在这一方面也取得了较为成熟的研究成果。因此,本书对我国上市公司问题的研究,主要关注最终控制人利益输送问题和最终控制人对财务报告质量的影响,绩效问题不作专门研究,而是引用已有研究结论。

司的利益支持（Propping）（Friedman，Johnson 和 Mitton，2003）。但是应该说这种暂时性的"输血"行为，是以更好地服务于未来利益输送为目的，或者说仍是以最终控制人的利益满足为终极目标。鉴于此，本书将主要关注最终控制人的利益输送行为。借用 Johnson 等（2000）给出的定义，本书所讨论的利益输送指的是，以牺牲中小投资者利益为代价、将上市公司财富转移至最终控制人手中的行为。我国上市公司的利益输送行为主要包括高额派现和一些关联交易方式（刘峰、贺建刚，2004）。

5.1.1 高额派现

从 Jensen 的"自由现金流量"假说出发，上市公司将满足了净现值为正的投资项目的资金需求后所剩余的现金流，用于低效率的企业规模扩张而不是作为股利分配给股东的行为，被认为是一种转移中小投资者财富的侵害行为。而在实务中，从监管层到市场参与者，也都倾向于将上市公司能否给投资者以较高比例的现金回报，作为衡量公司绩效质量、判断资本市场成熟度的重要标志之一。郎咸平（2002）通过比较高送股和连续派现两类公司账面盈利能力、净现金流、资本运作等方面的差异性，认为同为市场绩优公司，连续派现公司显然具备主业突出、盈利能力强等特点，也更能为投资者提供实实在在的投资回报。但是也有研究对我国上市公司高额派现行为提出质疑。Lee 和 Xiao（2002）以我国上市公司特殊股权结构为背景，从大股东掠夺角度分析了现金股利政策。Lee 等认为，当大股东持股比例较低时，大股东通过发放现金股利获取的掠夺性收益较少，股利政策的主要目的不是掠夺而是传递信号；随着大股东持股比例不断上升，高派现显然能够获得较大的货币性收益，股利政策的主要目的就是为了获取掠夺性利益。陈信元、陈冬华和时旭（2003）以"佛山照明"高额派现为研究对象，发现市场对公司的现金股利政策反应平淡，由此提出现金股利政策在很大程度上已成为大股东恶意套现的工具[①]。随着近年来市场对

[①] 在郎咸平（2002）的分析中，"佛山照明"和"中集集团""深万科"同为坚持长期派现的三家业绩突出公司，而在一些股评文章中，"佛山照明"更是被冠以"现金奶牛"之称。

一些上市公司高派现行为反应平淡,乃至提出质疑,高派现显然已逐渐成为上市公司最终控制人转移上市公司财富的手段之一。

以2002年证券市场备受争议的用友软件(600588)高派现为例。用友软件全称北京用友软件股份有限公司,于2001年5月18日在上海证券交易所上市。发起人为北京用友科技有限公司(41.25%)、北京用友企业管理研究所有限公司(11.25%)、上海用友科技投资管理有限公司(11.25%)、南京益倍管理咨询有限公司(7.5%)和山东优富信息咨询有限公司(3.75%)等5家公司。5家发起人在投入资产7500万元的基础上,获得上市公司75%的股权。根据2001年4月的招股说明书,王文京分别持有5家公司73.6%、73.6%、90%、42.8%和86%的股份,这样最终控制人王文京在投入约5520万元的情况下,取得了对用友软件的实质性控制权,其持有的控制权和现金流量权比例分别为75%、55.2%(见图5-1)。此外,公司以每股36.68元的价格向社会公开发行人民币普通股2500万股,每股面值1元,实际募集资金总额9.17亿元,其中股本溢价高达8.83亿元,发行市盈率达到64.35倍。

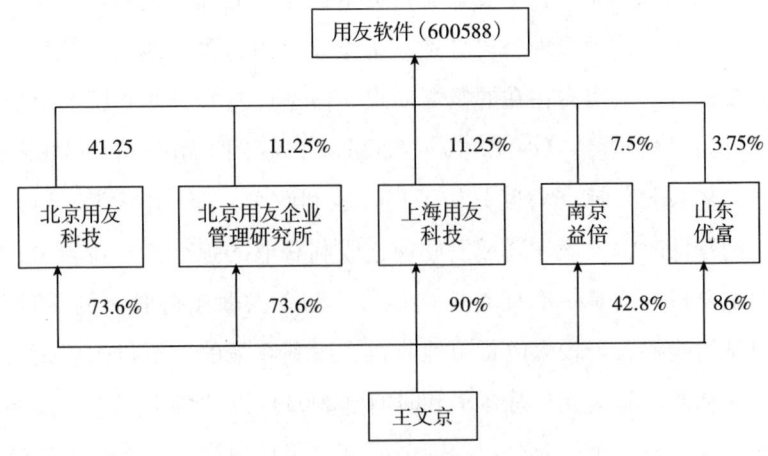

图5-1 用友软件最终控制人

2002年5月,用友软件发布2001年度分红派现公告,每股派发现金红利0.6元(含税),派现额之高,居2001年度分红派现的709家上市公司中第2位①。最终控制人持有上市公司55.2%的现金流量权,在这次分红派现中可分得红利3312万元(含税),以出资额5520万元计算,投资收益率为60%。而出资9.17亿的流通股股东仅分得红利1500万元(含税),投资收益率仅为1.64%。在其后3年内,用友软件连续推出高额派现政策,2002年度10转增2股派6元,2003年度10转增2股派3.75元,2004年度10转增2股派3.2元。表5-1是对用友软件最终控制人和流通股股东4年来分红派现收益(含税)的一个粗略比较,其中假定流通股股东持股成本始终保持发行价水平。可以看出最终控制人4年内分红超过1.1亿元,流通股股东分红额约为其一半,而投资收益率上的差距更是惊人,最终控制人的投资收益率是流通股股东的近40倍,最终控制人的出资额在上市第2年就能够以现金方式全部收回。

表5-1 用友软件最终控制人和流通股股东分红收益比较(含税)

	用友软件最终控制人	用友软件流通股股东
2001	5520万股×0.6元=3312万元	2500万股×0.6元=1500万元
2002	5520万股×0.6元=3312万元	2500万股×0.6元=1500万元
2003	6624万股×0.375元=2484万元	3000万股×0.375元=1125万元
2004	7948.8万股×0.32元=2544万元	3600万股×0.32元=1152万元
合计	11652万元	5277万元
出资额	5520万元	91700万元
收益率	211.09%	5.75%

用友软件的连续高额派现行为显然引起了市场的不满,高额派政策一出,二级市场上公司股价一路下滑。尽管有意见认为,是股权分置造成用友软件最终控制人和流通股股东之间投资成本的重大差异,且连续分红派现没有违犯有关法律规定。但不可否认的是,在最终控制人持有大比例现金流量权,且能通过对上市公司的实质性控制权主导公司决策时,高额派现政策就可能成为最终控制人恶意套现的工具。在这种情况下,股权分

---

① 承德露露(000848)以每股派发现金红利0.66元(含税)居第1位,同期"10股派息6元"的还有贵州茅台(600519)、宇通客车(600066)、新兴铸管(000778)3家上市公司。

置、缺乏相关法规等客观条件，只是为最终控制人的利益输送行为提供了便利，或者说增大了低成本套现的可能性。

5.1.2 关联交易

一直以来，关联交易都是我国上市公司粉饰财务报表、转移利润的主要手段，上市公司对关联交易的种种"创造性"运用，致使《关联方关系及其交易的披露》成为我国监管部门颁布的首个企业会计准则。《关联方关系及其交易的披露》列举了多种交易形式，本部分仅讨论可能被最终控制人作为主要利益输送手段的几种关联交易。

5.1.2.1 产品购销

目前，我国证券市场大部分上市公司是由原企业改制而来，为适应有限的上市额度，在改制上市的过程中通常将原企业的部分经营业务和经营性资产剥离，或者进行局部改制，将原本不具有独立面向市场能力的生产线、车间和若干业务整合成具有独立法人资格的经济实体。虽然成功上市，但是这些剥离、整合而成的上市公司往往在材料采购、产品设计、辅助服务、产品销售等多个环节都和最终控制人具有密切联系。这样，上市公司和最终控制人之间不可避免地具有了频繁的产品或服务的购销往来。由此可能给上市公司带来的影响是双方面的，最终控制人既可能在上市公司业绩滑落时通过调整交易价格迅速使上市公司实现账面盈利，也可能在自己有利益需求时通过高卖低买的关联价格从上市公司转移财富，或者干脆通过应收账款挂账。由于资金回笼的权利实质上掌握在最终控制人手中，产品购销也就成为利益输送的手段之一。

济南轻骑（600698）全称为济南轻骑摩托车股份有限公司，由中国轻骑集团有限公司1992年股份制改造时，将其下属发动机厂、第一总装厂、第二总装厂3个核心分厂重组改制后，于1993年12月在上海证券交易所上市。1996年济南轻骑被确定为全国首批B股预选企业，并于1997年5月成功发行B股。济南轻骑第一大股东济南市国有资产管理公司持有济南轻骑40.902%的股权，由于济南市国有资产管理公司将其持有的股权授权中国轻骑集团有限公司管理,兼之公司第二大股东济南金骑成功商务有限公司仅持有公司1.64%的股份,中国轻骑集团有限公司是济南轻骑的最终控制人,掌握了对上市公司的实质性控制权。再看济南轻骑的董事会、监事会的构成情况,根据公司2003年年报披露,济南轻骑的董事长、监事会主席都由集团公司委派,集团公司还委派了2名董事、1名监事(济南轻骑共有5名董事、2名监事),这5名高管人员都在集团公司领取薪酬。很显然,上市公司"一股独大"的股权结构导致了董事会、监事会"一言堂"的局面。了解了济南轻骑的股权结构以及高管的构成情况,就不难理解集团公司如何能够通过与上市公司之间的购销关联交易占用上市公司资金。

从公开财务数据看,济南轻骑在1997年B股上市,当年一次性披露轻骑集团对其欠款总额10.7亿元。此后,济南轻骑对轻骑集团的应收账款一直居高不下,1998—2002年最终控制人及其关联方累计占用款项分别为16.7亿元、23.5亿元、25.8亿元、28.12亿元和29.96亿元。济南轻骑上市后累计从市场募集资金16亿元,8年经营实现近11亿元净利润,但是两项之和仍低于最终控制人2002年资金占用额。2002年济南轻骑对轻骑集团欠款全额计提坏账准备,其中39.7亿元直接计入当年损益,2002年巨亏34亿元,成为深、沪两市第一亏损大户。

很显然,集团公司和上市公司的管理层是典型的"一套人马、两块牌子",最终控制人利用对上市公司的实质性控制权可以通过购销交易任意拖欠济南轻骑资金。而一次性巨额冲销关联应收账款,又以牺牲市场中小投资者利益为代价,轻易"了结"了最终控制人和济南轻骑之间的债务关系。

5.1.2.2 资产购销

较之产品购销,资产购销有其更为便捷之处。产品购销可能更要求最终控制人和上市公司的生产活动处于同一领域或具有上下游关系,而资产购销既可以是专用性资产购销,也有可能是通用性资产购销。还有就是结算方式上,广义上看,资产购销实际上还包括不涉及资金流动的置换方式。正是这些便捷之处，使得资产购销成为常用的利益输送方式之一。

五粮液（000858）全称为宜宾五粮液股份有限公司，于1998年3月27日在深圳交易所上市，是沪、深股市著名的绩优股。五粮液在股权结构和高管构成等方面和济南轻骑有相似之处。年报披露宜宾市国有资产经营有限公司作为第一大股东直接持有五粮液75%的股权，但是由于宜宾市国有资产经营有限公司将所持股份委托五粮液集团有限公司经营管理，五粮液的最终控制人是五粮液集团有限公司。尽管中国证监会要求2003年6月30日之前上市公司独立董事必须到位，但是五粮液直至2003年7月才聘请独立董事。五粮液2003年年报披露，公司副董事长和一名董事同时供职于五粮液集团有限公司，除三名独立董事外，另外四名董事均为内部董事。由此可见，五粮液集团对上市公司具有实质性控制力，并且和内部人几乎完全控制了董事会。

五粮液在1998年上市时就承诺用募股资金向五粮液酒厂购买所属的宜宾塑胶瓶盖厂，收购成本为4.12亿元。在2000年年报公布时，五粮液提出了一份资产置换方案：将宜宾塑胶瓶盖厂与五粮液集团公司所属507、513、515、517和607酿酒车间资产进行置换。在确定置换价格时，宜宾塑胶瓶盖厂按重置成本法，酿酒车间按照收益现值法。置换出的资产其重置成本与账面净资产一致，均为3.61亿元（评估增值1.98亿元）；置换入的资产账面价值约为9.02亿元，但评估升值至20.18亿元，其中置换价差16.57亿元由上市公司以现金补齐。值得关注的是，1998年上市公司购入宜宾塑胶瓶盖厂的成本是4.12亿元，两年后的售价却降至3.61亿元，期间价值变动是否合理还有待证实。资产置换实际完成时间为2001年4月，宜宾塑胶瓶盖厂的最终账面成本升为4.138亿元，置换进的酒池成本略降为19.735亿元，上市公司最终补齐价差15.597亿元。通过这两笔资产购销交易，五粮液的最终控制人一次性套现19.72亿元。

5.1.2.3 股权交易

股权交易包括上市公司与最终控制人之间的股权转让、股权置换等行为。

天大天财（000836）1997年9月在深圳交易所挂牌上市，其控股股东为天津大学。2000年10月，大股东天津大学发布公告，将所持天大天财1125万股国有法人股以每股5元的价格一家转让给丹东菊花电器（集团）公司、天津科技发展投资总公司、天津海华实业发展有限公司、天津市增瑞工贸公司等4家公司，理由是解决教育经费紧张问题。实际转让股份1102万股，4家公司分别受让400、315、290、97万股，转让价格为7.72元，天津大学实际取得8508万元。其中丹东菊花电器（集团）公司是天大天财的控股子公司，2000年初菊花电器的注册资本为3920万元，天大天财出资2000万元，绝对控股。而2000年10月达成的天津大学股权转让协议中，菊花电器受让400万股，按每股5元的转让价格，预计需要现金投资2000万元。问题的关键是，2000年12月，天大天财董事会通过决议，向菊花电器追加4000万元现金投资，菊花电器的注册资本增加为8400万元，天大天财持股比例上升为71.43%。这样，菊花电器2002年4月受让400万天大天财的股权，付出现金不足3088万元，仍低于追加投资4000万元。所以，天津大学转让的股份中，至少有一部分是由天大天财"买单"的。

5.1.2.4 其　他

上市公司最终控制人的利益输送行为还包括担保、共同出资、资金借贷等行为，这些也是最终控制人转移上市公司财富的手段，只是运用的普遍性不及以上几种方式。

5.2　上市公司最终控制人与高派现行为

本部分对上市公司最终控制人特征与高派现这一利益输送方式之间的关系进行经验分析，其中最终控制人特征分为最终控制人类型和最终控制人两权情况（控制权比例、现金流量权比例、现金流量权和控制权分离程度）两个维度。上市公司最终控制人特征采用2002年上市公司年报披露的数据，上市公司派现行为以2002年上市公司分红派现情况为研究对象，分红派现数据来自Wind资讯数据库。

5.2.1 上市公司最终控制人类型对高派现行为的影响

5.2.1.1 基本情况

我国上市公司最终控制人类型沿用第 4 章的分类方式，主要分为国有和民营两大类上市公司。其中国有上市公司的最终控制人根据国有产权代理形式的不同，进一步分为国有独资或控股公司、国有资产经营公司和政府三类，民营企业受样本规模所限不再作进一步细分。

表 5-2 上市公司分红派现情况①

最终控制人	分配		未分配		公司数
	数量	比例	数量	比例	
国有	435	51.72%	406	48.28%	841
国有独资/控股公司	342	53.19%	301	46.81%	643
国有资产经营公司	35	41.18%	50	58.82%	85
政府	58	51.33%	55	48.67%	113
民营	108	43.90%	138	56.10%	246
合计	543	49.95%	544	50.05%	1087

2002 年度我国证券市场一共有 548 家上市公司派发了现金股利，其中能够取得最终控制人数据的有 543 家。表 5-2 是 2002 年上市公司分红派现基本情况，表 5-3 是 2002 年上市公司分红方案基本情况。

表 5-3 上市公司分派方案（每股）基本情况　　　　　单位：元

最终控制人	均值	中位数	最小值	最大值	公司数
国有	0.1342	0.1000	0.0100	0.7500	435
国有独资/控股公司	0.1392	0.1000	0.0100	0.7500	342
国有资产经营公司	0.1120	0.1000	0.0100	0.6000	35
政府	0.1169	0.1000	0.0100	0.4500	58
民营	0.1290	0.1000	0.0100	0.6000	108
合计	0.1331	0.1000	0.0100	0.7500	543

---

① 在表 5-2 中，分配和未分配比例为各类上市公司中分配公司数量和未分配公司数量占本类上市公司规模的比例。

从表 5-2 中可以看出，2002 年进行分红派现（543 家）和未进行分红派现（544 家）的上市公司数量几乎相同，其中国有上市公司中进行分红派现的公司（435 家）要多于未进行分红派现的公司（406 家），民营企业则是未进行分红派现的公司（138 家）多于进行分红派现的公司（108 家）。国有上市公司中，最终控制人为国有独资或控股公司和政府的上市公司，分配公司多于未进行分配公司；最终控制人为国有资产经营公司的上市公司，未进行分配公司多于进行分配公司，并且两者之间的差异在各类上市公司中最大。就 543 家分红派现公司的分红方案而言，国有上市公司的派现额（均值为每股 0.1342 元）高于民营上市公司（均值为每股 0.1290 元），其中国有独资或控股公司作为最终控制人的上市公司其派现额最高，均值达到每股 0.1392 元，而国有资产经营公司作为最终控制人的上市公司其派现额最低，均值为每股 0.1120 元。

5.2.1.2 分派与否

本部分进一步从最终控制人类型的角度，对上市公司是否进行分派活动进行非参检验，检验分两步进行：第一步分为两个组别，对国有上市公司（group1）和民营上市公司（group2）的分派行为进行比较；第二步分为三个组别，对国有上市公司中国有独资或控股上市公司（group1）、国有资产经营公司（group2）和政府（group3）三类不同最终控制人的分派行为进行比较。

表 5-4 上市公司分派行为非参数秩和检验（一）

组别	N	Mean	Mean Rank	Sum of Ranks	Wilcoxon Test	
Group1	841	0.52	553.62	465594.97	Z	-2.157**
Group2	246	0.44	511.11	125733.00	Asymp. sig. (2-tailed)	0.031

注：**表示相关性在 0.05 的水平上显著。

表 5-5　上市公司分派行为非参数秩和检验（二）

组别	N	Mean	Mean Rank	Sum of Ranks	Wilcoxon Test	
Group1	643	0.53	369.60	237656.00	Z	-2.081**
Group2	85	0.41	325.88	27700.00	Asymp. sig. (2-tailed)	0.037
Group1	643	0.53	379.55	244051.50	Z	-0.365
Group3	113	0.51	372.52	42094.50	Asymp. sig. (2-tailed)	0.715
Group2	85	0.41	97.76	7970.00	Z	-1.413*
Group3	113	0.51	103.81	11731.00	Asymp. sig. (2-tailed)	0.142

注：**表示相关性在0.05的水平上显著；*表示相关性在0.1的水平上显著。

从表5-4和表5-5中可以看出，国有上市公司比民营上市公司更有可能进行分派活动，就国有上市公司而言，最终控制人为国有独资或控股公司的上市公司，其进行分派的可能性要高于另两类上市公司[①]。更进一步看，最终控制人为国有独资或控股公司的上市公司分派的可能性要高于国有资产经营公司，但是和政府不存在显著差异。最终控制人为政府的上市公司分配的可能性要高于国有资产经营公司。尽管不同的最终控制人在分派行为上有所差异，但是不能就此说明这些最终控制人在以分红派息作为利益输送手段上存在差异，因为上市公司的分派行为还有可能是受监管部门再融资规定驱动的。表5-6列示了各类上市公司分派公司组（1）和未分派公司组（0）在净资产收益率（ROE）上的差异性。从中可以看出，无论哪一类上市公司，分派公司组的ROE均值都显著高于证监会目前规定的6%的配股资格线，而未分派公司组的ROE均值全部为负，两组公司之间的差异性在0.01或者0.05的水平上存在显著差异。因此，公司间的分

---

① 本书还将国有上市公司的最终控制人分为两组进行检验，分别为国有独资或控股公司（gtoup1）和国有资产经营公司+政府（group2）。group1的均值为0.53，group2的均值为0.47，非参检验发现两者在0.1的水平上存在显著差异。上述结果未在书中列示。但是从三类公司的比较可以看出，主要是国有独资或控股公司和国有资产经营公司之间的差异性导致了这一结果，国有独资或控股公司和政府之间不存在显著差异。

派行为存在差异,既可能是某一类最终控制人更倾向于通过分红派现达到利益输送目的,也可能是某一类最终控制人更有再融资动机,因此下文有必要就最终控制人类型对上市公司派现方案的影响作进一步检验。

表5-6 分派上市公司与未分派上市公司 ROE 比较

最终控制人	分派	N	Mean	Std. Deviation	t	df	sig. (2-tailed)
国有	0	406	-0.198	1.453	-4.006	839	0.000
	1	435	0.081	0.059			
国有独资/控股公司	0	301	-0.161	1.396	-3.230	641	0.001
	1	342	0.083	0.055			
国有资产经营公司	0	50	-0.024	0.313	-1.846	83	0.068
	1	35	0.074	0.049			
政府	0	55	-0.557	2.180	-2.213	111	0.029
	1	58	0.077	0.080			
民营	0	138	-0.047	0.613	-2.297	244	0.022
	1	108	0.089	0.066			
合计	0	544	-0.160	1.294	-4.364	1085	0.000
	1	543	0.083	0.060			

5.2.1.3 分派方案

本部分就上市公司最终控制人类型对分派方案的可能影响进行检验,检验步骤和组别分类与5.2.1.2相同。

表5-7 上市公司分派方案独立样本 T 检验(一)

组别	N	Mean	Std. Deviation	t	df	Sig. (2-tailed)
Group1	435	0.1340	0.1028	-0.449	161.187	0.654
Group2	108	0.1290	0.1055			

表 5-8　上市公司分派方案独立样本 T 检验（二）

组别	N	Mean	Std. Deviation	t	df	Sig. (2-tailed)
Group1	342	0.1392	0.1050	1.492	41.642	0.143
Group2	35	0.1120	0.1025			
Group1	342	0.1392	0.1050	1.755	88.029	0.083
Group3	58	0.1169	0.0866			
Group2	35	0.1120	0.1025	-0.236	62.614	0.814
Group3	58	0.1169	0.0866			

从表 5-7 和表 5-8 中可以看出，尽管国有和民营上市公司在是否进行分派上存在差异，但是两类公司的分派方案不存在显著差异。就国有上市公司而言，最终控制人为国有独资或控股的上市公司的分派额（均值为 0.1392 元/股）在 0.1 的水平上显著高于最终控制人为国有资产经营公司（均值为 0.1120 元/股）和政府（均值为 0.1169 元/股）的上市公司，但是这两类上市公司的分派方案不存在显著差异。

5.2.1.4　小　结

以上两节就上市公司最终控制人类型对上市公司分红派现行为的影响进行了分析，研究发现：

（1）在上市公司是否进行分派方面，国有上市公司比民营上市公司更有可能进行分派；最终控制人为国有独资或控股公司和政府的上市公司比最终控制人为国有资产经营公司更有可能进行分派，并且最终控制人为国有独资或控股公司的上市公司和最终控制人为政府的上市公司的分派行为不存在显著差异。

考虑到监管部门对再融资条件的规定，不能就此推定国有独资或控股公司和政府更倾向于通过派现进行利益输送。

（2）在上市公司派现方案上，国有上市公司和民营上市公司的派现额不存在显著差异；最终控制人为国有独资或控股公司的上市公司的派现额高于最终控制人为国有资产经营公司和政府的上市公司。

（3）由此本书得出初步结论，国有独资或控股公司更倾向于通过派现实现利益输送。

5.2.2 上市公司最终控制人两权情况对高派现行为的影响

5.2.2.1 分派与否

沿用前文的分析,上市公司最终控制人持有的控制权指的是最终控制人参与企业经营、财务决策的能力,持有的现金流量权指的是最终控制人参与企业现金流分配的权利,两权之间的差异性则是最终控制人权衡侵害收益和侵害成本所可能采取的立场的表征。本部分就上市公司最终控制人持有的两权情况对公司分派行为的影响进行分析,将上市公司分为分派组(1)与未分派组(0),表5-9是两组上市公司两权的比较。

表5-9 分派上市公司与未分派上市公司两权的独立样本 T 检验

	分派	N	Mean	Std. Deviation	t	df	Sig. (2-tailed)
V	0	544	0.4321	0.1701	-2.649	1084.341	0.008
	1	543	0.4597	0.1740			
CF	0	544	0.3869	0.1913	-2.842	1084.01	0.005
	1	543	0.4204	0.1968			
CF/V	0	544	0.8751	0.2259	-1.557	1085	0.120
	1	543	0.8957	0.2118			

从表5-9中可以看出,进行分派的上市公司其最终控制人的控制权和现金流量权比例都显著高于未分派上市公司。对最终控制人而言,持有的现金流量权比例越高,采取高派现政策可能获取的货币性收益也越高;另外,控制权比例越高,最终控制人对公司经营决策的主导性也越强,也就是说,上市公司更可能采取高派现政策。所以,最终控制人的控制权和现金流量权比例越高,上市公司越有可能采取分红派现政策。而这时候正如表5-9所列示的,最终控制人的两权分离程度也越低,从这一点出发,两权的拟合程度越高,最终控制人的侵害动机也越强。

关于两权对最终控制人侵害行为的可能影响,本书的结论和 LLSV (2002), Claessens 等 (1999), Fan 等 (2002) 的结论存在差异。这些以西方以及东亚经济体为对象的研究发现，最终控制人持有的现金流量权通常带来正面激励效应，而持有的控制权则带来负面防御效应，并且两权的差异性越小，最终控制人的侵害可能性也越小。一个可能的解释就是，我国上市公司最终控制人的两权比例要高于这些研究中的两权状况①，随着现金流量权集中程度的提高，现金流量权可能带来的"利益协调效应"逐渐被"防御效应"所替代，较高的现金流量权比例反倒为最终控制人提供了侵害的激励②。为了进一步考察上市公司派现行为是受利益输送驱动还是受再融资条件驱动，下文将进一步就对最终控制人两权情况对上市公司分派方案的影响进行分析。

5.2.2.2 分派方案

上市公司分派额达到多少方为高派现，市场尚无统一判断标准。为了区分派现额的高低，本书取 543 家派现公司派现方案的 25% 和 75% 分位数，分别为 0.05 元/股和 0.17 元/股，将派现额小于、等于 0.05 元/股的公司设定为低派现组（1），将大于、等于 0.17 元/股的公司设定为高派现组（2）③。表 5-10 是这两组公司的两权比较情况。

表 5-10　高派现公司与低派现公司两权的独立样本 T 检验

	分派方案	N	Mean	Std. Deviation	t	df	Sig. (2-tailed)
V	1	121	0.46286	0.17416	-1.105	257.109	0.270
	2	142	0.48709	0.18087			

---

① 从表 4-7 中可以看出，我国上市公司控制权均值为 44.59%，现金流量权均值为 40.35%；根据 Claessens 等（2000）的统计，东亚 9 个国家和地区上市公司控制权均值为 19.77%，现金流量权均值为 15.70%；根据 LLSV（2002）的统计，27 个经济发达国家上市公司控制权均值为 39%，现金流量权均值为 29%。我国上市公司的两权比例显著高于东亚 9 个国家和地区和 27 个发达经济国家。

② 这一点和随着持股比例提高，管理层持股的"利益协调"向"管理层防御"转变、大股东的"控制权共享利益"向"控制权私利"转变，原理相同。

③ 采用 25% 和 75% 分位数作为低派现和高派现的划分标准有其过于武断之处，但是鉴于高派现并无统一的数量标准，并且采用均值作为两组的划分标准更难体现两组派现额之间的差异性，本书认为采用 25% 和 75% 分位数作为划分标准可能是相对恰当的选择。

续表

	分派方案	N	Mean	Std. Deviation	t	df	Sig.(2-tailed)
CF	1	121	0.40818	0.19604	-1.956	256.141	0.052
	2	142	0.45613	0.20063			
CF/V	1	121	0.87009	0.23289	-1.758	261	0.080
	2	142	0.91456	0.17665			

从表 5-10 中可以看出，高派现组公司的控制权、现金流量权和两权的拟合程度都高于低派现组公司，但是控制权的差异性没有通过显著性测试。比较结果表明，上市公司最终控制人持有的现金流量权比例越高、两权的差异性越小，就越有可能采取高派现的分派政策。在这种情况下，较高的现金流量权反而为最终控制人提供了侵害激励，较小的两权差异性使这一激励得以行动化，高派现政策就成为最终控制人获取企业货币性利益的一种手段。

5.2.2.3 小 结

本部分研究就最终控制人持有的两权情况对上市公司分派行为的影响进行了分析，研究发现：

（1）在上市公司是否进行分派方面，最终控制人持有的控制权比例越高、现金流量权比例越高、两权的差异性越小，上市公司越有可能进行分红派现。但是基于再融资条件的约束，不能得出具有这样两权特征的最终控制人更倾向于通过分派活动实现利益输送的结论。

（2）在上市公司分派方案上，最终控制人现金流量权比例越高、两权差异性越小，上市公司的派现额越高。因此，本书基本可以得出结论，具有这一类两权特征的最终控制人更倾向于通过高派现实现利益输送。

（3）结合最终控制人两权情况对派现行为的影响，基本可以解释上一节发现的当最终控制人类型为国有独资或控股公司时，上市公司倾向于通过高派现实现利益输送。从表 4-9 中可以看出，在 3 类国有上市公司中，国有独资或控股公司持有的现金流量权比例最高，这就为这一类公司提供了通过高派现实现利益输送的充分激励。虽然国有独资或控股公司的两权差异性不是最小的，但是较高的控制权比例还是为这一类最终控制人主要上市公司决策提供了可能。

5.3 上市公司最终控制人与关联交易

本部分将对上市公司最终控制人特征与关联交易方式之间的关系进行经验分析，其中最终控制人特征分为最终控制人类型和最终控制人两权情况（控制权比例、现金流量权比例、现金流量权和控制权分离程度）两个维度。上市公司最终控制人特征采用2002年上市公司年报披露的数据，上市公司关联交易方式以2002年上市公司关联交易行为为研究对象，关联交易数据来自Wind资讯数据库。

5.3.1 上市公司最终控制人类型对关联交易的影响

本书考察的上市公司关联交易方式主要包括产品（商品和服务）购销、资产购销、股权交易、担保、共同出资和资金借贷等行为。表5-11列示了2002年我国上市公司关联交易的基本情况。从表5-11中可以看出产品购销、资产购销和股权交易是我国上市公司关联交易的主要方式，担保、共同出资和资金借贷等形式相对较少。

下文从最终控制人类型角度，对上市公司倾向采取的关联交易方式进行非参检验，检验步骤同5.2.1.2。第一步分为两个组别，对国有上市公司（group1）和民营上市公司（group2）倾向于采取的关联交易方式进行比较，第二步分为3个组别，对国有上市公司中国有独资或控股上市公司（group1）、国有资产经营公司（group2）和政府（group3）3类不同最终控制人倾向于采取的关联交易方式进行比较。

表5-11 2002年上市公司关联交易基本情况

	产品购销	资产购销	股权交易	担保	共同出资	资金借贷	合计
国有	549	258	265	52	123	73	1320
国有独资/控股	497	232	211	33	99	71	1143

续表

	产品购销	资产购销	股权交易	担保	共同出资	资金借贷	合计
国有资产经营公司	13	7	16	6	8	0	50
政府	39	19	38	13	16	2	127
民营	74	62	112	9	38	13	308
合计	623	320	377	61	161	86	1628

5.3.1.1 产品购销

表5-12 上市公司产品购销关联交易非参数秩和检验

步骤一						
组别	N	Mean	Mean Rank	Sum of Ranks	Wilcoxon Test	
Group1	838	0.28	560.47	469672.00	Z	-4.250***
Group2	249	0.14	488.58	121656.00	Asymp. sig. (2-tailed)	0.000
步骤二						
组别	N	Mean	Mean Rank	Sum of Ranks	Wilcoxon Test	
Group1	643	0.31	374.09	240538.00	Z	-4.343***
Group2	85	0.08	291.98	24818.00	Asymp. sig. (2-tailed)	0.000
Group1	643	0.31	380.44	244620.52	Z	-1.322
Group3	110	0.25	356.91	39260.50	Asymp. sig. (2-tailed)	0.186
Group2	85	0.08	89.03	7567.50	Z	-2.969***
Group3	110	0.25	104.93	11542.50	Asymp. sig. (2-tailed)	0.003

注：***表示相关性在0.01的水平上显著。

从表5-12中可以看出，国有上市公司比民营上市公司更倾向于采取产品购销的交易方式，而国有上市公司中，当最终控制人为国有独资或控股公司和政府时，上市公司更倾向于采取产品购销的交易方式。

5.3.1.2 资产购销

表5–13 上市公司资产购销关联交易非参数秩和检验

步骤一						
组别	N	Mean	Mean Rank	Sum of Ranks	Wilcoxon Test	
Group1	838	0.22	550.43	461261.00	Z	-1.749*
Group2	249	0.17	522.36	130067.00	Asymp. sig. (2-tailed)	0.080
步骤二						
组别	N	Mean	Mean Rank	Sum of Ranks	Wilcoxon Test	
Group1	643	0.26	371.84	239093.00	Z	-3.527***
Group2	85	0.08	308.98	26263.00	Asymp. sig. (2-tailed)	0.000
Group1	643	0.26	382.53	245965.50	Z	-2.278**
Group3	110	0.15	344.69	37915.50	Asymp. sig. (2-tailed)	0.023
Group2	85	0.08	94.03	7992.50	Z	-1.1518*
Group3	110	0.15	101.07	11117.50	Asymp. sig. (2-tailed)	0.129

注：＊＊＊表示相关性在0.01的水平上显著；＊＊表示相关性在0.05的水平上显著；＊表示相关性在0.01的水平上显著。

从表5–13中可以看出，国有上市公司比民营上市公司更有可能采取资产购销的关联交易方式，国有上市公司中，最终控制人为国有独资或控股公司的上市公司比最终控制人为政府的上市公司更可能进行资产购销关联交易，而后者又比最终控制人为国有资产经营公司的上市公司更可能进行资产购销关联交易。

5.3.1.3 股权交易

从表5–14中可以看出，民营上市公司比国有上市公司更有可能进行股权关联交易，就国有上市公司而言，3类最终控制人在是否进行股权关联交易方面不存在显著差异。

表 5–14 上市公司股权关联交易非参数秩和检验

步骤一						
组别	N	Mean	Mean Rank	Sum of Ranks	Wilcoxon Test	
Group1	838	0.20	536.41	449507.53	Z	-2.046**
Group2	249	0.27	569.56	141820.50	Asymp. sig. (2-tailed)	0.041

步骤二						
组别	N	Mean	Mean Rank	Sum of Ranks	Wilcoxon Test	
Group1	643	0.21	366.72	235804.00	Z	-1.135
Group2	85	0.15	347.67	29552.00	Asymp. sig. (2-tailed)	0.256
Group1	643	0.21	375.29	241312.00	Z	-0.739
Group3	110	0.24	386.99	42569.00	Asymp. sig. (2-tailed)	0.460
Group2	85	0.15	93.41	7940.00	Z	-1.440
Group3	110	0.24	101.55	11170.00	Asymp. sig. (2-tailed)	0.150

注：**表示相关性在0.05的水平上显著。

5.3.1.4 担 保

表 5–15 上市公司担保行为非参数秩和检验

步骤一						
组别	N	Mean	Mean Rank	Sum of Ranks	Wilcoxon Test	
Group1	838	0.035	544.81	456549.50	Z	-0.503
Group2	249	0.028	541.28	134778.50	Asymp. sig. (2-tailed)	0.615

步骤二						
组别	N	Mean	Mean Rank	Sum of Ranks	Wilcoxon Test	
Group1	643	0.033	364.39	234301.50	Z	-0.128
Group2	85	0.035	365.35	31054.50	Asymp. sig. (2-tailed)	0.898
Group1	643	0.033	376.30	241958.50	Z	-0.679

续表

组别	N	Mean	Mean Rank	Sum of Ranks	Wilcoxon Test	
Group3	110	0.046	381.11	41922.50	Asymp. sig.(2-tailed)	0.497
Group2	85	0.035	97.44	8282.50	Z	-0.354
Group3	110	0.046	98.43	10827.50	Asymp. sig.(2-tailed)	0.723

从表 5-15 中可以看出，是否采取担保这一关联交易方式，国有上市公司和民营上市公司之间不存在显著差异，3 类国有最终控制人之间也不存在显著差异。

5.3.1.5 共同出资

表 5-16 上市公司共同出资非参数秩和检验

步骤一						
组别	N	Mean	Mean Rank	Sum of Ranks	Wilcoxon Test	
Group1	838	0.11	543.76	455673.00	Z	-0.083
Group2	249	0.12	544.80	135655.00	Asymp. sig.(2-tailed)	0.934
步骤二						
组别	N	Mean	Mean Rank	Sum of Ranks	Wilcoxon Test	
Group1	643	0.12	366.16	235438.00	Z	-1.050
Group2	85	0.08	351.98	29918.00	Asymp. sig.(2-tailed)	0.294
Group1	643	0.12	378.17	243164.50	Z	-0.639
Group3	110	0.10	370.15	40716.50	Asymp. sig.(2-tailed)	0.523
Group2	85	0.08	97.03	8247.50	Z	-0.421
Group3	110	0.10	98.75	10862.50	Asymp. sig.(2-tailed)	0.674

从表 5-16 中可以看出，是否采取共同出资这一关联交易方式，国有上市公司和民营上市公司之间不存在显著差异，3 类国有最终控制人之间

也不存在显著差异。

5.3.1.6 资金借贷

表 5-17 上市公司资金借贷非参数秩和检验

步骤一						
组别	N	Mean	Mean Rank	Sum of Ranks	Wilcoxon Test	
Group1	838	0.057	545.13	456820.03	Z	-0.551
Group2	249	0.048	540.19	134508.00	Asymp. sig. (2-tailed)	0.582
步骤二						
组别	N	Mean	Mean Rank	Sum of Ranks	Wilcoxon Test	
Group1	643	0.072	367.54	236328.50	Z	-2.546***
Group2	85	0.000	341.50	29027.50	Asymp. sig. (2-tailed)	0.011
Group1	643	0.072	379.93	244298.00	Z	-2.115**
Group3	110	0.018	359.85	39583.00	Asymp. sig. (2-tailed)	0.034
Group2	85	0.000	97.00	8245.00	Z	-1.246
Group3	110	0.018	98.77	10865.00	Asymp. sig. (2-tailed)	0.213

注：***表示相关性在0.01的水平上显著；**表示相关性在0.05的水平上显著。

从表5-17中可以看出，国有上市公司和民营上市公司在是否进行资金借贷方面不存在显著差异，就国有上市公司而言，最终控制人为国有独资或控股公司的上市公司比最终控制人为国有资产经营公司和政府的上市公司更有可能发生资金借贷行为。

5.3.1.7 小 结

本部分就最终控制人类型对上市公司关联交易方式的影响进行了分析，研究发现：

（1）就国有上市公司和民营上市公司而言，国有上市公司更有可能进行产品购销和资产购销这两种形式的关联交易，而民营上市公司则更有可能进行股权方面的关联交易。这两类上市公司在是否采取担保、共同出资、资金借贷等关联交易方式上,不存在显著差异。

(2) 就国有上市公司而言,当最终控制人为国有独资或控股公司时,上市公司更有可能进行产品购销、资产购销和资金借贷这 3 种形式的关联交易,最终控制人为政府的上市公司比最终控制人为国有资产经营公司的上市公司更有可能进行资产购销关联交易。这 3 类上市公司在是否进行股权交易、担保和共同出资方面,不存在显著差异。

5.3.2 上市公司最终控制人两权情况对关联交易的影响

本部分就上市公司最终控制人持有的两权情况对上市公司关联交易的影响进行分析,将上市公司分为进行某一类关联交易组(1) 和未进行某一类关联交易组(0),表 5–18 是这两类公司的两权比较情况。

表 5–18 发生关联交易公司与未发生关联交易公司两权的独立样本 T 检验

产品购销							
	关联交易	N	Mean	Std. Deviation	t	df	Sig. (2–tailed)
V	0	819	0.441932	0.167988	−1.324	1085	0.186
	1	268	0.458002	0.185633			
CF	0	819	0.399203	0.191869	−1.275	434.317	0.203
	1	268	0.417157	0.202708			
CF/V	0	819	0.881663	0.223383	−1.024	489.754	0.306
	1	268	0.896791	0.205387			
资产购销							
	关联交易	N	Mean	Std. Deviation	t	df	Sig. (2–tailed)
V	0	856	0.439428	0.172689	−2.403	367.728	0.017
	1	231	0.469857	0.170305			
CF	0	856	0.397556	0.195281	−2.008	370.039	0.045
	1	231	0.426135	0.191066			
CF/V	0	856	0.88206	0.220828	−0.987	374.987	0.324
	1	231	0.897745	0.212525			

续表

股权交易							
关联交易		N	Mean	Std. Deviation	t	df	Sig. (2-tailed)
V	0	850	0.449804	0.172548	1.415	1085	0.157
	1	237	0.431872	0.172224			
CF	0	850	0.40948	0.194751	1.879	1085	0.061
	1	237	0.382646	0.193275			
CF/V	0	850	0.888442	0.213441	0.816	348.437	0.415
	1	237	0.874459	0.238403			

担保							
关联交易		N	Mean	Std. Deviation	t	df	Sig. (2-tailed)
V	0	1051	0.445317	0.172782	-0.614	37.601	0.543
	1	36	0.462747	0.167333			
CF	0	1051	0.403915	0.194708	0.261	1085	0.794
	1	36	0.395308	0.195729			
CF/V	0	1051	0.886806	0.218306	1.05	37.004	0.300
	1	36	0.844128	0.240438			

共同出资							
关联交易		N	Mean	Std. Deviation	t	df	Sig. (2-tailed)
V	0	962	0.444938	0.172125	-0.497	156.279	0.620
	1	125	0.453252	0.176379			
CF	0	962	0.403084	0.194681	-0.256	157.785	0.798
	1	125	0.407829	0.195201			
CF/V	0	962	0.885702	0.220217	0.129	1085	0.897
	1	125	0.883014	0.211034			

资金借贷							
关联交易		N	Mean	Std. Deviation	t	df	Sig. (2-tailed)
V	0	1027	0.447434	0.172849	1.257	66.631	0.213
	1	60	0.419543	0.16668			
CF	0	1027	0.405868	0.195666	1.569	1085	0.127
	1	60	0.365322	0.173506			
CF/V	0	1027	0.887006	0.219125	1.007	66.13	0.318
	1	60	0.857787	0.218415			

从表 5-18 中可以看出：

(1) 上市公司最终控制人持有的两权情况对产品购销、担保和共同出资这 3 种关联交易方式没有显著影响。

(2) 上市公司最终控制人持有的控制权和现金流量权比例对资产购销关联交易具有显著影响：最终控制人持有的控制权比例越高，上市公司越有可能进行资产购销关联交易；最终控制人持有的现金流量权比例越高，上市公司越有可能进行资产购销关联交易。

(3) 上市公司最终控制人持有的现金流量权比例对股权交易和资金借贷这两种关联交易方式具有显著影响：最终控制人持有现金流量权比例越低，上市公司越有可能进行股权交易。

(4) 上市公司最终控制人的两权差异性对关联交易方式不具有解释力。

6 中国上市公司最终控制人与财务报告质量

和 LLSV 提出的一国投资者法律保护环境决定了该国企业的所有权结构相似,我国独特的经济背景也决定了上市公司股权结构的特性。财务报告作为资本市场中微观经济主体取信于投资者、满足资金需求的信息载体,其自身的质量问题和资本市场中的许多问题一样,脱离了特定的制度性背景、会计主体的经济特征,或许难以取得一个完满的解释。因此,本章就最终控制人对上市公司财务报告质量的可能影响进行实证检验。研究发现,就最终控制人的类型而言,民营上市公司的盈余价值相关性要高于国有上市公司,政府间接控制的上市公司要高于政府直接控制的上市公司,最终控制人为国有独资或控股公司的上市公司要高于最终控制人为国有资产经营公司的上市公司。就最终控制人的两权情况而言,最终控制人的控制权比例越高、两权的差异性越大,上市公司的盈余价值相关性越高。

6.1 研究背景

信息要求权是投资者产权保护中一项相当重要的权利,上市公司定期披露的财务报告是市场投资者了解受托责任、作出投资决策的重要信息渠道。作为维护信息要求权的一项制度,各国监管部门多通过制定会计准则来规范财务报告的质量。但是会计准则并不是一项纯粹的技术性规范,准则可能引发的经济后果乃至政治选择,使得准则能否实现完全的技术完善性也存有疑义。此外,财务报告质量的改进除了受制于会计准则这一技术性条件外，外部经济、政治环境等制度性背景也是不可忽略的因素（Alford et al., 1993；Ali et al., 2000）。换言之，准则之外，财务报告的质量还受到影响会计行为人激励的经济和政治等因素的制约，高质量的会计准则并不必然带来高质量的会计信息（Ball et al., 2003）。

一国投资者法律保护的完善性决定了该国企业的所有权结构特征，企业所有权结构在一定程度上可视为对外部投资者保护环境的一种替代计量（Volpin, 2002），因此，所有权结构是一国制度环境影响单个企业财务报告质量的途径之一（Fan and Wong, 2002）。由此可将微观经济主体的股权结构特征引入财务报告质量研究，而股权结构对财务报告质量的影响与不同股权结构下可能引发的代理问题密切相关。在投资者法律保护不够完善的环境下，企业股权结构相对集中，集中的所有权在为控股股东提供激励约束管理层的同时，也带来了新的代理冲突。最终控制人和中小投资者利益的不一致性以及最终控制人对企业的实质性控制力，使得最终控制人对外部中小投资者利益的可能侵害成为现代企业的主要代理问题。最终控制人为了掩饰侵害行为、继续取信于资本市场、避免监管部门的管制等，就可能操纵对外披露的信息（主要是会计信息），从而降低了财务报告的质量。

在我国企业财务报告质量的研究文献中，外部制度性背景的影响正逐步受到关注。王跃堂、孙铮和陈世敏（2001）以股份公司会计制度改革为例，运用会计信息市场反应评价《企业会计制度》改革的合理性。研究表明会计信息质量的提高不仅有赖于会计改革建立高质量的会计准则，而且离不开执行机制的改革提供有效的准则执行支持系统（Support Infrastructure）[①]，这种支持系统与经济环境有关，因此要求各方面进行相应的改革。刘峰、吴风和钟瑞庆（2004）提出，会计信息质量受外部机会、会计准

---

① 这种支持系统能保证准则的严格执行，及时辨识和解决实务中出现的问题，提高市场优化资源配置的效率，这样的支持系统包括了各种因素，例如，高质量的审计准则、具有竞争性和独立性的注册会计师、对准则的解释和应用的监管机制、合理的公司治理结构、具有竞争力和接受专业教育的管理人员、对高质量财务报告的文化需求和氛围，以及商界普遍存在的有关诚信的人文精神。

则、法律风险等因素的共同影响，并且会计准则在其中的影响要低于法律风险。在此基础上，作者讨论了我国近年来相应制度环境的变化，认为法律风险缺失导致会计准则的改进并不能很好地反映到会计信息质量上来。除了上述研究所讨论的制度因素外，我国发展证券市场的初衷或者说经济体制改革历程中对证券市场的功能定位，是我国经济环境最为显著的特征，也直接导致了我国上市公司独特的股权结构。

发展证券市场最初是作为国有企业股份制改造的外部配套设施提出的，目的是为股份制改造提供外部产权流动市场、为企业间的兼并重组提供实际操作场所。"十五大"后发展证券市场的目标又逐步明确为：以直接融资替代间接融资，将民间储蓄转化为投资，降低国企高资产负债率（何清涟，1998）。我国经济体制改革中对证券市场的功能定位，偏离了证券市场的内在功能而外加了一定的主观意愿，也致使证券市场的准入机制始终向国有经济倾斜；为了保证公有制经济的主导性地位，国有企业改制上市过程中都采取了国家控股的股权模式，并且国有股不参与市场流通；随着"抓大放小、国退民进"改革思路的提出，民企上市的限制逐步被放宽，但是民营上市公司在我国证券市场所占份额还不大。和 LLSV 提出的一国投资者法律保护环境决定了该国企业的所有权结构相似，我国独特的经济背景也决定了上市公司股权结构的特性。差异仅在于前者强调在既定法律体系下市场自行作出的反应，在我国则是政府行政手段直接引导了微观经济主体的股权特征，无论是法律体系还是政府行为都是在公共层面上对一国产权做出的规定性，即产权的公共执行特征。从第 4 章的描述性分析中可以看出，我国证券市场上市公司的股权性质主要分为国有和民营两类，在构成上，国有上市公司具有压倒性优势。国有产权高度集中，不参与市场流通，并且在市场活动中采用不同的代理所有者作为国有资产的控制形式。相比之下，民营上市公司的股权集中程度要低于国有上市公司，并且由所有者直接参与经济活动而无须借助其他代理所有者形式。因此，本部分尝试就上市公司股权结构特征对财务报告质量的影响进行研究，以期从信息要求权角度考察我国经济体制改革过程中市场中小投资者可能受到的侵害。上市公司股权结构主要考虑上市公司最终控制人类型和最终控制人持有的两权状况两个维度。

6.2 上市公司最终控制人与财务报告质量

6.2.1 研究假设

本部分就上市公司最终控制人类型对财务报告质量的可能影响进行检验，研究采用会计盈余的价值相关性（Value Relevance）度量财务报告质量。最终控制人类型对财务报告质量的影响与不同类型最终控制人可能引发的代理问题密切相关，最终控制人可能出于掩饰侵害行为、粉饰经营绩效的目的而操纵财务报告，本部分将上市公司最终控制人类型分为3组进行讨论。第一组对国有和民营这两类最终控制人进行比较（国有—民营），第二组对国有上市公司中政府直接控制和政府间接控制这两类上市公司的最终控制人进行比较（政府—非政府），第三组对政府间接控制的国有上市公司中，政府独资或控股的实业公司和政府独资的投资管理公司这两类最终控制人进行比较（国有独资或控股公司—国有资产经营公司）。

（1）最终控制人性质与财务报告质量

公有产权和私有产权的效率之争，一直是理论和实务界关注的焦点。公有产权的低效率很大程度上被归结为政府对国有企业的过多介入，政府的干预行为通常表现为冗员、投资行为服从政治目标而非企业价值最大化、倾斜的定价方案导致资源配置扭曲等（Shleifer and Vishny，1994）。在转型经济中，这一问题显得尤为突出，国有企业承担了诸如经济发展战略、就业、税收、社会稳定等政府多重目标，由此造成国有企业的政策性负担。目前对控股股东利益输送的研究，集中关注集团内关联交易、上市公司高派现、控股股东占用上市公司资金等行为。究其实质，利益输送指的是控股股东利用持有的控制权转移中小投资者财富、却不必承担相应后果的行为，从这个意义上看，在政府的干涉下上市公司承担诸多旨在服务国有股东、实现非商业目的的行为，也可以看作是国有企业特有的控股股东侵害市场投资者的现象①。

政府在作为国有企业最终控制人的同时还是公共秩序的提供者，一方面，可能使国有上市公司承担过多的社会责任；另一方面，当国有上市公司服务于行政需要的利益输送行为违反市场公平原则时，通常也难以受到监管力量和法律约束的制约②。因此，虽然非国有股东的最终控制人同样具有侵害市场投资者的激励和可能，但是与政府相比其侵害能力相对更小。所有制与企业绩效关系的研究也发现，政府控制的上市公司其价值要低于非政府控制的上市公司（夏立军、方轶强，2005）。鉴于会计指标在我国上市公司从 IPO 到再融资、退市全程中的重要监管作用，为了掩饰侵害行为及其对企业绩效的影响、规避市场监管，国有上市公司的控股股东更有可能利用手中的控制权，操纵会计信息。由此提出研究的第一个假设：

H6-1：最终控制人为政府的上市公司，其会计信息质量要低于最终控制人为政府以外实体的上市公司。

（2）国有产权代理形式与财务报告质量

国有上市公司的最终所有者都是国家，就终极产权而言，这些企业不存在差异性，但是国有产权的行权模式或者说代理所有者的身份，对国有上市公司的行为、绩效都会产生影响。从最终所有者实现控制权的直接性出发，国有产权的代理模式可以分为政府直接控制和政府间接控制两种。从代理所有者的行政隶属出发，国有产权代理模式可以分为中央政府直属和地方政府控制两种。

政府直接控制指的是中央各部委、地方政府机关、国有资产管理部门等直接代表国家行使股东权利，承担股东责任。政府间接控制指的是，各级政府授权经营的国有独资或控股公司和国有资产经营公司行使对上市公

---

① 曾庆生和陈信元（2006）发现，国家控股公司可能比非国家控股公司雇用更多的员工，而超额雇员和高工资率共同导致国家控股公司承担了更高的劳动力成本。
② 作为国有企业改革的配套设施，我国证券市场的设立初衷就是为国有企业改革和解困服务，这一定位与目前倡导的中小投资者保护理念相矛盾。

司的控制权。国有独资或控股公司指的是各级政府出资或设立的实业经营公司，国有资产经营公司指的是主要由地方政府组建并独资经营的投资管理公司①。当国有上市公司的最终控制人直接以政府形式出现时，最终控制人对公司经营活动的介入更为直接，公司面临的政府指令性计划可能更多。相比之下，政府通过设立国有资产经营公司、实业经营公司的方式实现对上市公司的控制，控股股东的企业法人身份，使其在对上市公司进行行政干预时还需要权衡企业的商业目标。此外，最终控制人和上市公司之间的商业环节越多，其行政干预面临的成本也越高，这在一定程度上制约了国有最终控制人的侵害行为。在我国政府最终控制的上市公司中，政府直接控股公司的各项业绩指标要显著低于政府间接控制的公司（刘芍佳等，2003）。因此，为掩饰侵害行为、避免向市场传递较差的业绩表现，政府直接控制的上市公司更有激励操纵会计信息。

随着我国经济体制改革中政府分权改革的推进，地方政府逐渐取得了财政自主权、经济管理权等权利，这在调动地方政府发展地方经济积极性的同时，也引发了地方政府之间的资源之争。上市公司之于地方的重要意义在于，从证券市场上竞争"低成本"资金可用于发展地方经济、解决地方就业、改善当地形象等。为了帮助本地企业赢得上市资格、获取后续融资，地方政府可能通过税负减免、税收返还、财政补贴等方式帮助企业提高业绩，极大地扭曲了会计信息（陈晓、李静，2001）。当然，"支持"的目的还是在于之后的"掏空"，在竞争证券市场资源方面，地方政府比中央政府具有更强的动机。因此，无论是之前的"支持"，还是后来的"掏空"，地方政府出于地方私利考虑介入上市公司的行为，都将对地方政府控制的上市公司的会计信息质量产生负面影响。由此，提出本部分的研究假设：

---

① 政府直接控制上市公司，如原水利部控股三峡水利（600116）、山东省财政厅控股泰山旅游（600756）、成都国有资产管理局控股倍特高新（000628）；国有独资或控股公司控制上市公司，如中国石油天然气集团公司控股锦州石化（000763）、包头钢铁有限责任公司控股钢联股份（600010）；国有资产经营公司控制上市公司，如深圳市投资管理公司控股赛格三星（000068）、武汉国有资产管理局控股武汉中商（000785）。

H6-2：政府控制的上市公司中，政府直接控制的上市公司其会计信息质量要低于政府间接控制的上市公司。

H6-3：政府控制的上市公司中，地方政府控制的上市公司其会计信息质量要低于中央政府控制的上市公司。

（3）最终控制人两权情况与财务报告质量

最终控制人对企业的权利可以分为两种：控制权和现金流权。控制权指的是最终控制人参与企业经营、财务决策的权利，现金流权指的是最终控制人参与企业现金流分配的权利。如果最终控制人从企业获益的途径仅包括现金股利以及股价波动带来的收益（即仅通过现金流权受益），那么控股股东和中小投资者之间不存在利益冲突。但最终控制人还可能利用持有的控制权消费企业的资源或享有各种货币性、非货币性利益，这些构成了中小投资者无法分享的控制权私利。这种情况下，市场愿意进行投资的很大一个原因就在于控股股东持有的现金流权，现金流权比例越高，控股股东必须承担的行为后果比例也越大，从而降低了最终控制人的侵害激励（Jensen and Meckling，1978）。通常认为，现金流权和控制权越趋于一致，会计信息的质量越高（Fan et al.，2002；Leuz et al.，2003；Haw et al.，2004；Francis et al.，2005）。但是，我国证券市场的实际情况是否适用国外研究结论，即最终控制人持有的控制权是其侵害激励和侵害能力的表征、持有的现金流权是向市场传递抑制侵害可能的承诺，还是一个待检验的经验命题。我国证券市场的股权集中度高于国外水平，在较高的集中度水平上控制权和现金流权对最终控制人行为的影响可能和较低集中度存在差异。表6-1是我国上市公司两权情况与国外研究的比较，从中可以看出，我国上市公司两权的均值和中位数要显著高于国外各市场，虽然控制权和现金流权之间存在差异性，但是控制权集中度较高的市场，其现金流权的集中程度也要高于其他市场。

表6-1 国外与我国上市公司两权集中程度比较 ①

	控制权		现金流权		两权差异性	
	均值	中位数	均值	中位数	均值	中位数
Claessens 等（2000）	19.77%	19.83%	15.70%	12.00%	0.7460	1.0000
Fan 等（2002）	30.44%	30.00%	25.84%	20.00%	0.8500	1.0000
Haw 等（2004）	N/A	N/A	24.62%	18.00%	0.8290	1.0000
我国上市公司	46.62%	46.10%	42.25%	41.80%	0.8877	1.0000

集中所有权对所有者行为的影响，是控制权私利（Private Benefits of Control）和控制权共享收益（Public Benefits of Control）总和最大化的均衡结果（Henrik and Nilsson，2003）。在不同集中度区间，股权集中的利益协调效应和防御效应可能相互转化（Morck et al.，1988）。当控制权、现金流权整体水平较低时，持有现金流权而享有的控制权共享收益不足以抵补控制权可能带来的私利，因此，较低集中度区间的控制权更多表现出一种侵害激励效应。虽然此时现金流权的抑制效应有限，但两权越趋于一致，侵害受到的抑制也相对更显著。当控制权、现金流权整体水平较高时，较高份额的控制权共享收益意味着最终控制人追求控制权私利时必须承当相当规模的行为后果。因此，较高集中度区间的控制权可能更多地表现为一种维护控制权共享收益的承诺②。而较高集中度区间的现金流权向市场传递的信号也可能发生转变，因为此时的分红派现行为市场有可能认为是大股东转移中小股东财富的途径之一。Lee 和 Xiao（2002）认为，较高持股水平上的高派现行为能获得较大的货币性收益，此时股利政策的主要目的

---

① 其中两权差异性采用现金流权/控制权计量。Claessens 等（2000）以9个东亚国家和地区为研究对象，Fan 等（2002）以7个东亚国家和地区为研究对象，和前者相比少了日本、菲律宾两个国家。Haw 等（2004）以9个东亚国家和地区、13个西欧国家为研究对象，研究没有考察最终控制人所持有的控制权，有关两权差异性的计量采用 $1-CF/V$，为保证研究之间的可比性，本书将该研究的两权差异性换算成 CF/V。我国上市公司有关情况的说明见后文数据来源部分。

② 徐莉萍等（2006）划分了最终控制人身份、考察股权集中度对经营绩效的影响，研究发现，无论最终控制人的身份如何，我国上市公司的股权集中度与公司绩效都呈正相关的线性关系。该文的线性结论与之前一些研究发现的"U"形、"倒U"形等关系存在差异，徐莉萍等（2006）认为，这是因为研究明确划分了上市公司最终控制人，对大股东身份的认定更为严谨。

是为了获取掠夺性利益。陈信元、陈冬华和时旭（2003）以"佛山照明"高额派现为研究对象，发现市场对公司的现金股利政策反应平平，由此提出现金股利政策很大程度上已经成为大股东恶意套现的工具。因此，较高集中度区间上现金流水平越高、两权差异性越小，侵害的可能性越大。由此，提出本部分的两个竞争性假说：

H6-4：最终控制人持有的控制权比例越高，上市公司的会计信息质量越高；最终控制人持有的控制权和现金流权之间的差异越大，上市公司的会计信息质量越高。

H6-5：最终控制人持有的控制权比例越低，上市公司的会计信息质量越高；最终控制人持有的控制权和现金流权之间的差异越小，上市公司的会计信息质量越高。

6.2.2 研究设计

6.2.2.1 样本选择和数据来源

我国上市公司从2001年开始披露上市公司实际控制人情况，本书通过年报手工收集上市公司最终控制人资料。年报信息来自证监会指定信息披露网站巨潮资讯网（www.cninfo.com.cn），资料不全的通过三大证券报、上市公司网站信息、财经新闻等予以补充。

在上市公司的控制链上，如果存在这样一个控制实体，无法追溯其背后的控制人，且其控制权比例超过某一设定标准，本书认定该上市公司为股权集中型上市公司，且该控制实体为上市公司最终控制人。《企业会计制度（2000）》，当投资企业拥有被投资企业20%或20%以上的股权，投资企业对投资的核算方法应由成本法转为权益法，因为投资企业对被投资企业具有重大影响。因此，本书以20%和超过20%的控制权作为判断企业股权集中、是否存在最终控制人的标准①。上市公司最终控制人为自然人

---

① 此外，借鉴已有研究，本书还以10%和50%的控制权比例作为"宽松"和"严格"的设定标准，进行稳健性检验。

(家族)、境外法人、境内社会法人①，则认定其为非政府控制。就政府控制的上市公司而言，如果最终控制人身份为国有资产管理委员会、地方国有资产管理部门、中央部委、地方政府、行政事业单位等，则认定为政府直接控制；如果最终控制人身份为各级国有资产管理部门、各级政府及其行政部门授权经营的资产经营公司、实业公司等，则认定为政府间接控制。如果最终控制人身份为国资委、中央部委及其授权经营的各类公司，则认定为中央政府控制；如果最终控制人身份为地方国有资产管理部门、地方政府、地方行政单位及其授权经营的各类公司，则认定为地方政府控制。确定最终控制人两权时，控制权（投票权）采用控制链上数额最小的持股比例计量，现金流权（收益权）采用控制链上各个控制环节的持股比例的乘积计量，两权的差异性采用现金流权与控制权之比计量。

以 2002 年能够获取最终控制人信息的 1083 家上市公司为例，以"20%"控制权比例作为设定标准，上市公司中有 1013 家属于股权集中型，占样本总量的 93.54%，70 家属于股权分散型，占样本总量的 6.46%②。表 6-2 和表 6-3 是我国上市公司最终控制人的构成情况及其持有的两权比例。

表 6-2 我国上市公司最终控制人构成情况

	20%控制权比例		10%控制权比例		50%控制权比例	
	数量	比例	数量	比例	数量	比例
政府控制	796	78.58%	838	77.59%	412	91.35%

---

① 境内社会法人如各种形式的职工持股会和工会组织、乡镇一级政府授权经营的企业、村办集体企业、街道集体企业等。

② 如果采用"10%"的设定标准，1080 家上市公司属于股权集中型，占样本总量的 99.72%，仅有 3 家公司属于股权分散型，仅占样本总量的 0.28%；如果采用"50%"的设定标准，451 家上市公司属于股权集中型，占样本总量的 41.64%，632 家属于股权分散型，占样本总量的 58.36%。无论采用哪一种设定标准，我国上市公司的股权集中度都要高于东亚和世界上其他经济发达地区。以 20%的控制权比例为例，LLS（1999）以 27 个发达国家/地区为研究对象，发现股权集中的上市公司的平均比例为 63.52%，Claessens 等（2000）以东亚 9 个国家和地区为研究对象，印度尼西亚、新加坡、泰国、中国香港的股权集中上市公司比例都超过了 90%，印度尼西亚比例最高，为 94.9%，其中比例最低的为日本，仅为 20.2%。

续表

	20%控制权比例		10%控制权比例		50%控制权比例	
	数量	比例	数量	比例	数量	比例
政府直接控制	100	12.56%	113	13.48%	25	6.07%
政府间接控制	696	87.44%	725	86.52%	387	93.93%
中央政府控制	199	25.00%	207	24.70%	112	27.18%
地方政府控制	597	75.00%	631	75.30%	300	72.82%
非政府控制	217	21.42%	242	22.41%	39	8.65%
股权集中型公司	1013		1080		451	

表6-3 我国上市公司最终控制人持有的两权情况

	控制权		现金流权		现金流权/控制权	
	均值	中位数	均值	中位数	均值	中位数
政府控制	49.59%	50.47%	47.12%	47.43%	0.9462	1.0000
政府直接控制	41.05%	40.24%	36.54%	35.21%	0.8441	1.0000
政府间接控制	50.81%	52.50%	48.64%	50.13%	0.9551	1.0000
中央政府控制	50.47%	51.78%	46.18%	46.50%	0.9094	1.0000
地方政府控制	49.29%	50.04%	47.43%	47.76%	0.9584	1.0000
非政府控制	35.72%	29.84%	24.38%	22.40%	0.6733	0.6998
股权集中型公司	46.62%	46.10%	42.25%	41.80%	0.8877	1.0000

6.2.2.2 检验模型

以盈余反应系数检验会计信息质量，完善的市场和理性的投资者是必要的前提假设。随着我国资本市场的不断发展，虽然对于半强势有效缺乏严谨检验，但有研究表明，近年来我国证券市场的有效性在逐步提高（史永东等，2002；张兵等，2003），盈余的价值相关性也被越来越多的研究用来衡量我国上市公司会计信息质量（王跃堂等，2001；刘峰等，2004；王化成等，2006）。因此，本书采用盈余的价值相关性作为测度会计信息质量的指标，检验的基本模型如下：

$$\mathrm{RET}_{it} = \alpha_0 + \alpha_1 NI_{it} + \mu_{it}$$

根据前文的分析，本书扩展基本模型对各假设进行检验，用模型（1）检验假设1、假设2、假设3，用模型（2）检验假设4、假设5。

模型（1）如下

$$RET_{it} = \alpha_0 + \alpha_1 NI_{it} + \alpha_2 NI_{it} \times ID_{it} + \alpha_5 NI_{it} \times SIZE_{it} + \alpha_6 NI_{it} \times LEV_{it} + \alpha_7 NI_{it} \times GROW_{it} + \alpha_8 NI_{it} \times Beta_{it} + \alpha_9 NI_{it} \times Year01 + \alpha_{10} NI_{it} \times Year02 + \sum_{i=1}^{4} \alpha_{i+10} IND_{i,t} + \mu_{it}$$

模型（2）如下

$$RET_{it} = \alpha_0 + \alpha_1 NI_{it} + \alpha_3 NI_{it} \times V_{it} + \alpha_4 NI_{it} \times CF_{it}/V_{it} + \alpha_5 NI_{it} \times SIZE_{it} + \alpha_6 NI_{it} \times LEV_{it} + \alpha_7 NI_{it} \times GROW_{it} + \alpha_8 NI_{it} \times Beta_{it} + \alpha_9 NI_{it} \times Year01 + \alpha_{10} NI_{it} \times Year02 + \sum_{i=1}^{4} \alpha_{i+10} IND_{i,t} + \mu_{it}$$

（1）因变量

收益率 RET 是因变量，代表公司 12 个月累计个股收益率。RET = $\prod(1 + return) - 1$，$return$ 为公司月个股收益率，以考虑现金红利再投资的月个股回报率计量。鉴于我国上市公司年报披露期间截至次年 4 月底，12 个月的事件期为公司年报当年 5 月至年报披露当年 4 月。

（2）测试变量

会计盈余 NI = EPS/P，EPS 为公司年报当年的每股净收益率，P 为公司年报当年期初的权益市场价值。最终控制人身份 ID 为哑变量。检验假设 1 时，当上市公司最终控制人为政府时，ID = 1，当上市公司最终控制人为非政府时，ID = 0；检验假设 2 时，当政府直接控制国有上市公司时，ID = 1，当政府间接控制国有上市公司时，ID = 0；检验假设 3 时，当中央政府控制国有上市公司时，ID = 1，当地方政府控制国有上市公司时，ID = 0。V 是最终控制人持有的控制权比例，CF/V 表示最终控制人持有的现金流权和控制权之间的差异程度，数值越接近 1，表示两权的差异性越小。

（3）控制变量

公司规模 SIZE = ln$A$，为期初总资产，取自然对数，公司规模与其面临的政治成本正相关，公司面临的外部监管可能影响最终控制人对会计盈余的操纵程度。财务杠杆 LEV = L/A，为公司期初的负债总额除以资产总额，会计盈余在债务契约中的重要作用，使得公司面临的财务压力可能影响最终控制人对会计处理过程的介入程度。公司成长性 GROW =（期末主营业务收入－期初主营业务收入）/期初主营业务收入，公司的成长性越高，外部融资需求越大，最终控制人对会计盈余的关注程度也越高。公司系统风险 $Beta$，为控制公司面临的系统风险对会计盈余质量的可能影响。为控制会计盈余质量的年度性差异，研究以 2003 年为基准变量，设置 $Year01$ 和 $Year02$ 两个哑变量。IND 为行业哑变量，样本公司数据来自 5 个非金融行业，IND1 为公用事业类，IND2 为房地产类，IND3 为综合类，IND4 为制造业类，IND5 为商业类，研究以商业类（IND5）为基准变量。

6.2.3 检验结果及分析

6.2.3.1 描述性统计

本书以 2001 年、2002 年、2003 年上市公司股权结构对会计盈余价值相关性的影响为研究对象，最终控制人信息来自上市公司年报，上市公司财务数据和交易数据来自 CSMAR 系列研究数据库，Beta 系数来自 CCER 中国证券市场数据库。剔除最终控制人信息不详、财务和交易数据缺失、金融行业上市公司，一共取得 2153 家样本公司，其中 2001 年、2002 年、2003 年的样本公司数分别为 621 家、729 家、803 家。

表 6-4 列示了 3 组上市公司的会计盈余价值相关性。从表 6-4 中可以看出，非政府控制上市公司的盈余价值相关性要高于政府控制的上市公司；政府控制的上市公司中，政府直接控制的上市公司，其盈余价值相关性要低于政府间接控制的上市公司；中央政府控制的上市公司，其盈余价值相关性要高于地方政府控制的上市公司。比较结果符合研究假设 1、假设 2、假设 3。

表 6-4　3 组上市公司会计盈余价值相关性比较（pooled）

	政府控制	非政府控制	政府直接控制	政府间接控制	中央政府控制	地方政府控制
(Constant)	-0.180***	-0.215***	-0.200***	-0.177***	-0.172***	-0.185***
	(-40.705)	(-26.480)	(-19.717)	(-36.408)	(-16.382)	(-38.945)
NI	1.379***	1.532***	1.066***	1.416***	2.345***	1.191***
	(15.718)	(9.615)	(4.956)	(14.824)	(9.169)	(13.325)

续表

	政府控制	非政府控制	政府直接控制	政府间接控制	中央政府控制	地方政府控制
调整后 R^2	0.128	0.162	0.094	0.131	0.168	0.122
模型 F 值	247.067***	92.455***	24.562***	219.744***	84.076***	177.554***

注：***表示相关性在0.01的水平以下显著（双尾）。

表6-5、表6-6列示了不同控制权、两权差异区间的会计盈余价值相关性。表6-5采用控制权的25%分位数、50%分位数、75%分位数作为分组标准，分4组比较盈余价值相关性。从表6-5中可以看出，除了第1组到第2组 ERC 值经历了一个下降过程，之后随着控制权比例依次提高，盈余的价值相关性整体呈上升趋势。第1组、第2组的控制权区间比较接近于表6-1中国外上市公司特别是东亚上市公司水平，因此从第1组到第2组出现了国外研究所发现的控制权比例提高、价值相关性下降的情况。第3组、第4组的控制权远高于国外上市公司水平，因此从第2组开始出现了控制权比例提高、价值相关性降低的情况。表6-5中的情况符合前文提出的，不同集中度区间的控制权对大股东侵害行为的影响存在差异，但我国证券市场整体情况究竟支持哪一个假说，还有待后文的实证检验。

表6-5　不同控制权区间会计盈余价值相关性比较（pooled）

	1	2	3	4
Mean	26.06%	36.70%	50.10%	66.00%
Median	26.46%	37.03%	50.20%	65.10%
(*Constant*)	-0.213***	-0.196***	-0.185***	-0.162***
	(-28.497)	(-26.905)	(-24.567)	(-18.608)
NI	1.279***	1.057***	1.344***	1.807***
	(8.286)	(7.346)	(8.511)	(11.468)
调整后 R^2	0.112	0.090	0.119	0.196
模型 F 值	68.662***	53.959***	72.434***	131.505***

注：***表示相关性在0.01的水平以下显著（双尾）。

鉴于两权差异数值的特殊性，表6-6中首先将两权差异值为1（完全拟合）的公司分为一组，再将差异值小于1的公司以中位数为分组标准分为两组,比较3组公司的盈余价值相关性①。从表6-6中可以看出,随着两权差异性逐渐变小,盈余的价值相关性呈整体下降的趋势,基本符合假设4。我国证券市场两权差异性对盈余价值相关性的整体影响如何,有待后文进一步实证检验。

表6-6 不同两权差异区间会计盈余价值相关性比较(pooled)

	1	2	3
Mean	0.4128	0.7857	1.0000
Median	0.4528	0.7918	1.0000
(Constant)	-0.192***	-0.208***	-0.188***
	(-18.099)	(-19.609)	(-40.465)
NI	2.087***	1.920***	1.227**
	(9.769)	(5.895)	(15.157)
调整后 R^2	0.231	0.097	0.131
模型F值	95.433***	34.747***	229.724***

注:***表示相关性在0.01的水平以下显著(双尾)。

6.2.3.2 实证检验结果

(1) 最终控制人性质、国有股权代理形式与会计盈余价值相关性

表6-7列示了对假设1、假设2、假设3的实证检验结果。从中可以看出,在对有关变量进行控制后,最终控制人的性质对上市公司会计盈余的信息含量具有相当显著的影响。当最终控制人为政府时,盈余的信息含量较低,假设1通过检验,即较之非政府控制的上市公司,政府控制的上市公司其最终控制人更有可能利用手中的控制权影响会计信息。是否直接控制对盈余质量也具有较为显著的影响,政府直接控制的上市公司其会计盈余的价值相关性要低于政府间接控制的上市公司,假设2通过检验。通过中央政府还是地方政府实现控制对盈余的价值相关性也具有相当显著的影响,当上市公司为央属企业时,其会计盈余的价值相关性要高于地方企

---

① 此外,研究还对两权差异数值小于1、等于1的两组公司的ERC进行了比较。前者CF/V的均值为0.5992,中位数为0.5998,ERC值为2.037,显著大于后者的ERC值1.227。检验结果未列示。

业，假设 3 通过检验。

表 6-7 最终控制人性质、国有股权代理形式
对会计盈余价值相关性影响的回归结果

	假设 1		假设 2		假设 3	
Intercept	-0.188***	-0.202***	-0.180***	-0.197***	-0.182***	-0.197***
	(-48.206)	(-50.456)	(-40.742)	(-43.135)	(-41.302)	(-43.092)
NI	1.537***	-7.624***	1.425***	-9.229***	1.185***	-8.652***
	(9.510)	(-3.411)	(15.246)	(-3.849)	(12.509)	(-3.591)
ID × NI	-0.137	-0.786***	-0.383*	-0.337*	1.220***	0.612***
	(-0.744)	(-3.915)	(-1.427)	(-1.206)	(5.211)	(2.435)
SIZE × NI		0.565***		0.622***		0.565***
		(5.412)		(5.527)		(4.930)
LEV × NI		0.113		-0.097		-0.062
		(0.865)		(-0.537)		(-0.349)
GROW × NI		0.243**		0.488***		0.427***
		(2.129)		(3.169)		(2.732)
Beta × NI		-1.954***		-2.055***		-2.001***
		(-6.120)		(-5.192)		(-5.057)
Year01 × NI		-0.390*		-0.404		-0.392
		(-1.517)		(0.165)		(-1.348)
Year02 × NI		0.011		-0.045		0.007
		(0.059)		(-0.210)		(0.032)
IND × NI		控制		控制		控制
调整后 R^2	0.138	0.168	0.128	0.192	0.141	0.194
模型 F 值	173.234***	88.075***	124.629***	34.194***	139.034***	34.658***
样本规模	2153		1680		1680	

注：***表示相关性在 0.01 的水平以下显著（双尾）；**表示相关性在 0.05 的水平以下显著（双尾）；*表示相关性在 0.1 的水平以下显著（双尾）。

(2) 最终控制人两权情况与会计盈余价值相关性

表6-8 最终控制人控制权、两权分离程度
对会计盈余价值相关性影响的回归结果

	(1)	(2)	(3)	(4)
Intercept	-0.190***	-0.202***	-0.191***	-0.203***
	(-48.801)	(-50.283)	(-49.261)	(-50.676)
NI	0.340*	-6.785***	1.820***	-5.849***
	(1.384)	(-3.029)	(4.888)	(-2.615)
V×NI	2.383***	1.292***	3.225***	2.086***
	(4.668)	(2.444)	(6.064)	(3.788)
CF/V×NI			-2.050***	-1.975***
			(-5.269)	(-4.847)
SIZE×NI		0.454***		0.466***
		(4.355)		(4.491)
LEV×NI		0.127		0.040
		(0.969)		(0.307)
GROW×NI		0.246***		0.178*
		(2.148)		(1.550)
Beta×NI		-1.601***		-1.515***
		(-5.088)		(-4.833)
Year01×NI		-0.505**		-0.398*
		(-1.968)		(-1.553)
Year02×NI		-0.146		-0.075
		(-0.789)		(-0.410)
IND×NI		控制		控制
调整后 R^2	0.146	0.186	0.157	0.195
模型F值	185.563***	42.027***	134.501***	41.009***
样本规模	2153	2153	2153	2153

注：***表示相关性在0.01的水平以下显著（双尾）；**表示相关性在0.05的水平以下显著（双尾）；*表示相关性在0.1的水平以下显著（双尾）。

表 6-8 列示了对假设 4、假设 5 的检验结果。从中可以看出，无论是否对有关变量进行控制，最终控制人持有的控制权和两权分离程度对会计盈余的价值相关性都具有相当显著的影响。回归结果表明，最终控制人持有的控制权比例越高，会计盈余的价值相关性也越高。而在对控制权进行控制后，最终控制人持有的现金流权和控制权的差异性越大，会计盈余的价值相关性越高，假设 4 通过检验。本书关于最终控制人两权情况影响会计信息质量的研究结论与马忠、吴翔宇（2007）的研究存在差异，马忠等（2007）发现终极控制人的控制权和现金流权分离程度越大、终极控制权比例越高，上市公司自愿性信息披露程度越低。之所以会出现这样的差异，本书认为首先是研究样本的差异性，本书以全部上市公司为研究对象，既包括政府控制的上市公司，也包括非政府控制的上市公司，马忠等（2007）仅以家族上市公司为研究对象，属于非政府控制类上市公司。而从表 6-3 中可以看出，我国非政府控制类上市公司的两权情况接近于国外市场水平，因此马忠等（2007）的研究结论与国外研究相似。此外，两个研究样本规模的差异性也是影响研究结论的一个原因。本书研究结论与马忠等（2007）的差异性，也正支持了前文所提出的，在不同的股权集中度区间，控制权和现金流权对最终控制人侵害行为的可能影响存在差异。

表 6-9 不同最终控制人的两权与会计盈余的价值相关性

	政府	非政府	直接控制	间接控制	中央控制	地方控制
Intercept	-0.185***	-0.216***	-0.209***	-0.182***	-0.182***	-0.188***
	(-41.942)	(-26.716)	(-20.163)	(-37.616)	(-17.736)	(-39.513)
NI	0.950*	2.758***	-1.246	2.474***	-1.748*	2.574***
	(1.489)	(5.788)	(-1.317)	(-2.489)	(-1.838)	(2.187)
$V \times NI$	4.305***	-0.063	6.946***	4.006***	7.650***	2.847***
	(6.947)	(-0.058)	(3.160)	(5.647)	(5.576)	(4.188)
$CF/V \times NI$	-1.657***	-1.605***	0.0533	-3.084***	0.607	-2.747**
	(-2.712)	(-2.445)	(0.064)	(-3.408)	(0.623)	(-2.369)
调整后 R^2	0.154	0.174	0.125	0.159	0.227	0.136
模型 F 值	102.531***	34.196***	11.898***	92.073***	41.428***	67.552***

续表

	政府	非政府	直接控制	间接控制	中央控制	地方控制
样本规模	1680	473	229	1451	413	1267

注：＊＊＊表示相关性在0.01的水平以下显著（双尾）；＊＊表示相关性在0.05的水平以下显著（双尾）；＊表示相关性在0.1的水平以下显著（双尾）。

为检验上述两权情况对盈余价值相关性影响是否能受最终控制人性质、国有股权代理形式的影响，本书还对不同身份最终控制人其两权情况对盈余价值相关性的影响进行了检验，表6-9列示了检验结果。从中可以看出，除了非政府控制的上市公司，在其他5类上市公司中，最终控制人持有的控制权和盈余的价值相关性具有非常显著的正相关关系。回归结果显示，在非国有上市公司中，最终控制人的控制权比例和盈余的价值相关性负相关，这可能与非政府控制的公司控制权集中度较低有关①，但这一关系没有通过显著性测试。就两权的差异性而言，除了政府直接控制的上市公司和央属上市公司外，其他4类上市公司中最终控制人持有的两权的差异性越小，盈余的价值相关性也越低。在政府直接控制的上市公司和央属上市公司中，两权的拟合程度和盈余的价值相关性正相关，但是这一相关关系没有通过显著性测试。表6-9的检验结果表明，最终控制人两权情况对会计盈余价值相关性的影响，不受最终控制人性质以及国有股权代理模式的影响，以整个市场数据为对象的检验结果具有相当的稳定性。

6.2.3.3 稳定性检验

表6-10 稳定性检验

	假设1		假设2		假设3		假设4	
	10%	50%	10%	50%	10%	50%	10%	50%
Intercept	-0.203＊＊＊	-0.192＊＊＊	-0.198＊＊＊	-0.190＊＊＊	-0.198＊＊＊	-0.189＊＊＊	-0.203＊＊＊	-0.192＊＊＊
NI	-0.997	-15.739＊＊＊	-7.672＊＊＊	-16.045＊＊＊	-6.677＊＊＊	-14.171＊＊＊	-0.559	-16.298＊＊＊
ID×NI	-0.543＊＊＊	-0.558＊	-0.157＊	1.087	0.465＊＊	0.561＊		

---

① 从表6-3中可以看出，非政府最终控制人的控制权均值为35.72%（中位数为29.84%），低于国有上市公司，接近于国外研究水平，较低集中度区间的控制权可能和盈余价值相关性负相关。

续表

	假设1		假设2		假设3		假设4	
V×NI							1.602***	5.083***
CF/V×NI							-1.391***	-0.553*
SIZE×NI	0.227***	0.977***	0.501***	0.969***	0.436***	0.880***	0.190**	0.826***
LEV×NI	-0.117	0.099	-0.043	0.088	-0.121	0.065	-0.085	0.064
GROW×NI	0.322***	0.247	0.594***	0.229	0.562***	0.144	0.254*	0.241
Beta×NI	-1.645***	-2.596***	-1.390***	-2.672***	-1.311***	-2.672***	-1.282***	-2.147***
Year01×NI	-0.362*	-0.654*	-0.608**	-0.788*	-0.646**	-0.785*	-0.344*	-0.883**
Year02×NI	-0.080	0.505*	-0.298*	0.473	-0.283*	0.436	-0.178	0.352
IND×NI	控制	控制	控制	控制	控制	控制	控制	控制
调整后 R^2	0.181	0.273	0.188	0.265	0.190	0.266	0.186	0.279
模型F值	43.463***	27.138***	35.292***	24.181***	35.671***	24.253***	41.478***	25.839***
样本规模	2308	836	1777	772	1777	772	2308	836

注：***表示相关性在0.01的水平以下显著（双尾）；**表示相关性在0.05的水平以下显著（双尾）；*表示相关性在0.1的水平以下显著（双尾）。

前文采用20%控制权比例作为认定最终控制人的标准，为了保证检验结果不受认定标准的影响，研究还采用10%、50%控制权比例作为最终控制人认定标准进行稳定性测试。表6-10列示了检验结果，从中可以看出，除了50%认定标准下政府直接控制与否对盈余信息含量的影响没有通过检验外，其他影响因素都通过检验，且与前文的检验结果一致。

6.2.4 研究结论

本书从信息要求权角度考察了上市公司最终控制人对市场投资者的可能侵害，最终控制人特征采用最终控制人经济性质、国有产权代理形式、最终控制人两权情况等3个维度。研究发现，最终控制人为政府的上市公司其会计信息质量要低于最终控制人为政府以外实体的上市公司；政府直接控制的上市公司其会计信息质量要低于政府间接控制的上市公司；地方政府控制的上市公司其会计信息质量要低于中央政府控制的上市公司；无论最终控制人性质、代理形式如何，其持有的控制权越高，会计盈余质量越高，控制权和现金流权之间的差异性越大，会计盈余质量也越高。最终控制人性质、国有股权代理形式对财务报告质量的影响，从信息权利角度印证了我国目前有关大股东侵害中小投资者的研究结论。最终控制人两权情况对盈余质量的影响与现有国外研究结果截然相反，本书认为这是因为我国上市公司的两权集中程度远高于国外上市公司，在较高水平的持股区间，控制权、两权差异性对最终控制人侵害行为的影响和较低水平持股区间存在差异。

  本书的贡献在于较为全面地考察了我国上市公司的终极所有权情况，并从会计角度对大股东侵害进行了讨论。较之现有考察股权结构影响会计信息质量的研究，本书对上市公司大股东作了更为细致的分类，采用控制权、现金流权度量大股东影响会计信息的激励和能力，并提出了在我国高度集中的持股水平上，两权对最终控制人侵害行为的影响与以较低股权水平为基础的国外研究结论存在差异。本书的局限性在于，不同集中度区间，控制权、两权分离程度对最终控制人行为的影响存在差异这一研究结论，主要是以信息权利为研究切入点。这一结论是否广泛成立，还需要就最终控制人有关特征对企业绩效的影响、对利益输送行为的影响等问题作进一步探讨。

下 篇
基于股东关系视角的股权结构研究

7 股权分置改革与利益输送新途径

7.1 问题的提出

7.1.1 股权分置改革的制度背景

探讨中国上市公司的所有权结构和股东问题,离不开产权改革的制度背景。回顾40年经济体制改革历程,以国企改革为契机的历次国有资产经营、监管体系的重大变革,外生性地决定了中国上市公司的股权特征、股东关系。

2005年4月29日,中国证监会发布《关于上市公司股权分置改革试点有关问题的通知》,正式启动上市公司股改试点。2005年8月23日,经国务院批准,中国证监会、国资委等五部委联合发布了《关于上市公司股权分置改革的指导意见》,对股改的意义、指导思想、总体要求等提出了方向性意见,股改工作全面启动。截至2006年11月9日,我国证券市场已完成或开始股改的公司有1204家,股改工作基本完成。2006年6月19日,股改第一家试点企业"三一重工"限售股份解除流通限制,成为第一只"小非"解禁的个股。当日"三一重工"的法人股东象征性抛售了100股法人股,由此拉开我国证券市场"大小非"减持的序幕[①]。

2008年4月,证监会发布《上市公司解除限售存量股份转让指导意见》(以下简称《指导意见》)。除旨在缓解"大小非"减持冲击的大宗交

---

① 所谓"大小非",是依据持股比例对非流通股东的通称。持股比例大于5%的非流通股东称为"大型非流通股东"(简称"大非"),持股比例小于5%的非流通股东称为"小型非流通股东"(简称"小非")。

易系统外,《指导意见》特别指出,上市公司控股股东在年报、半年报公告前 30 日内不得转让解除限售的存量股份。这一规定显然是为了遏制减持过程中可能利用信息优势的内幕交易。股权分置改革之前,非流通股份无法自由转让,被认为是大股东寻求非市场化途径侵害投资者的重要原因(吴敬琏,2001)。随着非流通股份限售规定逐步解除,股东利益实现方式与市场的关联性也越来越直接。股份可流通有助于强化股权约束、转换市场机制(尚福林,2005),但在法律法规、监管制度滞后的情况下,也可能诱发股东新的掠夺行为。如前面章节所述,二元股权结构下,由于股份无法流通,非流通股东主要通过关联方交易等方式掠夺中小投资者;全流通环境下,股份可在二级市场上自由交易,非流通股东可能凭借由控制权优势带来的信息优势,择时出售股份、最大化收益。因此,股份减持中的内幕交易行为,就成为股权分置改革后新市场环境下的利益输送新方式。因此,非流通股东利益实现机制嬗变可能引发上市公司大股东新的侵害方式,构成了本章研究的重要制度基础。

7.1.2 内幕交易——利益输送新途径

西方内幕交易研究涉及经济学、法学等多个领域,体系成熟,文献丰富[①]。证券市场监管实务对内幕交易行为的高度关注,也使这一领域的理论研究具备了相当大的现实意义。因此,本章拟以股权分置改革后我国证券市场上的原非流通股份出售事件为研究对象,考察这一过程中可能存在的内幕交易问题。一方面,以解限股份交易为研究背景,推进、发展现有内幕交易研究;另一方面,借助内幕交易理论视角和研究框架,深化对大股东侵占、投资者保护等问题的认识与理解。并在此基础上,对完善我国证券市场的内幕交易监管提出有益建议。

内幕交易指的是内部人凭借信息优势交易公司股份的行为(Manove,1989;Bainbridge,2000)。交易中具备信息优势的一方被视为内部人,其

---

① Bainbridge(2000)从法学和经济学角度对内幕交易研究进行了综述,文章列示了 261 篇参考文献,Loffou(2003)的综述性研究又补充了金融学、财务学和会计学领域的 100 多篇文献。

信息优势表现为掌握了公司的重大、非公开信息，这些信息的披露将引发公司股价变动或影响投资者相关决策。在大部分国家的证券交易法规中，内幕交易行为被明令禁止。在西方文献中，经济学与法学两大主要研究领域对内幕交易问题提出了不同的理论主张①。由此，内幕交易及其相应问题逐步成为经验性命题。相关文献主要从内幕交易对证券市场效率的影响、对公司代理问题的影响，以及内幕交易监管有效性等方面进行检验和论证，为所支持的监管导向提供经验证据。在此基础上，内幕交易研究逐步形成了基础性的理论体系与丰富的文献基础，并推动着证券市场监管实务的完善与发展。

随着全流通预期的实现，大股东利益与股价波动的联系日益密切，内幕交易和市场操纵案件显著增长，证券执法工作难度不断加大（范福春，2007）。大股东可能利用信息优势、资金优势、控制权优势进行内幕交易，也成为全流通环境下内幕交易监管面临的主要挑战（李心丹等，2008）。因此，市场环境变化提供了重要的研究机会：首先，我国股份公司成立的历史背景以及原非流通股份长期未能流通的限制，使得原非流通股东普遍对公司具有相当大的控制力或影响力，从而因具备相应信息优势而成为股份交易中典型的内部人；其次，原禁止流通股份能以市价出售，为这部分股东追求资本利得提供了激励，而在外部监管滞后、内部信息优势显著的情况下，股份出售则可能演化为内幕交易行为；最后，随着限售规定逐步解除，原非流通股份出售已成为我国证券市场中的普遍事件，并且解限股份的后续出售还将延续相当长时间。

7.2 内幕交易相关研究

7.2.1 国外研究现状

经济学领域对内幕交易问题的研究主要形成了两派观点：管制论

---

① 经济学领域从效率角度出发，在内幕交易研究上形成了管制论与放松管制论（Ausubel, 1990）；法学领域则从公平角度出发，认为内幕交易违背了信托原则、破坏了市场公平（Reichman, 1993）。

（Regulation）与放松管制论（Deregulation）。内幕交易会带来什么样的外部性是争议的焦点，双方均从效率角度出发对此作出不同阐释。

管制论从分析内幕交易对公司、市场造成的低效率出发，主张对内幕交易进行监管，并为各国立法机构所采纳。首先，内幕交易可能带来公司管理层严重的道德风险。由于管理层能够从信息优势中获益，将导致经营意识涣散、薪酬机制失效（Schotland，1967），或者偏好高风险投资项目、偏离公司价值最大化目标（Easterbrook，1981）。其次，内幕交易可能降低公司运作效率。管理层为了从内幕交易中获取更多利益，可能阻碍信息在公司内部上下级之间的传递（Haft，1982），进而影响公司的外部融资机会（Kraakman，1991）。再次，内幕交易可能损害市场效率、降低市场流动性。内幕交易使得相关信息无法及时传递给市场，导致证券无法正确定价（Kraakman，1991），并且内幕交易盛行的市场，其流动性也将随之降低（Manove，1989）。最后，内幕交易可能损害投资者信心、影响市场功能。内幕交易带来的逆向选择可能将质量较高的公司逐出市场（Easterbrook，1981），从而损害投资者信心，降低证券市场的资金筹集和资源配置等功能（Ausubel，1990）。

放松管制论则认为内幕交易有助于改进效率，法律应当在一定范围内允许之。首先，认为内幕交易是一项有效的管理层激励机制。由于管理层的创新能力难以事先确定，传统薪酬计划无法对该能力进行充分补偿，但内幕交易能解决这一问题（Manne，1966）。其次，内幕交易能更有效率地向市场传递信息。内幕交易作为一种"衍生知情交易机制"①（Carlton and Fischel，1983），能在公司延迟信息披露的情况下保证市场正确定价（Manne，1966），且无须强制性信息披露所需的制度成本。最后，对内幕交易的管制将引发巨大成本，但收效并不明显。内幕交易极为隐蔽，监管部门需要耗费大量的人力、财力进行调查，但真正查处的内幕交易行为通

---

① 衍生知情交易机制（Derivatively Informed Trading Mechanism）将信息传递分为几个阶段：首先，掌握重要非公开信息的内部人开始交易，该交易本身对价格影响很小；其次，一些通过泄露或观察内部人交易行为获悉内幕交易的不知情交易者开始交易，其他交易者从价格的波动中看出端倪；最后，整个市场对内幕交易作出反应，价格逐步向"正确"水平变动。

常只占实际的很少部分（Bhattacharya and Daouk，2002）。因此，即便认为内幕交易行为是不当的，理论上仍然应当权衡是由政府管制还是市场机制解决将更为经济。

理论研究上完全相反的预期，使得内幕交易及其相关问题在很大程度上成为经验性命题（Carlton and Fischel，1983；Hu and Noe，1995）。经验研究主要从证券市场效率、公司内部代理问题两方面入手，为相应理论预期提供支持性证据。相关经验研究主要可归结为以下4个方面：

第一，内幕交易是否存在。特定市场、特定交易中是否存在内幕交易行为，是经验研究首先必须回答的问题。内幕交易的实质是凭借信息优势而在交易中占优，但由于有违公平原则而可能受到责罚，实务中这些交易通常都难以察觉，所以超常收益（AR）就成为内幕交易存在与否的重要指征。Jaffe（1974）最早采用事件研究法对内幕交易的获利性进行检验，发现内部人通过在股价变动之前采取相应的买卖策略而获取超常收益。Finnerty（1976）运用更大规模的研究样本进一步证明了内幕交易中超常收益的存在。在这两项开创性研究的基础上，大量后来研究对不同市场（Pope et al.，1990；Bhattacharya et al.，2000；Lakonishok et al.，2001；Fidrmuc et al.，2006）、不同事件（Seyhun，1990；John and Lang，1991；Gomebola et al.，1999；Louis et al.，2008）、不同信息优势主体交易（Utama and Cready，1997；Neo，1999；Field and Hanka，2001；Ali et al.，2008）、不同交易策略（Gregory et al.，1994；Friederich et al.，2002；Ravina and Sapienza，2006）中内幕交易的存在性问题进行了检验。

此外，对于内幕交易是否存在的测度方法也有所发展。Llorente et al.（2001）、Grishchenko et al.（2002）采用个股日交易量与收益的一阶自相关性之间的关系（LMSW法）表示信息不对称程度，发现大规模交易之后个股的收益具有显著的持续性，由此证明内幕交易的存在。Minenna（2003）从实务监管的角度出发，提出了潜在概率法（Potential Probabilistic Disgorgem，PPD），对内幕交易的超额收益进行测度。

第二，内幕交易是否影响证券市场效率。内幕交易之所以可能带来超常收益，是因为内部人的信息优势。但如果内部人凭借信息优势而为的交易行为本身具有信息含量，并能够改进证券市场效率，那么放松对内幕交易的管制也并不为过；否则，禁止内幕交易在不影响市场效率的情况下又保证了证券市场的公平与公正，这时管制论断显然更为成立。因此，是否改进市场效率成为实务中支持还是反对监管的重要理论依据，但研究结论存在相当大的差异。在研究方法上，最初通常考察内幕交易行为的信息含量（Lorie and Niederhoffer，1968；Pratt and DeVere，1978），也有研究通过考察外部人模仿内幕交易行为是否可能获益，来证明内幕交易对市场效率的改进（Seyhun，1986；Toutkoushian，1996）。之后一系列研究采用相似方法证明了内幕交易的信息含量（Meulbroek，1992；Barclay and Warner，1993；Bettis et al.，1997；Bhattacharya et al.，2000；Grishchenko et al.，2006；Aktas et al.，2007）。但反对意见认为，内幕交易无助于向市场传递新的信息（Givoly and Palman，1985；Jarrell and Poulson，1989），甚至可能使股价更为无效（Fishman and Hagerty，1992）。这些研究进一步指出，支持内幕交易改进市场效率的研究未考虑可能影响信息含量的其他重要因素，这些因素包括规模效应（Seyhun，1986；Rozeff and Zaman，1988）、P/E效应（Rozeff and Zaman，1988）、外部市场环境（Seyhun，1992；Lakonishok and Lee，2001）、内部人的交易策略（Toutkoushian，1996）等。一旦控制了这些因素，内幕交易的信息含量就将消失，因此内幕交易实际上是无法改进市场效率的。[①]

随着市场微结构研究的兴起，流动性成为衡量市场效率是否改进的另一重要指标。反对意见认为，内幕交易会增加流动性交易者出售股份时的损失，从而抑制交易动机、降低股票流动性（Manove，1989；Leland，1992）。但也有研究认为内幕交易提高了流动性，改进了市场效率（Cor-

---

① 这类研究的另一个阐释角度是，通过内幕交易考察证券市场的有效性问题。根据EMH，在强势有效市场中股价反映了所有信息，包括公开信息和私有信息。因此，如果内幕交易能够（无法）取得超常收益，那么就证明市场达不到（达到）强势有效状态；在半强势有效市场中，股价反映了所有可公开或取得的信息。因此，如果模仿内幕交易能够（无法）获取超常收益，那么表明市场达不到（达到）半强势有效状态。

nell and Sirri，1992；Bettis et al.，2000；Cao et al.，2004）。

第三，内幕交易是否影响公司代理问题。放松管制的理论支持之一，就是内幕交易能弥补传统薪酬机制不足、有效解决公司管理层的代理问题，但直接考察内幕交易在管理层报酬机制中作用的经验证据不多。Roulstone（2001）提出内幕交易在激励公司高管方面发挥了重要作用，但反对意见认为内幕交易并非报酬计划的有效组成部分（Trapani，1990），反而可能削弱股东对报酬机制的控制力（Hu and Noe，2001）。也有研究认为这种有效性取决于劳动力市场的竞争程度（Kato and Hebner，1997）、管理层持股情况（Ofek and Yermack，2000），并且内幕交易作为报酬机制还可能引发择时交易（Damodaran and Liu，1993）和盈余管理（Elitzur and Yaari，1995）等行为，从而降低而不是提升公司的价值（Ronen et al.，2006）。

近年来，随着管理层持股、股票期权计划的广泛推行，代理问题方面的研究开始集中于考察公司管理层是否利用了自己的信息优势择时交易（Timing）。首先是管理层买卖股份问题，研究一致认为高管在买卖股份交易中利用了对公司重要信息的预知，从而策略性地安排信息披露与股份交易的时点（Penman，1982；Givoly and Palmon，1985；Ke et al.，2003）。受诉讼风险的影响，高管更倾向于在信息披露之后从事内幕交易（Noe，1999；Cheng and Lo，2006），而避免在消息披露之前有所动作（Huddart et al.，2007）。此外，管理层还可能通过操控信息披露的质量来配合内幕交易（Park and Park，2004；Rogers，2008）。其次在管理层股票期权问题上，高管同样会利用自己的信息优势来配合期权的授予和行权。管理层期权多为平价期权（At the Money），为降低行权价高管倾向在期权授予之前披露坏消息，或延迟好消息的发布（Yermack，1997；Aboody and Kasznik，2000；Chauvin and Shenoy，2001；Lie，2005；Heron and Lie，2007）。而在行权时同样存在根据提前获悉的公司信息来回溯安排（Backdating）行权时机的情况（Carpenter and Remmers，2001；Dhaliwal et al.，2009）。

第四，内幕交易是否需要监管。监管的必要性是内幕交易理论研究和经验证据最终需要回答的问题，也有部分研究直接对现行监管的作用进行了检验。这些研究主要检验实务中内幕交易监管的有效性，支持和反对意见兼而有之（Eckbo and Smith，1998；Banerjee and Eckard，2001；Fidrmuc et al.，2006；Bris et al.，2007）。一系列研究通过直接检验 ITSA（Seyhun，1992；Gombola et al.，2001）、ITSFEA（Garfinkel，1997）、Section 16b of SEA（Agrawal and Jaffe，1995）[①]、萨班斯奥克斯利法案（Li and Zhang，2006）、信息披露制度（Huddart et al.，2007）、公司内部监管机制（Bettis et al.，2000）对内幕交易行为的影响，发现相关法规在一定程度上遏制了内部人利用信息优势的内幕交易行为，最为直观的表现就是好（坏）消息颁布前的股份购入（出售）大为减少，而消息公告后的交易行为也更具策略性。但相关研究也进一步指出，法律条款本身的监管效应可能并不显著，案例法形式（Seyhun，1992）、诉讼检控（Bhattacharya and Daouk，2002）等更能促进内幕交易监管的有效性。

7.2.2 国内研究现状

较之西方内幕交易研究体系的成熟、文献丰富，我国的内幕交易研究还处于发展进程中，目前国内研究主要有两个特点。

第一，内幕交易管制论绝对主导，这与国内外制度背景差异有关。西方发达资本市场法规完备、监管严密，肆意而为的违法违规操作相对较少。兼之 20 世纪六七十年代放松管制思潮的影响，过度管制是否可能带来效率损失自然引发思考。而我国证券市场泛滥的内幕交易行为以及法律监管的滞后，使得支持管制成为理论研究的必然前提。

第二，与西方文献中的研究结论通常存在差异不同，我国的内幕交易研究在相关问题上取得了较为一致的结论。早期研究多从法学角度探讨相关问题，包括内幕交易的法律演进和法律责任（杨亮，2001）、以内幕信息为中心的内幕交易立法体系（胡志光，2002）、内幕交易的民事赔偿制

---

① ITSA 为 SEC1984 年颁布的《内幕交易制裁法案》（the Insider Trading Sanction Act of 1984），ITSFEA 为 SEC1988 年颁布的《内幕交易和证券欺诈执行法案》（the Insider Trading and Securities Fraud Enforcement Act of 1988），Section 16b of SEA 为 1934 年《证券交易法》第 16（b）条款，即短线交易法规（Short‐swing Rule）。

度（姜丽勇，2000）等。近年来，越来越多的研究开始从经济学、财务学角度探讨我国证券市场的内幕交易问题。

这些研究主要以上市公司并购重组等重大事件或股权分置改革这类市场性事件中的内幕交易问题、证监会和司法系统公开查处的内幕交易案件、上市公司高管（包括董事、监事、高级管理人员）出售股份事件等为研究对象，取得了以下主要结论：第一，我国证券市场存在较为严重的内幕交易行为，加剧了交易中的信息不对称程度，影响了市场的流动性与股价的波动性（何佳、何基报，2001；张新、祝红梅，2003；史永东、蒋贤锋，2004；晏艳阳、赵大玮，2006；张宗新、沈正阳，2007；张宗新，2008；傅勇、谭松涛，2008；唐齐鸣、张云，2009）；第二，上市公司高管在出售股份时具有相当显著的择时性，并且不同级别的高管其把握时机能力也有所差异（曾庆生，2008；曾亚敏、张俊生，2009），高管甚至可能利用对信息的操纵配合股份出售（武聪、张俊生，2009）；第三，在我国法制监管较为薄弱的情况下，公司治理（唐齐鸣、张云，2009）、持股比例（陈嵘、王春峰，2005）、产权性质（曾庆生，2008）、公司规模（曾庆生，2008）等因素都有可能影响内幕交易的程度；第四，现有研究无一例外都支持，应从立法层面加强对内幕交易行为的监管与惩处。

从上述回顾与评述中可看出：第一，内幕交易研究在西方文献中已形成相当成熟的体系，理论基础厚实、研究问题全面，并随着实务发展而不断更新和推进；第二，随着证券市场的发展，内幕交易研究近年来逐步成为我国学术研究的热点，原非流通股东出售股份行为在其中还较少涉及，是未来研究可以拓展的方向；第三，结合我国的制度背景，国内研究已取得了一些比较成熟的定论，如我国证券市场存在较为严重的内幕交易行为、内幕交易行为侵害了市场投资者、内幕交易的法律监管亟待加强等。

7.3 原非流通股份减持概况

7.3.1 解禁与减持的整体情况

表7-1是2006年开始的非流通股份解禁和减持情况。从中可以看出，

从2006年开始我国证券市场的非流通股解禁规模逐年增长，在2009年达到最大值，当年获准上市流通的股份超过2000个亿。这在很大程度上与股改时的解禁时间安排有关。为缓解非流通股份上市对市场的冲击，《上市公司股权分置改革管理办法》第二十七条，对取得流通权的非流通股份的解禁时间安排，作出了"锁一爬二缓三"的规定，即非流通股份自获得上市流通权之日起，在12个月内不得上市交易或转让；12个月的锁定期满后，"小非"所持股份全部取得上市流通权，而"大非"在未来12个月内可上市流通的股份不得超过5%、在未来24个月内则不得超过10%。① 依据这样的时间安排，持股比例较高的非流通股东所持股份，大部分将在股改完成后的第三年内解禁、取得流通权，由此带来2009年最大规模的解禁安排。此后，非流通股份的解禁数量逐年减少，到2012年，基本实现了全流通的改革预期。

表7-1 我国证券市场"大小非"解禁与减持规模

年份	解禁规模/万股	减持规模/万股	减持市值/万元
2006	1048010	104395.70	1447690.10
2007	5635596	575115.05	8662433.54
2008	7995257	371056.08	4104884.66
2009	20366860	N/A	N/A
2010	4343368	N/A	N/A
2011	3780393	N/A	N/A
2012	819933	N/A	N/A

数据来源：Wind数据库。

从现有减持情况看，2006年、2007年全市场的减持规模均达到了当年解禁规模的10%左右，但2008年全市场的减持规模不足当年解禁规模的5%。

这一方面和市场整体行情有关。两市行情从2006年下半年开始逐步走

---

① 为顺利推进股改、保护国有产权，一些上市公司的国有大型股东在股改时还可能承诺延长股份的"锁定期"，如将限售期间由一年延长到两年或三年等。这就大大延后了这部分股份的解禁时间。

高，进入2007年，股指连创新高，总市值快速增长，上证综指在当年的10月更是创下了6124.04点的历史新高。因此，这一期间解禁的非流通股东，很可能借助有利的市场行情迅速减持套现。2008年股市开始由牛转熊，两市指数一路走低，当年10月上证综指探底1664.93点，一年之内总市值蒸发20万亿元。在这样萧条的行情背景下，解禁股东减持股份的激励显然大为减弱。从2007年、2008两年的减持市值比较，也可以看出市场行情在两年之间的陡然转变。2008年市场的减持规模约为2007年的65%，但2008年减持的市值仅为2007年的47%，显然是整体行情影响了解禁股东的减持收益。

另一方面，不同股东其减持激励也可能存在差异。根据股改时"锁一爬二缓三"的解禁时间安排，2006年、2007两年间获准解禁上市的主要是"小非"，持股比例较低的特征使得这部分股东减持套现的激励相对强烈。相应的，较高的持股比例则可能抑制"大非"的减持激励，所有权性质、产业经营等方面的考虑，使得减持与否更多的是在保持对公司的控制权和获取现金收益两者间的权衡。因此，这部分股东所持股票禁售期满后，被减持的可能性相对较小。进入2008年，随着越来越多的"大非"解禁，市场的减持冲动有所缓解，由此带来了2008年与前两年减持规模的差异。

7.3.2 解禁、减持与市场行情

图7-1是截至2008年年底证券市场各月的解禁情况和指数变动。从图中可以看出，2007年下半年解禁规模开始逐步增大，2007年10月、2008年8月都达到了当年的峰值，全市场解禁数量分别超过100亿股和200亿股。图7-1中的指数变动率采用当月市场指数相对上月市场指数的变化计量，以反映市场行情在各月的波动。整体而言，2006年、2007年指数变动率基本为正，市场行情一路走高，但从2008年开始，指数变动率大部分为负，且波动性较大。虽然我国证券市场由牛转熊的原因是多方面的，如全球经济形式变化、国家宏观调控力度加大、基本面调整等等。但

非流通股逐步解禁带来的抛售压力，也被认为对市场走势具有一定的短期干扰作用，可能造成股指上行力度缩减或呈震荡趋势①。图 7-1 中 2007 年年底前后解禁规模的变动，与市场整体走势、指数波动差异之间的吻合性，在一定程度上支持了这一观点。

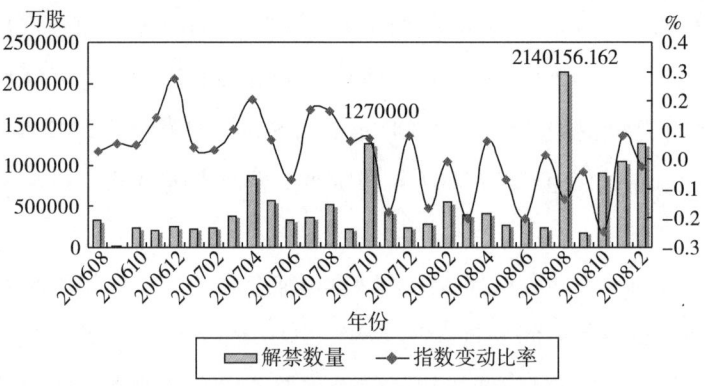

图 7-1　解禁规模与市场行情

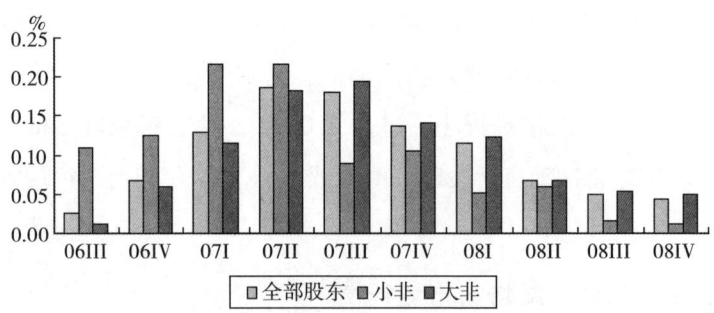

图 7-2　解禁股东的减持情况

图 7-2 列示了截至 2008 年年底解禁股东在各季度的减持情况。从图中可以看出，绝大部分股东在 2007 年进行了减持，该年减持的股东数超过了全部减持股东数的 63%。对股东作进一步分类，"小非"的减持行为主要集中在 2006 年下半年到 2007 年上半年，这 4 个季度减持的"小非"超过了全部减持"小非"的 66%，这和"小非"解禁较早、当时市场行

---

① 详见"大小非"解禁将怎样演绎后 3500 点 [J]. 中国经济信息，2007 (8).

情较好等因素有关。进入2008年，这一时期减持的"小非"主要是以前期间解禁的股东。随着行情走低，减持的"小非"大大减少，2008年全年减持的"小非"仅占全部减持"小非"的14%。"大非"的减持主要集中在2007年的一季度到2008年的一季度，这一期间减持的"大非"超过了全部减持"大非"的75%。2006年全年减持的"大非"仅占7%，2008年"大非"的减持行为也大为减少，但仍比同期"小非"活跃。

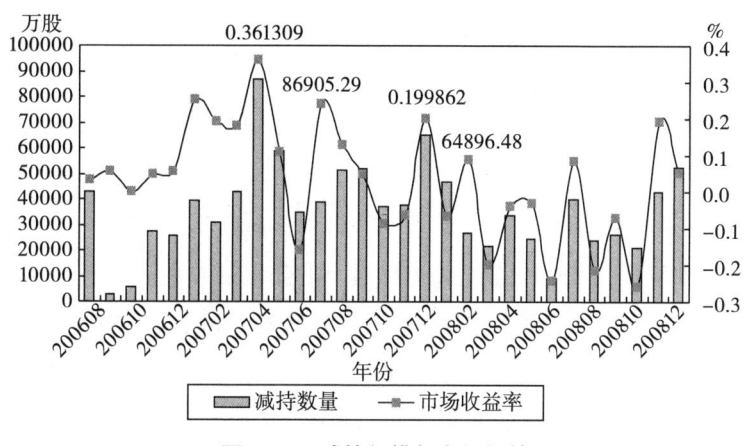

图7-3　减持规模与市场行情

图7-3进一步列示了截至2008年年底市场各月的行情与减持情况。从中可以看出，减持规模的变动与市场收益的波动表现出了相当大的吻合性。在市场收益较高的月份，减持规模显著增大，市场收益较低的月份，减持数量也随之降低。例如，2007年4月市场收益率高达36%，该月的减持规模也创下了解禁以来之最，将近8.7亿股；2007年12月市场收益率接近20%，当月减持规模也接近6.5亿股。减持规模与市场收益率之间的这种正向关联，进一步印证了前文提出的市场行情可能影响解禁股东的减持激励。

7.3.3 不同股东的减持行为

表7-2 减持股东相关特征

	N	均值	中位数	标准差	最小值	最大值
原持股比例	591	0.1574	0.1012	0.1518	0.0009	0.7178
解禁比例	591	0.0511	0.0500	0.0260	0.0009	0.3455
累计减持比例	591	0.0314	0.0295	0.0205	0.0002	0.1183
解禁/持股	591	0.5754	0.5620	0.3318	0.0390	1.0000
减持/解禁	591	0.6479	0.7030	0.3123	0.0033	1.0000

表7-2列示了截至2008年年底沪深主板591位减持股东的主要特征。从中可以看出：

（1）大部分控股股东尚未进入减持行列。减持股东的持股比例均值为15.74%，中位数为10.12%，这和我国上市公司第一大股东平均40%左右的持股比例存在较大差距。因此，虽然减持股东的最高持股比例达到了71.18%，但整体而言大部分控股股东尚未开始减持，这既有仍未提上解禁日程的原因，也有这部分股东减持激励相对不足的影响。

（2）解禁规模较低。解禁比例均值为5.11%，中位数为5%。持股比例低于5%的"小非"所持股份通常一次性解禁，持股比例高于5%的"大非"所持股份逐步以5%、10%的速度解禁。以上均值和中位数表明，大部分"大非"才进入解禁时间安排的第二阶段（即锁定期满后12个月内解禁规模不超过持股比例的5%）。此外，"解禁/持股"的均值和中位数均超过50%，这表明大部分减持股东所持股份的一半左右已被解禁。结合解禁比例的情况，这些数据间接支持了（1）中所提出的，持股比例较高的股东尚未解禁或减持。

（3）在解禁规模较低的情况下，股东的减持激励显著。累计减持比例的均值和中位数分别为3.14%和2.95%，从绝对数上看股东减持的规模并不大。但减持比例只反映了股东的实际减持情况，这一数据可比性不够，因为最终减持数量还受到实际可减持数量的制约。相比之下，"减持/解禁"能较好反映股东的实际减持激励。从表7-2中可以看出，"减持/解禁"的均值为 0.65、中位数为 0.70，这表明在目前较低的解禁水平下，通常解禁股份的 2/3 左右会被减持。

表 7-3 各类减持股东比较（均值）

股东类型	N	原持股比例	解禁比例	累计减持比例	解禁/持股	减持/解禁
第一大股东	152	0.3607	0.0554	0.0352	0.1945	0.6485
其他股东	439	0.0870	0.0490	0.0301	0.7052	0.6491
t 值		21.221	2.979	2.634	-28.777	-0.022
"大非"	492	0.1842	0.0560	0.0341	0.4911	0.6143
"小非"	99	0.0241	0.0239	0.0183	0.9852	0.8209
t 值		22.697	14.828	9.653	-31.451	-7.028
国有股东	204	0.2303	0.0508	0.0306	0.4520	0.6241
非国有股东	387	0.1190	0.0505	0.0319	0.6380	0.6621
t 值		7.723	0.192	-0.766	-6.707	-1.411
发起人股东	257	0.1985	0.0502	0.0312	0.5137	0.6576
非发起人股东	334	0.1258	0.0509	0.0316	0.6201	0.6423
t 值		5.635	-0.390	-0.277	-3.845	0.591
IPO 时股东	293	0.1842	0.0497	0.0302	0.5452	0.6455
IPO 后股东	298	0.1311	0.0515	0.0326	0.6020	0.6524
t 值		4.297	-0.978	-1.437	-2.083	-0.267
持股区间 1	441	0.0821	0.0482	0.0298	0.7104	0.6526
持股区间 2	115	0.3218	0.0571	0.0362	0.1927	0.6408
持股区间 3	35	0.5659	0.0602	0.0363	0.1055	0.6294
t 值（1 vs. 2）		-26.514	-4.357	-3.026	30.225	0.520
t 值（2 vs. 3）		-18.996	-0.092	-0.034	6.917	0.104

表 7-3 对减持股东作了进一步分类，比较了不同类型减持股东的有关特征。整体而言，第一大股东与其他股东、"大非"与"小非"的减持行为存在显著差距，这表明较大的持股比例差距可能影响股东的减持激励。

（1）"第一大股东"与"其他股东"

减持的第一大股东平均持股比例为 36%，接近全市场均值 40%，减持的其他股东平均持股比例仅为 8.7%。第一大股东的解禁比例超过 5%，其他股东的解禁比例不足 5%，但"解禁/持股"显示其他股东所持股份的七成左右已解禁。第一大股东的平均减持比例为 3.5%，显著大于其他股东的 3%，但如果同时考虑实际可减持的股份，两者的"减持/解禁"不存在显著差异。

（2）"大非"与"小非"

这两类股东的各项特征都存在显著差异，"大非"的持股比例、解禁比例和减持比例都显著大于"小非"。但"小非"所持股份基本解禁完毕，"大非"所持股份还有半数没有解禁，并且"小非"已解禁股份中的 80% 以上已被减持，而"大非"解禁股份的减持程度仅为 60%。

（3）"国有股东"与"非国有股东"

这两类股东的减持行为不存在显著差异。国有股东的平均持股比例为 23%，显著大于非国有股东的 12%，两者的解禁比例均为 5%，但非国有股东所持股份的解禁程度要高于国有股东。两者的减持情况不存在显著差异，减持比例均为 3%，已解禁股份的减持程度都超过了 60%。

（4）"发起人股东"与"非发起人股东"

这两类股东的减持行为不存在显著差异。发起人股东的持股比例均值为 20%，显著大于非发起人股东的 13%，因此，在两者的解禁比例不存在显著差异的情况下，发起人股东所持股份的解禁程度要小于非发起人股东。此外，两类股东的减持比例、已解禁股份的减持程度都不存在显著差异。"IPO 时股东"和"IPO 后股东"也存在相似情况①。

（5）不同持股区间的股东②

不同持股区间的股东其减持行为不存在显著差异。"持股区间 1"的股东和"持股区间 2"的股东仅在解禁股份的减持程度上不存在显著差异，"持股区间 2"的股东和"持股区间 3"的股东，在持股比例、所持股份解禁程度上存在显著差异。

---

① "IPO 时股东"指的是在公司首次公开发行时已成为公司股东的非流通股东，"IPO 后股东"指的是公司公开上市后通过各种途径进入公司的非流通股东。

② "持股区间1"的股东持股比例 $\in$ (0%, 20%)，"持股区间2"的股东持股比例 $\in$ (20%, 50%)，"持股区间3"的股东持股比例 $\in$ (50%, +∞)。

7.4 原非流通股份交易中的内幕交易行为

7.4.1 原非流通股东的内幕交易行为

内幕交易的实质是内部人相对外部投资者的交易占优,这种不公正性使得内幕交易成为内部人对外部投资者的一种侵害。在原非流通股份出售中,这些侵害突出表现为:原非流通股东与市场投资者之间的信息不对称、原非流通股东利用相应信息优势攫取市场投资者无法获取的超额收益,以及上述不公正性带来的市场投资者交易态度消极等。因此,如果原非流通股东在股份出售过程中进行了内幕交易,那么在交易前后一定时间窗内,将会观察到原非流通股东在股份交易中信息占优、股份交易的收益占优,以及交易行为引发了相应期间市场流动性的某些异动,从而损害了市场投资者的利益。

(1) 原非流通股东信息占优

内部人之所以能交易占优,是因为其首先在信息上占优。交易期间原非流通股东与市场投资者之间是否存在信息不对称,是研究前者内幕交易行为首先需要考察的问题。Llorente et al. (2001) 提出以股价和交易量的自相关性测度股份交易中的信息不对称。当市场中的信息不对称程度严重时,基于私人信息的投机交易将占主导,高的交易量和收益率将会持续,此时收益率与交易量将呈现正的自相关;反之,非投机交易将占主导,高交易量和收益率无法持续,收益率与交易量将呈现负的自相关性或不相关。因此,可以采用事件时间窗内样本公司的日交易量对日收益率的一阶自相关系数 ($C2$),来考察相应期间的信息不对称程度。

$$R_{it+1} = C0_i + C1_i \times R_{it} + C2_i \times V_{it} \times R_{it} + \varepsilon_{it+1}$$

$$C2 = \frac{1}{N} \sum_{i=1}^{N} C2_i \qquad (7-1)$$

其中:

R_{it} 是股票 i 在 t 日的收益率。

V_{it} 是股票 i 在 t 日的交易量。

$C2_i$（交乘项系数）测度股票 i 的信息不对称程度。$C2_i > 0$ 时，表示信息不对称程度严重；$C2_i \leq 0$ 时，表示信息不对称程度轻微或不存在。

$C2$ 是样本股票一阶自相关系数的平均值。

（2）原非流通股东交易占优

所谓交易占优，指的是原非流通股东利用信息优势，在股份出售过程中获取超额收益，从而造成特定期间公司股票收益率的变动。可以采用事件研究法，以股份交易日为 0 日，通过测算事件窗内的超额收益率（AR）与累积超额收益率（CAR），衡量收益的异常波动以及内部人的潜在获利情况。

$$AR_{it} = R_{it} - E(R_{it})$$
$$CAR_{(t_1,t_2)} = \frac{1}{N}\sum_{i=1}^{N}\sum_{t=t_1}^{t_2} AR_{it} \qquad (7-2)$$

其中：

AR_{it} 为股票 i 在事件窗中第 t 日的超额收益率。

R_{it} 为股票 i 在事件窗中第 t 日的实际收益率。

$E(R_{it})$ 为股票 i 在事件窗中第 t 日的预期收益率，采用 CAPM 残差法、市场模型、市场指数收益率直接替代法等多种方法计量。

$CAR_{(t1,t2)}$ 为样本股票在事件窗中从 t_1 日至 t_2 日的平均累计超额收益率。

（3）原非流通股东交易对市场流动性的影响

内幕交易可能在股票流动性上有所反映（Amihud and Mendelson, 1988）。市场微结构研究认为，流动性主要由宽度（Tightness）、深度（Depth）、弹性（Resiliency）、即时性（Immediacy）等多个维度构成。因此，可以借助日频交易数据，采用相对量形式[①]多维度考察流动性变化，以描述股票的价量特征以及内幕交易的可能性。

---

① 采用相对量指标的目的在于：消除不同股票之间的规模效应，同时不影响运用上述指标考察事件期间的时序特征，并且可以比较各指标事件窗口内的每日取值与估计窗口内的平均值（张宗新、沈正阳，2007）。

$$\ddot{L}_{it} = L_{it}/\bar{L}_i$$
$$\ddot{L}_t = \frac{1}{N}\sum_{i=1}^{N}\ddot{L}_{it}$$
(7-3)

其中:

$\ddot{L}_{it}$ 为股票 i 在事件窗中第 t 日的流动性相对量指标。

L_{it} 为股票 i 在事件窗中第 t 日的流动性实际指标。

$\bar{L}_i$ 为股票 i 的流动性历史平均指标,采用估计窗口期间内股票 i 流动性的日平均值估计。

$\ddot{L}_t$ 为样本股票在事件窗中第 t 日的流动性相对量指标平均值。

流动性 L 可以采用以下指标计量:交易量 V、换手率 T、日内振幅 ΔP、市场深度 D,因此,流动性相对量指标包括:相对交易量 $\ddot{V}_{it}$、相对换手率 $\ddot{T}_{it}$、相对日内振幅 $\Delta \ddot{P}_{it}$、相对市场深度 $\ddot{D}_{it}$。

7.4.2 原非流通股东利用信息优势

本部分是对上一部分信息占优问题的进一步拓展。内部人的信息优势来自于其对公司决策的参与程度,内部人买卖公司股份的行为也并不必然违法,但如果股份交易是以相应信息优势为基础,那么就构成了违法的内幕交易行为。因此,在股份出售过程中,原非流通股东是否利用了自身的信息优势,就成为需要进一步考察的问题。内部人的信息优势可能表现为提前获知公司的重大信息,也可能是得以介入公司对外信息的加工、披露过程。因此,内部人利用信息优势的行为就包括:凭借对重大信息的预知而"择时"交易股份(Timing)(Noe,1999;Cheng and Lo,2006),或者影响公司披露信息的质量以配合交易需要(Park and Park,2004;Rogers,2008)。那么可以通过研究股份出售过程中原非流通股东是否存在择时交易行为、是否影响相应期间信息披露质量两个问题,考察原非流通股东利用信息优势配合股份交易的情况。

(1) 原非流通股东择时交易

根据现有文献，择时交易指的是内部人交易股份时，可能利用对未来信息的预知而相应地安排交易，如在好消息披露之后卖出股份、坏消息披露之后买入股份（Panman，1982；Cheng and Lo，2006）。在发达的资本市场，"主动型"内幕交易更易招致法律制裁，因此内部人会尽量避免在好消息之前买入、坏消息之前卖出的交易决策（Huddart et al.，2007）。但在外部监管不完善的环境下，"主动型"交易和"被动型"交易同样都可能成为内幕交易的手段。因此，原非流通股东有可能借助对重大信息的预知，在好消息披露之后或坏消息披露之前卖出股份。在研究方法上，好消息、坏消息在股份出售前后期间的差异性分布，将是择时行为的一种体现。因此，以股份出售日前后相同天数的期间为研究期间，并分为股份出售前（PRE）和股份出售后（POST）两个阶段，比较公司信息公告在股份出售前、股份出售后的分布情况。比较对象考虑两类：①股份出售前、股份出售后所披露信息公告的累计超额收益（CAR），考察股份出售前后期间信息公告整体性质（好/坏）的差异；②进一步将信息公告区分为好消息、坏消息[①]，考察股份出售前、股份出售后的好消息、坏消息出现频率的差异。

(2) 原非流通股东影响信息披露质量

监管部门通常会对公司定期公告、重大事项的披露时点作出硬性规定，但无法对信息披露的内容作出详尽要求，因此股东还可能通过影响信息披露的质量来配合股份出售（Park and Park，2004；Rogers，2008）。为引导公司股价朝有利方向变动，股东可能介入信息的加工、披露过程，从而降低公开披露信息的质量。

股东的出售行为频繁且连续，定期公告中的季度性信息披露将能起到更为"及时"的配合作用。因此，可以采用股份出售前最近一期的季度性

---

① Noe（1999），Cheng 和 Lo（2006）以公告披露后的短期市场反应区分好消息、坏消息。将公司公告披露日定义为0，以 CAR（-1, 1）定义消息的特性。如果 CAR（-1, 1）>0，该公告定义为好消息；如果 CAR（-1, 1）<0，该公告定义为坏消息。

财务报告和公司盈利预测为研究对象,考察股东是否基于出售目的而影响相应期间的信息披露质量。相应的,季度性信息披露的质量可以从两个角度考虑:一是季度性财务报告的质量,这里的信息质量采用季度性盈余中的可操控应计(DA)部分度量;二是季度性财务报告披露前公司做出的盈利预测的质量,这里的信息质量采用预期盈利数据与其后实际盈利数据之间的偏差(Error)计量。

7.4.3 原非流通股东信息优势差异影响因素

信息优势是内部人得以获取超额收益的关键,内部人之间的这一优势也可能存在差异。对这一问题的研究有助于厘清内部人信息优势的取得机制,从而提高内幕交易监管的有效性。由于投资者保护较为完善、市场参与者构成相对单一,西方研究归结的信息优势影响机制比较简单,主要包括内部人在公司所处的"信息级层"(Seyhun, 1986; Lin and Howe, 1990; Cheng and Lo, 2006)、内部人持股比例(Ali et al., 2008)等。而中国证券市场"转轨+新兴"的特征、成立证券市场的初衷和组建股份公司的历史背景,决定了以原非流通股东作为内部人研究对象时,其信息优势的形成要复杂得多,影响因素也将是多角度的。因此,需要首先探讨我国特定制度背景下原非流通股东信息优势的形成途径,才能归结出影响非流通股东信息优势的现实因素。

原非流通股东如何取得其信息优势与股东自身的禀赋、特征密切相关,或者说不同股东其侧重的机制有所差异。比较直观的预期是,股东对上市公司的控制力直接影响到股东对公司决策的介入程度,同时,源于股东关系的股东之间的合谋或制衡选择也会产生影响。此外,公司治理机制的完善性也是必须考虑的因素,通过外在环境这样一种作用机理,推进或制约了股东基于自身条件禀赋的信息优势。

(1)股东控制力(Control)

股东对公司的控制力是取得信息优势最为直接的途径。现实中,内部人获取控制力的途径主要有:直接持股优势和向上市公司派驻关键人员。

通过直接持股，内部人可以在股东大会上占据表决权优势；通过向上市公司派出董事、监事、高管等人员（董监高），内部人可以在公司管理层取得决策权和话语权。从而凭借相应控制力，提前获知公司重大信息，甚至得以介入公司对外信息的加工、披露过程。

(2) 股东关系（Relation）

股东之间的关系是内部人取得信息优势的另一途径。当股东关系密切时，股东之间可能实现合谋，在控制权方面处于弱势的股东，能够通过与控制权占优股东之间的合作默契获取相应信息优势；而当股东关系疏远时，股东之间可能形成制衡，其他股东的牵制可能制约控制权占优股东的信息优势。

我国发展证券市场、组建上市公司的历史背景决定了影响股东之间关系的因素是复杂多样的。这些因素包括：①股东之间的关联关系。股份公司成立时的剥离、改制等措施带来了部分股东之间的产权关联性，从而影响了公司成立后这些股东之间的关系。②股东的"发起人"身份。股份公司成立时对发起人的选择并不完全是一个在公开市场询价、竞价的过程，选择上的倾向性可能是源于特定的产权纽带、政治关联、或业务联系，公司成立后这些利益关联将在发起人股东之间延续下去。③股权性质的异同。股权性质异同影响股东在利益谈判中达成妥协的难易程度，性质不同的股东更有可能在谈判中成为对立面，性质相同的股东既可能更易达成默契（同为国有股东），也可能使利益谈判成为完全市场化的行为（同为非国有股东）。④股东在上市公司的共存时间。共存时间越长，越有可能为了寻求长远合作或最终双赢，而在相关利益问题上达成妥协。因此，可以从以上几方面设计指标体系，测度股东关系的密切与疏远。

由于股东关系对控股股东、非控股股东信息优势的作用机制不同，需要区分这两类样本的股东关系测度方式。当原非流通股东为控股股东时，从上述各方面测度该股东与其他非控股股东之间的股东关系，进而反映控股股东面临制衡的可能；当原非流通股东为非控股股东时，从上述各方面测度该股东与控股股东之间的股东关系，进而反映非控股股东借助合谋的可能。

(3) 公司治理 (Governance)

健全的公司治理机制能有效制约内部人的信息优势，而当公司治理薄弱时，内部人则更有可能取得相应优势，因此，公司治理是作为一种环境状态影响着股东的信息优势。根据现有文献，可以采用董事会独立性、两职合一情况、监事会独立性、公司近三年是否被监管部门查处、公司前一年审计意见类型、公司是否被 ST 处理等测度公司治理的完善性。

7.4.4 影响内幕交易的外部制度因素

内幕交易是否需要监管是相关理论研究、经验证据最终要回答的问题。法律在西方研究中被视为重要的监管手段（Carlton and Fischel，1983；Nancy，1993；Hu and Noe，1997），相关法规条文有效制约了内部人对信息优势的利用（Ke et al.，2003；Huddart et al.，2007），进而影响了内幕交易的广泛性和获益性（Agrawal and Jaffe，1995；Garfinkel，1997；Gombola et al.，2001）。我国证券市场正处于规范化发展的起步阶段，法律同样是重要的外部监管机制。但也有研究指出，转型经济或新兴市场中，法律与正式金融体系缺失使得非正式制度安排将发挥更为主要的作用（Allen etc.，2005）。在法律相对不健全的环节和区域，社会成员的诚信、自律以及团队合作精神等，都可能对内部人利用信息优势的内幕交易行为起到有效制约作用。而社会成员之间的这种信任与互惠默契正是一种典型的社会资本（Woolcock and Naranyan，2000）。因此，本部分探讨法治水平、社会资本等外部制度环境对原非流通股东出售股份行为的影响。

(1) 法治水平 (Legal)

各国立法机构均明文禁止内幕交易行为。但较之国外内幕交易监管法律体系健全、相关条文详尽，我国目前为止主要在《公司法》(2006)、《证券法》(2006) 对内幕交易行为作出限定。2007 年，中国证监会制定了《内幕交易行为认定指引》和《证券市场操纵行为认定指引》，并提交高法进行司法解释，以此打击内幕交易和市场操纵行为。由此可见，我国的内幕交易监管法律法规的制定正处于起步阶段，还有待继续完善。因此，与国外研究侧重考察具体法律条文的监管作用不同，法治水平的地区差异性是考察中国投资者法律保护环境的更为现实的视角。

借鉴现有文献，可以考虑用以下两种方法测度地区法治水平：①樊纲、王小鲁（2003、2004、2006）编制的中国各地区法律制度环境指数；②根据卢峰、姚洋（2004）的研究，用各地区每年经济案件结案率（结案数/收案数）代表地区法治水平。

（2）社会资本（Social Capital）

社会资本指的是社会成员之间的合作倾向（LLSV，1997），是一种类似于道德的资源，能够通过推动协作和行动提高社会效率（Putnam，1993）。在社会资本比较高的社会中，人们倾向于通过信任与合作来最大化社会效率，而不是因为猜忌、对抗而陷入"囚徒困境"式的无效率结果（LLSV，1997）。法律之所以严禁内幕交易，是因为内部人对重大信息的利用触犯了交易各方之间的信托责任（Fiduciary）（Reichman，1993）。由于违反了诚信原则，内幕交易所受到的谴责很大部分是从商业道德层面提出的。而社会资本的作用机理之一，就是提高社会的信任程度、强化社会规范。社会资本所包含的社会规范、社会网络，将会内在地影响行为人的道德规范，制约行为人的行事规则。因此，社会资本越高的地区，证券市场参与者之间的信任感、合作倾向将越强，内部人利用信息优势的激励也随之受到制约。因此，还将从社会资本的区域性差异入手，考察不同社会资本水平对内幕交易的影响。

借鉴现有文献，可以拟采用以下几种方式测度社会资本水平：①国际信用评估与监督协会（ICASA）每年公布的"中国地级城市诚信排名录"中的全国各地级以上城市的诚信得分；②张维迎、柯荣住（2002）委托"中国企业家调查系统"调查统计的中国各地区信任度排名；③中国输血协会的统计书籍以及华通经济统计数据库（ACMR）收集的全国各城市无偿自愿献血率、个人所得税纳税比例等数据，作为衡量区域社会资本的补充数据。

(3) 法治水平与社会资本之间的关系

法律制度与社会资本都可能对内幕交易行为起到一定的制约作用。其中法律是作为一种强制性手段，通过事前警示和事后惩戒产生相应的震慑作用；相比之下，社会资本则更多表现为社会道德层面的约束力，通过增进社会成员的信任与合作而制约自利行为。尽管内幕交易的法律监管日趋严厉，但仍只能阻止最为严重的内幕交易行为（Jaffe，1974），并且事后监管往往表现为无效（La Porta et al.，2006）。因此，社会资本就可能从道德层面、从促进自律意识着手，对法律无法规制的环节与领域起到补充作用。例如，Guiso et al.（2004）对意大利各省的调查研究表明，在司法效率很低的省份，社会资本在金融发展中所起的作用比司法效率较高的省份要更为显著。因此，在对内幕交易行为的管制上，社会资本可能对法律制度起到补充的作用，即在法治水平较低的地区社会资本将发挥更为主要的作用。

8 股东合谋与股东制衡

8.1 问题的提出

2009年，我国证券市场迎来了改后的解禁最高潮[①]，2012年全市场基本实现全流通预期。如何缓解"大小非"减持对市场的可能冲击，也成为各方关注的重点。2009年"两会"期间，证监会相关人士答问时指出，"大非"并不构成减持的主力，目前为止"大非"的累计减持比例不超过2%，相反，"小非"的实际减持比例达到了68%左右[②]。"小非"的减持意愿要强于"大非"，但持股比例逊于后者，那么这部分非流通股东减持过程中是否可能进行盈余管理？在股权集中的市场环境下，大股东通常凭借绝对持股优势侵害中小投资者（Shleifer and Vishny, 1997；Claessens et al., 2000）。对多个大股东共享控制权的研究进一步发现，大股东之间还可能通过合谋（Collusion）来获取更多的控制权私利（Pagano and Röell, 1998；Bloch and Hege, 2001；Maury and Pajuste, 2005）。控股股东"收买"（Buy Off）其他大股东以抑制其监督，而其他大股东也可能借由这种默契实现相应的利益诉求。这种合作性博弈增进了大股东之间的共同效用（Joint Utility），但同时也侵害了市场投资者的利益。因此，非流通股份解禁后"小非"活跃的减持表现，为研究的进一步深入提供了契机：非流通股东之间特定的利益关联可能带来股东之间的合谋，从而实现减持过程中

[①] 根据 WIND 金融数据库统计，2009 年上市公司预计解禁总股数为 20366860 万股，占股改后计划解禁股份总规模的 46.30%。

[②] 周小雍，陆媛. 小非实际减持比例不超过 68% [N]. 第一财经日报，2009 – 03 – 05.

的某些利益需求。

相比之下，目前股东合谋问题的理论研究还无法很好地解释上述股东行径。首先，现有研究侧重于股东制衡，对合谋问题关注不足。制衡与合谋是共享控制权安排的两种可能结果，多个大股东并存并不必然带来制衡，股东之间的利益关联可能影响其最终选择（Burkart et al.，1997）。股东合谋既是对制衡研究的补充和发展，也有助于进一步考察股权集中环境下的大股东侵害问题。其次，合谋研究中对股东利益关联的解析不够深入。考察股东合谋问题必然首先涉及利益关联，有研究分别从股权性质（陈信元、汪辉，2004；刘星、刘伟，2007）、关联关系（孔翔、陈炜，2005）等角度展开讨论。股东利益关联始于公司成立之时，其后随着股权变动而相应变化，上述特征变量显然无法很好涵盖股东利益关联的这种动态演变。最后，考察股东合谋的研究角度相对间接。股权特征、股东行为最终可能影响公司价值、经营绩效，但过程中需要控制的其他因素众多。如果能选取某一相关的具体代理问题作为研究切入点，将更为直接地考察股东合谋问题。理论研究的上述可拓展空间，令本书的开展具备了一定的学术前景和研究意义。

8.2 LLSV范式下的代理问题

如何促使股东或投资者施加更加有效的控制力，是现代企业面临的主要控制问题（Control Problems）（Bolton and Thadden，1998）。因此，股东的合谋与制衡，在一定程度上可以看作是财务学最优所有权结构问题的延伸。公司财务的研究基础，从高度分散的所有权，发展到相对集中的股权结构，再到若干大股东共享控制权。一方面，带来了现代企业主要代理问题的演变；另一方面，则在不断探寻着抑制侵害的相关机制。

8.2.1 "伯利和米恩斯命题"

多年来，Berle和Means（1932）提出的所有权高度分散情况下的委托—代理问题，曾是财务学领域的经典命题。1932年，伯利和米恩斯在其经典专著《现代公司和私有财产》一书中指出,19世纪工业革命之后,技术革新不断拓展着企业的最优规模边界,个人、家族以及管理人员自身的财富都不足以完全保持对企业的控制性利益。因此,企业面临"原有所有权分解为控制权(Control)和获益性所有权(Beneficial Ownership)两个部分"。"20世纪美国经济革命的中心内容是用于生产的财产大规模集中化,与之相伴的是个人决策权和控制权的衰弱,拥有财富与积极参与管理之间的联系也大为削弱。"所有权结构的这一变化从根本上改变了公司法,作为所有者的股东失去了相应的权力。"随着每个公司股东人数的增加,股东投票权的作用日益减小,当公司向巨型化发展时,这一作用事实上已降至无足轻重的地步。随着股东人数的增加,每个人表达自己意见的能力也受到极大限制。"由此,股东持有的公司财产仅被当作一种消极投资,而管理人员控制了公司。这种"资本所有权分散在众多小股东手中,而控制权集中在管理层手中"的现象,就被归结为"伯利和米恩斯命题"(Berle and Means Theorem)。

从"伯利和米恩斯命题"出发,两权分离造成的股东和管理层之间的利益冲突,是分散股权结构下的主要代理问题。Jensen和Meckling(1976)开创性地将代理理论运用于现代公司,正式构建了外部股东和职业经理人之间的委托—代理契约模型。研究发现,随着持股比例提高,管理层攫取非货币性消费的动机也随之减弱,企业价值由此得到提升。Jensen(1986)则进一步指出,管理层持股可以降低代理成本和自由现金流(Free Cash Flow),从而提高公司价值。管理层持股的这一激励作用被归结为"利益协调"假说(Interests Alignment或Convergence of Interests)。Fama和Jensen(1983)考察了各种组织中的代理问题及其解决代理问题的措施。他们将企业内部的决策过程区分为决策管理(Decision Management)和决策控制(Decision Control),并认为将二者分离是重要的。如果决策管理者不是主要的剩余索取者,并且企业缺乏一套有效的控制机制时,决策管理者就可能偏离剩余索取者的利益而牟取个人私利。Jensen和Warner(1988)又进一步指出,如果公司管理层持股比例太高,则可能控制董事会,阻隔公司控制权市场的约束作用,进而侵占其他投资者的财富,这就是"管理层防御"假说(Management Entrenchment)。

从"利益协调"到"管理层防御",基本都是以美国现代企业为研究对象。在股权高度分散的背景下,管理层的"道德风险"、股东和管理层之间的信息不对称、"经理帝国"对企业的实质控制力等,使得管理层和外部股东之间的利益冲突成为现代企业的主要代理问题。

8.2.2 LLSV范式下的代理冲突[①]

较之以上研究多以美国公司为对象、多关注管理层持股问题,La Porta,Lopez–de–Silanes,Shleifer和Vishny等(以下简称LLSV)进一步将研究视野推向国别比较,开始考察全球资本市场上市公司外部所有权的集中程度。LLSV的国别比较研究不仅将公司治理研究向前推进了一步,更以经验证据质疑了伯利和米恩斯命题的广泛成立性。

Shleifer和Vishny(1986)首先以1980年美国《财富》500强公司为研究对象,发现大型所有权十分普遍,并且持股规模相当大。354家企业至少具有一位股权比例不低于5%的大股东,仅有15家企业其大股东持有的股权比例低于3%。456家企业的大股东平均持股比例为15.4%,前五大股东的平均持股比例为28.8%。研究认为,对规模更小的企业而言,这一现象可能更为显著。其后,LLS(1999)以27个经济发达国家的前20大上市公司以及中等规模上市公司为研究对象,考察上市公司的股权集中情况。研究发现,除少数几个投资者保护较好的国家外,大部分国家的企业股权都集中在控股股东手中,并且以家族控股为主。Claessens,Djankov和Lang(2000)考察了东亚9个国家和地区2980家公司的所有权和控制

---

① 有关公司治理的研究,早期多以美国公司为研究对象,侧重对董事会构成、所有权结构、外部控制权市场等单项治理机制的有效性进行评价。这期间有涉及国别比较的,也多集中关注英、法、德、日等发达国家。LLSV的一系列文章进一步拓展了比较的范围,不仅包括发达国家,还考虑了发展中国家。随着研究范围的扩大,LLSV提出了股权相对集中、大股东和中小投资者之间的代理冲突等不同于早期研究的观点,也掀起了之后公司治理领域国别比较研究的热潮。基于此,本书将LLSV的系列国别比较研究以及之后的相关研究称为LLSV范式。

权分离情况。研究发现，在所有国家，由于金字塔式持股结构和交叉持股，投票权通常都会超过现金流权，这一现象在家族控制公司和小型公司中尤为突出。大约超过2/3的公司都由单个大股东控制，并且股权集中型公司的管理层通常都由家族股东委派。Faccio和Lang（2000）对13个西欧国家的研究发现，除英国和爱尔兰外，其他国家的股权高度集中，在5232家上市公司中，44.29%由家族控制。一系列经验研究开始质疑"伯利和米恩斯命题"中股权分散论断的广泛成立性，由此也带来了现代企业主要代理问题的转变。①

在LLSV范式下，相对集中的股权结构是更为普遍的现代企业股权特征，不断提高的剩余索取权为外部股东约束管理层提供了有效激励，而与大型所有权相伴的决策权分布以及财富效应则能带来优良的管理和监督水平。因此，随着所有权水平的不断提高，控股股东增进企业价值的激励也随之增强，由此形成了"控制权共享利益"（Shared Benefits of Control）。但是，当大股东在收益最大化上具有相当大的利益，并且对企业资产拥有的控制权足以取得其所期望的利益时，就可能引发新的代理问题（Shleifer and Vishny，1997）。即大股东在发挥监督管理层职能的同时，也具有激励通过所持有的投票权消费公司的资源或享有公司的利益，随着持股比例不断上升，这一激励可能成为现实。这部分中小投资者无法分享的收益正是"控制权私利"（Private Benefits of Control）。这种将公司资源转移至控股股东手中的行为，Johnson et al.（2000）称之为"利益输送"（Tunneling）。

这样，在股权相对集中的情况下，集中的所有权在为控股股东提供激励约束管理层、解决所有者和职业经理层之间利益冲突的同时，也带来了

---

① 事实上，从20世纪80年代开始，就陆续有研究开始探讨美国资本市场是否存在相对集中的所有权问题，如Demesetz和Lehn（1985）对更有可能具有较高管理层持股水平的公众公司的类型进行了研究。Holerness和Sheehan（1988）对具有持有大比例股权的股东时公司的决策是否存在差异的问题进行了研究，该研究发现，美国许多上市公司都具有持股比例超过51%的大股东。Mock, Shleifer和Vishny（1988）则研究了不同管理层持股水平对企业价值的影响。这些研究都表明，即使在美国最大型的公司里也存在一定程度的股权集中现象。Holerness, Kroszner和Sheehan（1999）的证据进一步表明，美国目前的管理层持股水平要大于伯利和米恩斯作其专著时期。

新的代理问题。控股股东和中小投资者利益的不一致性以及控股股东对管理层所具有的控制力，使得控股股东对外部中小投资者利益的可能侵害成为现代企业的主要代理问题。

8.3 股东合谋与制衡

股东合谋与制衡问题是最优所有权结构研究的延伸，多个大股东共享控制权的格局是抑制大股东侵害的一种制度安排，但也可能引发股东之间的合谋选择。但现有理论和经验研究都侧重于制衡研究，对合谋问题关注不足。股权结构相对集中，有助于缓解股东与管理层之间的代理问题，但同时也可能引发大股东对中小投资者的利益侵害。多个大股东共享控制权的制衡格局，则可能是抑制控制权私利的一项制度安排（Pagano and Röell，1998；Bolton and Von Thaden，1998；Bloch and Hege，2001；Dhillon and Rossetto，2007）。因此，对企业最优所有权结构的探讨，又进一步延伸为股东的合谋与制衡问题，研究主要从理论推演和经验检验两个角度对此进行阐释。

8.3.1 大股东共享控制权的理论基础

集中所有权结构的传统理论难以较好地解释多个大股东共享控制权问题（Control Sharing），因此，现有理论研究主要通过建模推导，对多个大股东共存局面下的代理问题进行推导。

Pagano 和 Röell（1998）设定了一个研究场景，即公司的经理人员同时也是大股东，并受到其他大股东的监督。在这种情况下，两个或多个大股东监督公司经理人员可能导致监督上的"搭便车"行为，但这种"搭便车"也可能带来企业价值的提升，因为可以避免某个大股东的过度监督。因此，Pagano 和 Röell（1998）提出，存在多个大股东的所有权结构，可以看作是股东承诺保持最优监督水平的一项机制。这一研究思路类似于 Burkart，Gromb 和 Panunzi（1997）提出的，单一大股东缩减所有权规模抑制了自身对经理人员的监督激励，从而保证了经理人员的管理积极性。这样，在外部所有权集中的情况下，就可能产生对控制权和监督激励两者的权衡。

Gomes 和 Novaes（2001），Bennedsen 和 Wolfenzon（2000），Zwiebel（1995）考察了公司存在若干大股东共同控制的情况，这些大股东持有公司大部分的投票表决权。在 Gomes 和 Novaes（2001）的研究中，所有的大股东共同分享公司的控制权（由此形成控制团体），并且只有当所有股东都能从某个项目中受益时，该项目才可能被表决通过。因此，在控制团体的所有权份额不变的情况下，增加团体内的股东数量可能带来两种后果：一是"谈判效应"（Bargaining Effect）。由于只有控制团体内的所有股东表决同意，某个项目才可能被接受，谋取控制权私利、寻租等行为将大为减少。二是"争执效应"（Disagreement Effect）。由于必须所有股东表决同意，NPV 为正的项目要能通过也同样相当困难。Gomes 和 Novaes（2001）证明了，当较少大股东存在时，更有可能产生"谈判效应"；而随着股东数量增多，则转化为"争执效应"。并且，在控制团体里的股东数量不变的情况下，增大整个团体的所有权总额，两种效应都会随之增强。

在 Bennedsen 和 Wolfenzon（2000）的研究中，控制团体是股东联合（Coalition）博弈的结果，但并不包括所有的大股东通过博弈大股东形成控制权联合以夺取对企业的控制权。各个不同的控制权联合都持有足以控制企业的投票权，从事前的角度看，由于"协同效应"（Alignment Effect）的作用，最优控制权联合应该持有最大规模的所有权。因为控制权联合持有的所有权规模越大，能够内部化的稀释成本也就越多。但从事后的角度看，最优的控制权联合仅需持有获取控制权所必需的最小规模的所有权。这是因为"联合形成效应"（Coalition Formation Effect）的作用，由于控制权私利是以非控股股东的利益减损为代价的，仅持有最小所有权的控制权联合才可能侵害最多的中小投资者利益。

Zwiebel（1995）假设控制权收益将依据各位大股东各自持有权益的规模进行分配。因此，一旦某个大股东的权益大大超过其他大股东，那么持股规模较小的大股东参与分配控制权私利的可能性将降低。相应的，投资者将在不同企业之间分配其投资额，以期最大化可能获取的控制权收益。Zwiebel（1995）证明持有的权益有可能存在某个阀值，一旦超过该阀值，最大的股东将不再受到其他投资者的约束。因此，可能存在两种类型的企业：一是仅具有一个大股东的企业，该股东的权益规模超过了阀值；二是具有多个中等规模的大股东，其中最大的股东其权益规模低于阀值。

Bloch 和 Hege（2001）建立的模型既考虑了多个大股东所有权结构下的监督问题，也考虑了同样可能引发的控制权私利分享问题。模型假设两个大股东竞争控制权，两者在干预公司决策和监督经理人员的能力上存在差异。只有赢取控制权的股东才能够干预公司的决策，但两个股东都能够行使监督职能。为了赢取控制权，两个股东都向中小投资者承诺减少自己的控制权收益，以期能争取到中小投资者的投票。由于两个竞争性股东的监督成本和干预公司决策的能力有多种可能性，模型可能得出相当多不同的均衡结果。Bloch 和 Hege（2001）最后得出结论：公司的控制权竞争越激烈，对中小投资者的侵害就越少，这时两个大股东的权益规模以及相关能力的差异性较小。

Dhillon 和 Rossetto（2007）提出，只有当不同股东之间存在潜在利益冲突时，控制权问题才会显得相当重要。不同股东在投资组合最优性和对公司决策影响力之间的不同权衡选择，是造成股东可能冲突的一个重要原因。选择最优投资组合的投资者，在单个公司的权益性投资规模较小，对公司决策影响力较小，但偏好高风险投资项目；持有次优投资组合的投资者，在单个公司的权益性投资规模较大，对公司决策具有一定影响力，但偏好低风险的投资项目。中小投资者和控股股东的利益冲突由此产生，这样，持股比例介于控股股东和中小投资者之间的大股东，则可能通过影响决策结果来缓解两者之间的利益冲突。通过有效解决风险承受力和决策控制力不相匹配的问题，推动公司决策向投资回报最大化趋近。因此，Dhillon 和 Rossetto（2007）得出结论：无论公司初始所有权的集中程度如何，都可能存在多个大股东的股权平衡结构，并且随着大股东数量增加，公司价值也随之增大。

从上述回顾可以看出，现有理论研究主要通过建模推导等方式证明，在特定情况下，多个大股东共享控制权的股权结构有其存在的合理性。虽没有明确提及，但这些研究都隐含了一个前置假设，即多个大股东并存可能带来一定的监督效应（Monitor），从而制衡控股股东的可能侵害。例如，Bennedsen 和 Wolfenzon（2000）的控制权联合机制（Control Coalitions）、Gomes 和 Novaes（2000）的事后谈判机制（Ex-post Bargaining）等。只有 Bloch 和 Hege（2001）在监督问题之外，还同时考虑大股东共存可能带来的共享控制权私利问题，并证明了大股东的类型（Category）决定了其是更有可能与控股股东达成合谋（Collusion），还是更有激励去制衡控股股东。因为特定情况下，控股股东会以公司资源"收买"（Buy Off）其他大股东，要求他们减少对自己的监督，而这正是以中小投资者的利益受损为代价的（Pagano and Röell, 1998）。所以，制衡并非大股东共享控制权格局下的必然选择。

8.3.2 股东合谋与制衡的经验证据

在经验研究方面，以不同市场为研究对象的经验证据支持了共享控制权下的制衡效应。

Lehman 和 Weigand（2000）以德国上市公司为研究对象，发现当存在一个第二大股东时，公司绩效将会显著提高。Faccio，Lang 和 Young（2001）考察了欧洲和东亚的"裙带资本主义"和控股股东对外部投资者的侵害问题。研究发现，当存在多个大股东时，欧洲公司的股利支付率要高于东亚公司，这表明大股东并存的股权结构在欧洲制衡了侵害，在东亚则加剧了侵害。Volpin（2002）考察了意大利公司的所有权和控制权结构下，高管变动相对公司业绩的敏感性。发现单一大股东控制的公司，其高管变动相对业绩的敏感性要低于多个大股东共同控制的公司。Gutiérrez 和 Tribó（2004）研究了西班牙公司中多个大股东如何共享控制权，进而从股权集中公司获取控制权私利的问题。研究发现，存在多个大股东的所有权结构相当普遍，且具有一定的稳定性，并且控股股东集团的构成情况对公司业绩具有重大影响。控制性集团的所有权规模越大，或在所有权规模不变的情况下大股东的人数越多，公司的业绩也越优异。Maury 和 Pajuste （2005）以芬兰上市公司为研究对象，考察多个大股东对公司价值的可能影响。研究发现，投票权在大股东之间的分配平均对公司价值具有正向影响。并且这种正相关关系在家族公司表现得尤为显著，因为如果缺乏其他股东的有效制约，家族股东将更有可能攫取控制权私利。Nagar，Petroni 和 Wolfenzon（2008）的研究是为数不多考察发达经济体股权集中情况的研究。研究指出，超过 90% 的美国公司都是股权集中型公司，这些公司的经济产出约占私营部门的 51%，并承担了私营部门 52% 的雇员。为检验共享控制权对抑制控股股东侵害的影响，研究分别以美联储的 NSSBF 普查数据库和私人财产伤亡保险公司为对象，检验发现共享股权的公司报告了高得多的资产收益率和低得多的销售费用率，在控制了所有权的内生性问题后该结论依然成立。

上述研究似乎达成了一个共识，即在股权相对集中的情况下，只要公司存在多个大股东就能形成制衡格局。但事实上，共享控制权并不必然带来制衡，只有当权益持有人有激励行权，控制权才会转化为有效控制力（Burkart et al.，1997）。Bloch 和 Hege（2001）更进一步指出，股东类型（Category）可能影响其对合谋与制衡的选择。Maury 和 Pajuste（2003）的经验证据支持了这一论断，虽然投票权在大股东之间的平均分配对企业绩效有正向影响，但这种影响受制于股东的身份（Identity）或类型（Type）。当前几大股东均为家族股东时，股东之间更可能是合谋而不是相互监督，上述正向影响可能也就不复存在。

国外文献从理论支持和经验证据方面较为完整地研究了股东共享控制权问题，但对股东最终选择制衡还是达成合谋，则缺乏更深入的辨析和讨论。这可能和国外资本市场中的投资者保护比较完善、投资者身份相对单一有关。但正如一些以发展中经济体为对象的研究开始提出的，共享控制权是导致合谋还是制衡这一过程本身，以及其间可能产生影响的各种因素，也应该成为未来研究关注的重点。

8.3.3 国内研究现状

股权结构相对集中的独特制度环境，使得股东合谋与制衡问题近年来为我国学术界所关注。从缓解大股东侵害的现实需要出发，一系列研究侧重于从制衡视角切入，主要可归结为以下几个方面。

（1）考察多个大股东共存带来的制衡效应

陈信元、汪辉（2004）建模推导了股东制衡对公司价值的影响，并结合我国上市公司数据，分析说明第二大股东如何抑制第一大股东的机会主义行为、增加公司价值。安灵等（2008）基于海洋博弈模型，对上市公司大股东的合谋与制衡行为进行研究。研究表明，大股东合谋行为是大股东竞争性内在选择的结果，受到参与合谋的股东数量以及股东性质的影响。洪剑峭、薛皓（2008、2009）以关联交易为研究对象，考察我国上市公司第二大股东对第一大股东的制衡作用。研究发现，持股比例超过一定规模的第二大股东的存在，有助于抑制上市公司与第一大股东之间关联交易的规模，能显著提高与第一大股东阵营之间关联应计的可靠性。毛世平（2009）以上市公司终极控制人为研究主体，研究了金字塔控制结构下的股权制衡产生的治理效应。研究发现，股权制衡能够产生权益效应；分离型金字塔控制结构下，多个终极控制人现金流所有权和控制权的制衡效应降低了公司价值；非分离型金字塔控制结构下，多个终极控制人现金流所有权和控制权的制衡效应提高了公司的价值。

（2）考察其他大股东持股集合带来的制衡效应

黄渝祥等（2004）以第二、第三、第四、第五大股东股权之和与第一大股东股权之比，作为股权制衡度，考察股权制衡对内部人掠夺行为的抑制作用，并通过股权制衡与公司业绩的相关数量分析，得出了我国上市公司的最佳股权制衡度范围。赵景文、于增彪（2005）参照 Gomes 和 Novaes（2001）对股权制衡公司的定义方法，考察我国证券市场一股独大公司和股权制衡公司的经营业绩差异。研究发现，股权制衡公司的业绩要显著差于"一股独大"的公司，并且股东数量与公司业绩并无显著影响。唐跃军、谢仍明（2006）、唐跃军等（2006）采用前五大股东持股比例之间的比值定义大股东制衡度，分别检验股东制衡情况对现金股利政策、审计意见的影响，发现股东制衡有助于约束现金股利的隧道效应、强化外部审计约束。赵子夜（2006）以第一大股东和后四大股东实际持股比例的差异计量股权制衡程度，检验股权制衡对独立董事行业监督力的影响。研究发现，股权制衡程度越高的公司，具有越好的机会主义发现机制。

（3）对比股权集中和股权制衡对代理问题的影响

孔翔、陈炜（2005）实证检验了第一大股东持股比例、股权集中度、前几大股东相互牵制程度以及控股股东性质等对上市公司经营绩效的影响。研究发现，上市公司股权集中度指标与经营业绩呈正相关，股权制衡指标与经营业绩呈负相关。宋力、韩亮亮（2005）同时考察了上市公司股权集中度、股权制衡度对大股东代理成本的影响。结果表明，代理成本与股权集中度显著负相关，与股权制衡度显著正相关。孙兆斌（2006）提出在股权结构的选择上，应以股权结构能否促进上市公司效率水平提高为标准，因此，研究从股权集中和股权制衡两个角度，对我国上市公司股权结构与技术效率的关系进行了实证分析。结果表明，在现行制度安排下，较高的股权集中度和较高的持股比例会激发控股股东的"支持行为"，其"掏空行为"并不严重，而大股东之间的制衡则往往成为企业效率提高的障碍。徐莉萍等（2006）在对大股东性质作出清晰界定的基础上，考察了上市公司股权集中度和股权制衡情况及其对公司经营绩效的影响。研究发现，股权集中度和经营绩效之间有着显著的正向线性关系，但过高的股权制衡程度对公司经营绩效有负面影响。刘星、刘伟（2007）通过扩展LLSV（2002）的模型，在监督与合谋的视角下分析了大股东之间分享控制权的治理模式对公司价值的影响。实证检验结果表明，股权集中度、股权制衡度与公司价值之间存在显著的正相关关系，并且在不同股东性质的公司中，股权制衡的效果存在显著差异。

较之国外研究集中关注共享控制权对公司价值、经营绩效的影响，我国的研究更进一步地细化了具体代理问题，如公司治理效率（朱红军、汪辉，2004）、代理成本（宋力、韩亮亮，2005）、关联方交易（洪剑峭、薛皓，2008）、股利政策（唐跃军、谢仍明，2006）、独立董事监督力（赵子夜，2006）、会计信息质量（洪剑峭、薛皓，2009）、公司技术效率（孙兆斌，2006）等。这些具体问题是对制衡效应的直接度量和多角度考察，也是对价值、绩效研究的有益补充。

此外，我国目前直接考察股东合谋的研究还较少，相关文献主要从股东数量、持股比例之外的其他特征入手，探讨共享控制环境下股东对合谋与制衡的选择。股东性质被认为是影响合谋与制衡选择的一个重要因素，如安灵等（2008）提出大股东合谋行为是其竞争性内在选择的均衡结果，受到参与合谋的股东数量以及股东性质的影响。陈信元、汪辉（2004）考察上市公司第二大股东对第一大股东的抑制作用时也发现，股权性质会影响到股东制衡的效果，法人股公司比国家股公司能更好地发挥监督作用。朱红军、汪辉（2004）以宏智科技的控制权之争为例，指出在民营上市公司，股权制衡并不能提高公司的治理效率。刘星、刘伟（2007）对大股东共享控制权的研究表明，我国上市公司大股东对监督或合谋的选择取决于其对自身利益的权衡，而这种权衡受制于包括股东性质在内的诸多因素。此外，关联关系也可能影响到股东在监督和制衡之间的选择（陈信元、汪辉，2004；孔翔、陈炜，2005）。

8.4 资本市场动因的盈余管理

现有研究表明，股权特征可能影响会计信息的质量（Warfield, Wild and Wild, 1995; Fan and Wong, 2002; Francis, Schipper and Vincent, 2005）。而在衡量会计信息质量的众多标准中，盈余管理无疑是一项重要指标（Dechow and Skinner, 2000）。Healy 和 Wahlen（1999）从行为动机出发，将盈余管理分为资本市场动因、契约动因和监管动因3种类型。其中基于资本市场动因（Capital Market Incentive）的盈余管理指的是，由于会计信息被投资者和财务分析师广泛运用于对公司股票的估价，内部人有可能通过操纵盈余达到影响股价的目的。相比之下，这一类盈余管理与权益变动等资本市场行为的联系最为直接和紧密。

8.4.1 盈余管理动因的演变

一个针对 *Journal of Finance*，*Journal of Financial Economics*，*Journal of Accounting and Economics*，*The Accounting Review*，*Journal of Accounting Research* 5 份财务学、会计学顶级刊物中盈余管理研究文献的统计分析表明，在进入 21 世纪后，资本市场动因的盈余管理研究开始逐步兴起。具体结果如表 8-1 所示。

表 8-1 国外盈余管理研究统计分析

动因	全样本		2000 年以前		2000 年（含）以后	
	篇数	比例	篇数	比例	篇数	比例
市场	43	38.05%	9	18%	34	53.97%
契约	43	38.05%	26	52%	17	26.98%
监管	16	14.16%	8	16%	8	12.70%
税收	10	8.85%	7	14%	3	4.76%
其他	1	0.89%	0	0	1	1.59%
合计	113	100%	50	100%	63	100%

资料来源：黎文靖. 资本市场动机盈余管理的发展 [Z]. 暨南大学管理学院工作论文，2008.

从表 8-1 中可以看出，在 5 份刊物中，过去 30 年来涉及盈余管理动因的研究文献共有 113 篇，其中资本市场动因与契约动因是盈余管理研究的重点，相关文献均为 43 篇，占全部文献的 38.05%。监管动因和税收动因的文献相对较少，分别为 16 篇和 10 篇，所占比例为 14.16%、8.85%。更进一步看，市场动因和契约动因在不同时期是相关研究的不同关注重点。在 2000 年以前的 50 篇盈余管理研究文献中，讨论契约动因的文献为 26 篇，所占比例过半，而涉及市场动因的仅为 9 篇[1]，比例为 18%。这说明在 2000 年以前，契约动因是盈余管理动因研究中的主流，但在 2000 年

---

[1] 其中 1998 年、1999 年两年关于市场动机的盈余管理研究就有 5 篇，这表明大量关于市场动机的盈余管理研究从 20 世纪 90 年代后期才逐步出现。

后的 63 篇文献中，涉及市场动因的文献上升为 34 篇，比例占到了 53.97%，而与契约动机相关的文献为 17 篇，比例降为 26.98%，整体趋势与 2000 年以前恰好相反。很明显，盈余管理动因的研究重点在 2000 年后开始发生转变。

盈余管理动机研究趋势变化，与美国 20 世纪 90 年代资本市场的制度变迁密切相关。90 年代，与美国公司高管薪酬制度相关的一个重大变化就是期权的大范围使用，期权成为高管薪酬重要（甚至是最主要）的组成部分。Hall 和 Murphy（2002）的研究表明，1992 年标准普尔 500 公司的高管薪酬中，期权所占比例为 22%，到 1999 年这一比例上升为 56%。尽管 21 世纪初期美国资本市场经历了一次重大的衰退，但期权的应用范围却仍在进一步扩大。90 年代之前，高管主要薪酬由工资与红利构成，红利由薪酬契约决定并建立在会计盈余的基础上，因此，追求红利的契约动机成为当时高管盈余管理的主要动力之一。随着期权应用范围的扩大，高管的报酬不再由薪酬契约所决定，更多地取决于期权授予与行权时公司股票价格的高低。此外，限制性股票（Restricted Stock）等激励制度的应用也在很大程度上强化了高管利益与公司股价之间的联系。高管个人利益与股价变动的关联性不断加强，这使得除传统权益融资目的之外，出于个人利益需求而影响市场定价的盈余管理行为也随之普遍起来，从而导致了资本市场动因盈余管理行为的出现。

外部经济环境变迁引致盈余管理动因发生变化，由此带来学术研究重心的相应转移。经济大背景对学术研究的这种引导性，同样适用于我国股权分置改革后的特定市场环境。

8.4.2 盈余管理的资本市场动因

国外盈余管理研究关注的资本市场动因主要包括公司权益性融资、高管权益动机、迎合分析师预测等。

（1）公司权益性融资

权益融资是推动上市公司进行盈余管理的一个重要动因，相关研究主要包括首次公开发行（IPO）、后续融资（SEO）、换股合并等行为。

Teoh，Welch 和 Wong（1998a）针对 IPO 的研究表明，在新股发行当年，公司通常会报告较高的正向应计，并且那些报告超高应计的公司在 IPO 之后的 3 年内股价表现都将较差，这验证了公司可能为了提高 IPO 股价而进行盈余管理。Teoh 等（1998b）和 Rangan（1998）分别采用不同的应计衡量方法[①]，考察了公司在配股前后可操纵应计的变动，发现在配股前几个季度，公司的主观应计水平逐渐上升，到了配股前一季度达到最大，并且在配股后发生转回。此外，Teoh 等（1998b）和 Rangan（1998）还发现，配股前的非正常主观应计与公司配股后的股票回报成显著的负相关，表明公司确实存在利用盈余管理以提高配股价格的行为。Shivakumar（2000）同样发现，在股票发行日附近，公司表现出较高的异常主观应计水平，但这些盈余管理行为并不能误导投资者，投资者会对公司作出合理的预期。DuCharme 等（2004）同时检验了 SEO 与 IPO 的公司，发现发行股票的公司具有更高的主观应计，对于那些后来遭受法律诉讼的公司，这一结果更为显著。资本市场购并活动中的换股合并方式，是涉及股票市价变动的另一类重要权益行为。Erickson 和 Wang（1999）发现为降低对目标公司的购并成本，主并公司在换股合并前会进行正向盈余管理，从而报告较高的会计盈余，达到提高公司股价的目的。Louis（2004）的研究也支持了换股合并问题的上述检验结论。

（2）高管的权益动机

高管的权益动机集中体现了高管个人机会主义行为对公司盈余质量的影响，研究主要包括股票期权、管理层买卖股票、管理层收购（MBO）等问题。

Bergstresser 和 Philippon（2006）发现，当管理层的未来薪酬与股价及期权激励密切相关时，管理层更容易通过可操纵应计来影响会计盈余，并

[①] Teoh 等（1998a）采用可操纵流动性应计（Discretionary Current Accrual）来衡量可操纵应计，而 Rangan（1998）则用销售成本变动替代 Jones 模型中的固定资产，构建新的模型来衡量可操纵应计。

且在应计部分较高的年份，管理者会大量行权。Bartov 和 Mohanram（2004）也发现在高管期权行权之前，公司会有正向的异常盈余存在。股票价格高低直接影响管理者交易股票的利益，因此，内部人交易是推动管理层盈余管理的重要原因。Beneish 和 Vargus（2002）发现，当管理者有非正常出售（买入）公司股票行为时，旨在提高报告盈余的操纵性应计部分将具有更低（高）的持续性，并且当正向操控性应计带来超常出售行为时，股票被错误定价的可能性将更大。Park 和 Park（2004）同样发现，当管理层在后续期间出售公司股票时，公司当期的可操纵应计将更高，这表明管理层有可能为了配合出售行为而刻意提高当期会计盈余。Cheng 和 Warfield（2005）发现，具有较高权益动机的管理者在公司符合分析师预测后跟更容易出售自己手中股份。Bergstresser 和 Philippon（2006）也发现在应计部分较高的年份，内部人交易的规模和频率也更大。管理层收购是激励管理层操纵盈余以影响市价的另一重要动因。DeAngelo（1988）认为会计盈余信息对管理层收购的估值具有重要作用，因此，试图收购企业的管理层在收购前可能会通过盈余管理来低估盈余。Perry 和 Williams（1994）发现在管理层收购前，企业通常报告负的非预期应计，这表明管理层为了降低收购成本倾向于报告较低的会计盈余。

(3) 迎合分析师预测

虽然迎合分析师预测并不直接涉及公司权益变动，但对市场投资者的信心却有着重大影响。如果会计盈余无法达到分析师预测，那么可能带来股价下跌，从而影响管理者的财富和声誉（Skinner and Sloan, 2002）。为避免自身利益遭受损失，公司高管会采取各种手段促使会计盈余达到分析师的预测，而盈余管理正是常见的一种方式。

高管承认他们力争达到分析师预测的动机在于建立他们在资本市场中的信誉和声誉、维持和提高公司股票价格以及避免达不到分析师预测而带来的不确定性（Graham et al, 2005），这些都为盈余管理提供了基础和动力。有关分析师预测的盈余管理研究大致可以分为两类：一类研究是参照 Burgstahler 和 Dichev（1997）的研究方法，通过考察盈余在分析师预测标准左右两边的不对称分布以及预测误差的不对称分布，从而推断公司存在为了达到分析师预测进行的盈余管理行为（Degeorge et al.，1999；Burgstahler and Eames，2003；Abarbanell and Lehavy，2003；Das and Zhang，2003）；另一类研究则是在上述研究基础上，假定恰好符合分析师预期的公司存在盈余管理行为，在此基础上分析其他动机或方式对公司盈余管理的影响。动机主要体现为权益动机（Cheng and Warfield，2005；McAnally et al.，2008），方式包括股票回购（Hribar et al.，2006）、利润表项目重分类（Elizabeth，2006）等。目前很多研究判别是否符合分析师预测中存在的盈余管理一般仍是采用盈余分布法，虽然该方法和结论已经为学术界所接受和认可，但这种方法存在的一个最大缺陷是其无法提供更为直接的证据，有研究指出盈余的不对称分布受到多种因素的影响，并不能作为盈余管理的直接证明（Durtschi and Easton，2005）。

由于资本市场动因盈余管理是以引导投资者价值判断为主要目的的相关研究通常还会包括对经济后果的考察，即盈余管理是否实现了预期目的。现有研究取得了较为一致的结论，即盈余管理当期投资者通常都会被暂时性误导，但后续期间随着应计转回、其他信息披露等，投资者会修正之前对公司的价值判断（Rangan，1998；Sloan，1998；Teoh et al.，1998a，1998b；Xie，2001；Beneish and Vargus，2001；Park and Park，2004）。

8.4.3 国内研究现状

股权分置改革前，大股东所持股份无法自由流通。市场基础缺失使得我国盈余管理研究主要关注以规避或者迎合政府监管为主要目的的盈余管理行为。由于会计指标在我国证券市场监管的全过程中扮演了相当重要的角色，迎合或规避监管动因的盈余管理研究主要包括首次公开发行（IPO）、配股增发（SEO）、避免摘牌退市等行为。

Aharony，Lee 和 Wong（2000）通过对 1992—1995 年 83 家 IPO 公司的考察发现，在 IPO 当年，上市公司的资产收益率达到最高水平，然后逐渐下降。林舒、魏明海（2000）对中国 A 股公司 IPO 过程中的盈利管理行为进行了研究，通过对比同一期间 A 股上市公司的收益表现，发现在整个考察期间内，样本公司的资产收益率在 IPO 前 2 年和前 1 年处于最高水平，IPO 当年显著下降，这一结果意味着中国的 IPO 公司存在一定的盈余管理行为。

Haw 等（1998），孙铮、王跃堂（1999），陈小悦等（2000）等对上市公司净资产收益率的频率分布进行了检验，均发现在配股生命线（净资产收益率等于 10%）右侧，上市公司具有非常集中的趋势，从而说明上市公司为了达到配股要求，存在会计操纵行为。吴东辉（2001）的研究表明，在流动性应计项目上，上市和配股资格管制、公司治理结构以及公司生成应计项目的能力等因素具有一定的解释力。李志文、宋衍蘅（2002）发现，我国上市公司配股之后存在普遍的"变脸"现象，并与证监会监管政策相匹配，这说明为了配股而进行盈余管理的情况在上市公司中普遍存在。Chen 和 Yuan（2004）也同样发现上市公司为了配股而进行盈余管理。此外，他们还发现在 1998 年之后，管制者在批准配股的过程中一定程度上考虑了上市公司的盈余管理行为。杜滨等（2003）和 Yu 等（2006）运用 Burgstahler 和 Dichev（1997）的盈余分布检验，发现上市公司的确存在为配股而进行的盈余管理。

Haw 等（1998），孙铮、王跃堂（1999），陆建桥（1999）均发现亏损公司存为了避免亏损以及在第三年度扭亏，存在"大洗澡行为"（Take A Bath）。李增泉（2001）考察了 A 股上市公司 1998 年、1999 年的资产减值情况后发现，具有"大洗澡"、利润平滑动机的上市公司一般会选择增加（或不减少）未来期间收益的资产减值政策。蔡祥、张海燕（2004）发现，在 2000 年新被 ST 的公司会提取更多的减值准备，可能存在甩包袱的行为；而处于亏损边缘的公司以及 1999 年已经被 ST 但在 2000 年不再被 ST 的公司，将进行更多的追溯，表明公司利用过度追溯调的方式调高当年利润以达到保牌的目的。吴联生等（2005，2007）运用盈余分布检验方法，发现我国上市公司存在旨在避免亏损的盈余管理行为。魏涛等

(2007)发现,上市公司较为普遍地操纵了非经常性损益交易的时点和力度进行盈余管理,其常见动机包括亏损前的洗大澡、扭亏动机、利润平滑动机等。

基于监管动因的盈余管理通常不涉及市场层面,因此,相关研究对经济后果的考察也较少。蔡祥、张海燕(2004)发现资产减值政策影响了投资者的评价,市场对应收账款减值占主导的公司反应消极;陆正飞、魏涛(2006)发现配股后无后续融资行为的公司,操控性应计反转带来公司业绩下降。

从上述文献回顾中可以看出,由于制度基础所限,目前还不存在严格意义上的资本市场动因的盈余管理研究。但股权分置改革后,随着对非流通股份的限售规定逐步解禁,为最大化减持收益,非流通股东在减持股份过程中可能进行以影响市场定价为目的的盈余管理,这将为我国资本市场动因盈余管理理论研究的开展提供重要的未来研究机会。

8.5 对现有研究的评述

首先,股东的合谋与制衡问题是最优所有权结构理论的延伸。如何保证所有者施加有效控制力,是所有权结构研究关注的主要控制问题(Control Problem)。随着财务学的研究基础从"伯利和米恩斯命题"发展到LLSV范式,现代公司的主要代理问题也从管理层与股东之间的委托—代理冲突,转变为大股东对中小投资者的可能侵害。正是在这一背景下,多个大股东共享控制权的格局(Sharing Control)被认为是有助于抑制大股东侵害的一项制度安排。现有文献主要通过理论推演和经验检验来研究控制权共享问题,其中经验检验多以英、美之外的资本市场为研究背景。发达资本市场相对分散的股权结构使得大股东共存并不具备现实基础,因此,相关研究主要通过理论建模对股权封闭型公司、股权集中型公司的控制权分配问题进行推导。相比之下,欧洲、东亚等发展中、转型经济体等则具备了显著的股权集中特征,共享控制权的经验检验也主要以这些区域的公司问题为研究对象。

其次，"制衡"问题是现有大股东共享控制权研究的重点。共享控制权是作为抑制大股东侵害的一项机制被提出的，因此，相应研究都隐含了一个既定前提，即多个大股东并存能带来一定监督效应（Monitoring），从而起到制衡控股股东的作用。如控制权联合机制（Bennedsen and Wolfenzon，2000）、事后谈判机制（Gomes and Novaes，2000）等。这也导致股东制衡成为共享控制权研究的直接考察对象，具体可能演变为特定环境下制衡的有效性、以某一代理问题作为制衡有效性的检测对象等。但实质上，"合谋"和"制衡"是共享控制权安排的两个方面，大股东并存并不必然带来制衡，对两者的选择受制于诸多因素。正如一些研究开始提出的，共享控制权是导致合谋还是制衡这一过程本身，以及其间可能产生影响的各种因素，也应该成为未来研究关注的重点。越过对这一层影响因素的分析，而直接认定并存的大股东必然具有制衡激励、其持股比例表征了制衡能力，很可能影响到研究结果的可接受程度[①]。

再次，现有文献对股东合谋与制衡选择的影响因素研究不足。正如Burkart等（1997）指出的，共享控制权并不必然带来制衡，只有当权益持有人有激励行权时，控制权才会转化为有效控制力。否则特定情况下，控股股东会以公司资源"收买"（Buy Off）其他大股东，要求他们减少对自己的监督。因此，Bloch和Hege（2001）进一步提出，大股东的类型（Category）决定了其是更有可能与控股股东达成合谋（Collusion），还是更有激励去制衡控股股东。国外研究在这方面的欠缺，很大程度上和资本市场投资者保护相对完善、投资者身份较为单一有关。确切地说，股东之间的利益关联是影响合谋抑或制衡选择的重要因素。这种利益关联应该是一个动态的概念，随着股东进入公司以及其后的股权变动，逐步形成，不断演变。目前国内研究也开始关注股权性质、关联关系等因素的影响作用，但这些特征无法很好涵盖利益关联的上述复杂性和动态性。因此，结合公

---

① 例如，国内研究在股东制衡能否提高公司绩效问题上，陈信元、汪辉（2004），宋力、韩亮亮（2005），刘星、刘伟（2007）等的研究表明制衡对公司绩效具有正向影响，而孔翔、陈炜（2005），赵景文、于增彪（2005），徐莉萍等（2006）等的研究则得出了相反结论。

司从成立、股改到上市的历史沿革，探讨能更好地反映这种动态关联性的特征变量，将是对现有股东合谋研究的一个有益推进。

最后，考察股东合谋问题的研究切入点趋于多样化。国外研究侧重以公司价值、经营绩效反映股东行为的可能影响，这是相对间接的研究视角。相比之下，国内文献进一步细化了具体代理问题。这些具体问题相对直接地考察了股东合谋和制衡的效应，也是对价值和绩效研究的有益补充。股东行为能够影响会计信息质量，股份可流通也为影响市场定价的盈余管理提供了激励，因此，以非流通股份减持过程中的盈余管理问题为研究切入点，有助于考察减持过程中可能产生的合谋问题。国外盈余管理研究的发展脉络表明，外部经济环境变化将为理论研究带来新的契机。同样，股权分置改革后股东利益对股价波动的敏感性，也可能引发不同于以往迎合或规避市场监管的盈余管理新动机。因此，以非流通股份减持过程中的盈余管理为研究对象，是对我国资本市场动因盈余管理问题的一个有益探索，也是对国内现有盈余管理研究的补充和发展。

9 股东利益关联与股东关系

股权变动（发行、交易）的公开性影响了股东之间利益关联的紧密性。从股份公司成立到公开上市前，再到公开上市后，我国上市公司股权变动的公开性在不断加强，各个时期进入公司的股东（发起人、"IPO前股东""IPO后股东"）之间的利益关联也随之减弱。而上市公司不同非流通股东之间利益关联的差异性分析，离不开我国经济体制改革的制度背景。在国有经济领域，"改制"、公募发行并上市是改革推进到一定阶段的产物；非国有经济领域的上述发展，则与对非国有经济从放宽限制到扶持鼓励的政策导向密切相关。

9.1 非流通股东分类

股权分置改革前，割裂的股权结构是我国证券市场的一个显著特征。由于所有制等方面的原因，原国有企业股份制改造产生的国有股一直处于暂不流通的状态。相应的，首次公开发行前的社会法人股、自然人股等非国有股份也作出了暂不流通的安排，由此形成我国证券市场股权分置的格局。上市公司的股东依据所持股份的可流通性分为两类：非流通股股东和流通股股东。纵观我国上市公司的发展历程，公司成立和首次公开发行（IPO）是两项最为重要的事件。以这两个事件为时间点，可将上市公司的（非流通）股权变动分为股份公司成立时、IPO前和IPO后3个有代表性的阶段，相应阶段进入公司的非流通股东分别为：发起人股东、"IPO前股东"和"IPO后股东"（详见图9-1）。

"发起人股东"指的是，在公司设立时以发起人身份进入公司的股东，他们承担了认购股份、缴纳出资、构建公司组织架构、推动公司成立等重要职责。"IPO前股东"指的是，从公司成立后到首次公开发行前通过各种途径出资入股的股东，他们所持有股份的可流通性也受到限制。"IPO后股东"指的是，公司首次公开发行后，通过股权交易、司法处置、行政划转等成为公司股东的非流通股股东①。

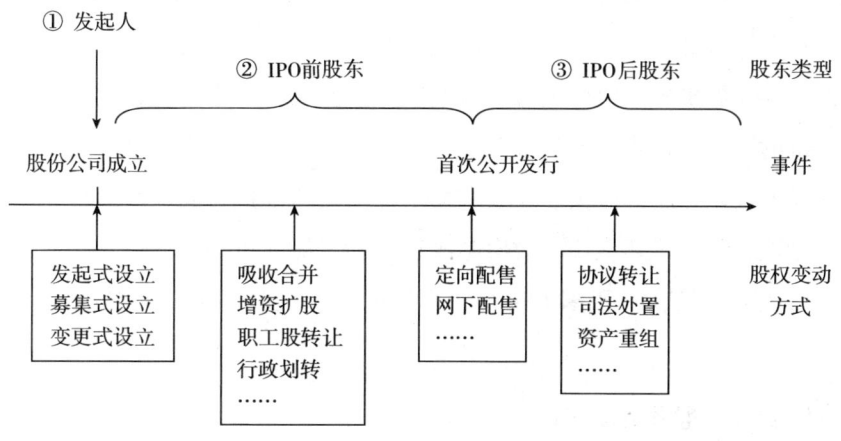

图9-1 上市公司非流通股东分类

我国的股份公司成立分为两种情况：一是在非国有经济领域表现为民间资本对股份化经营模式的自发选择，二是在国有经济领域则是行政力量主导下对原国有企业的"改制"②。公募发行并上市也是改革推进到一定阶段的产物，除表现出明显的所有制倾斜外，对股份可流通性的人为划分也是我国证券市场的一大特征。因此，下文有必要结合我国经济体制改革的制度背景，对股份公司成立、首次公开发行两个重要事件，以及非流通股东的不同类型进行相应的分析。

---

① 确切地说，公司IPO后的期间还可以进一步分为"IPO后到上市""上市后"这两个阶段。但公司从"IPO后到上市"之间的时间距离很短，这一期间基本不可能发生股权变动。因此，"IPO后股东"主要指代公司上市后进入公司的那部分非流通股股东。

② 当时的文件、资料对"改制"这一政策有多种说法，如"股份制改造""股份制改革""现代企业制度改革""公司化改制"等。虽然用词不同，但都指的是对原国有企业从产权制度到治理模式的全面变革，也反映出不同时期改革决策层对相应术语的认同和接受程度。

9.2 经济体制改革的制度背景

通常认为,社会化大生产环境下,资本筹措、风险分担等问题产生了对股份公司、证券市场等资源配置机制的需要。但股份制、证券市场在我国的出现,则更多的是为了顺应阶段性改革需要,由行政力量主导建立。这一点在国有经济的股份化、公募上市等方面表现得尤为突出。非国有经济的上述发展虽不是由行政力量直接推动,但也和决策层不断放宽对非国有经济的限制、逐步引导扶持密不可分。因此,对不同阶段进入上市公司的非流通股东之间利益关联、股东关系等问题的分析,离不开经济体制改革的制度背景。确切地说,股份制改造、发展证券市场、扶持发展非国有经济等改革政策,对我国上市公司不同时期非流通股东的形成具有重大影响。

9.2.1 股份制改造

股份制在我国最初是作为国有经济改革的一项基本措施被提出的。20世纪80年代,随着"放权让利"指导思想下"扩大企业自主权""承包经营责任制"等改革措施相继陷入瓶颈,管理层开始探索国有产权层面的改革。以转换企业经营机制、增强企业活力为主要目的的股份制,逐渐被提上了改革的议事日程。

(1) 股份制改造的3个阶段

我国的股份制第一步是从农村乡镇企业开始的,第二步发展到城镇集体所有制小企业,第三步才是国有大中型企业的股份制改造(刘鸿儒,2008)。农村实行家庭联产承包责任制后,乡镇企业逐步发展起来,其主要投资形式是股份集资,包括"以资代劳"和"以劳代资"两种形式。这种以集体经济或联户合作经济为基础的"股份合作制",可以看作是我国股份制的雏形。1984年十二届三中全会通过《中共中央关于经济体制改革的决定》(以下简称《决定》),把增强企业活力作为经济体制改革的中心环节。在《决定》发布前后,国务院陆续发布了十几个文件,旨在扩大企业自主权、推动企业之间的横向经济联合。在一些企业突破地区、部门、所有制界限，组建多种形式联合体的同时，也有一部分企业通过股份制形式集资、技术改造或组建新企业。北京、上海、广州等大城市的部分企业陆续开始了股份制试点。1984年11月，由上海电声总厂发起成立的上海飞乐音响公司，向社会公开发行股票，成为我国第一家股份有限公司。这一阶段的股份制试点中，有数千家企业在集资发行股票，其特点是小企业多、集体企业多、乡镇企业多、自发进行的多、不上市的有限责任公司多，股份制还处于不规范的起步摸索阶段（胡汝银，2008）。

  1987年，十三大肯定了股份制改造这一改革方向，股份制进入发展的第3阶段。十三大报告指出："公有制本身也有多种形式。……改革中出现的股份制形式，包括国家控股和部门、地区、企业参股以及个人入股，是社会主义企业财产的一种组织形式，可以继续试行。"1988年12月，前国家体改委正式把股份制试点提上国企改革的议事日程[1]，随后起草了《国务院关于企业进行股份制试点的通知》，试点工作迅速铺开。截至1991年年底，全国有各种类型股份合作制试点企业约3220家（不包括乡镇企业中的股份合作制和中外合资、国内联营企业），其中，法人持股的股份制试点企业380家，占12%；内部职工持股的股份制试点企业2751家，占86%；向社会公众发行股票的股份制试点企业89家，占2%[2]。1992年，邓小平南方谈话明确了股份制、证券市场没有姓"社"姓"资"之分，股份制改革得以进一步推进。同年4月，国务院转批《关于股份制试点工作座谈会情况报告》，推动大中型国有企业的股份制试验。5月，前国家体改委等五部委联合印发《股份制企业试点办法》，这是第一个关于股份制试点的全国性政策文件，对试点的监管审批、具体操作等进行了规范。这一阶段的股份制改革侧重于解决两个主要问题：第一，国有大中型

---

  [1] 1988年12月8日至12月10日，全国经济体制改革会议结束后，前国家体改委在北京西直门宾馆召开了"征求关于国有企业试行股份制的实施方案"的座谈会。会议对如何试点股份制、如何制定有关办法规范其发展、如何解决股份制试点中出现的各种问题，以及理论上尚未厘清的若干问题等进行了讨论。这就是股份制改革历程中重要的"西直门会议"。

  [2] 资料来源：刘鸿儒. 关于我国试行股份制的几个问题 [N]. 人民日报，1992-06-23.

企业的股份制改造；第二，在试行股份制过程中如何保持公有制经济的主体地位。

(2) 国有大中型企业的股份制改造

通过前几年小企业的试点工作，股份制逐渐被认为是转换经营机制增强企业活力、促使全民所有制企业自负盈亏的有效途径。1993年，十四届三中全会通过《关于建立社会主义市场经济体制若干问题的决定》，提出深化国有企业改革必须"着力进行企业制度的创新"，而"建立现代企业制度"是实现制度创新的重要举措[1]。这标志着国有企业的改革思路由放权让利向制度创新转变，公司化改制成为国有企业改革的新方向（吴敬琏，2003）。同年，全国人大通过《中华人民共和国公司法》，为国有大中型企业的股份制改革提供了法律依据。1994年11月，国务院召开"全国建立现代企业制度试点工作会议"，决定选择100家国有企业进行公司制改革试点。由于这次试点没有强调产权层面的股权多元化，绝大多数试点企业只是改制，成为形式上类似于现代公司的"国有独资公司"。因此，1999年十五届四中全会通过了《关于国有企业改革和发展若干重大问题的决定》，对国有大中型企业的股份制改造进行了具体规定：①强调改制后的公司治理问题，指出"能够在所有者和经营者之间建立起制衡关系的法人治理结构是公司制的核心"，要求改制后的公司建立起有效的公司治理制度；②要求除极少数必须由国家垄断经营的企业外，"积极发展多元投资主体的公司"，要引入非国有股权投资；"国有大中型企业尤其是优势企业，宜于实行股份制的，要通过规范上市、中外合资和企业互相参股等形式，改为股份制企业，发展混合所有制经济，重要的企业由国家控股"。至此，国有大中型企业的股份制改革才真正进入按照国际通行规范建立现代公司的阶段（吴敬琏，2003）。

如何保证公有制经济成分在股份制中的主导地位，从改革伊始就成为

---

[1] 在改革的不同阶段，相关术语的使用也不同。早期采用"股份制"一词，曾引发意识形态领域的诸多讨论、争执；为了便于接受和理解，十四届三中全会采用了"现代企业制度"；随着股份公司制度逐渐被社会各阶层所了解和认同，也开始直接采用"公司化""公司制"等术语。

决策层关注的焦点。由于所有制、意识形态等方面的原因，改革不能导致私有化，是股份制改革始终坚持的前提和原则。在相关政策上表现为，国有企业改制为股份公司时，国有股份（包括国家股、其他公有制企事业单位股）所占比例必须保持绝对优势。具体比例根据企业在国民经济中的地位和作用，由负责审批的监管部门确定；国家股权不得随意出售，进入市场交易必须报经国有资产管理部门批准；已经上市的以国有股份为主体的公司，再次增发融资时应调整国有、非国有股份的比例，以保持国有股份的优势比例；任何企业不得以企业法人名义购买股票分配给内部职工①。在改革初期，上述政策保证了股份制改造在大、中型国有企业的顺利推行，但也为日后改革的某些反复埋下了伏笔，最为突出的就是我国证券市场的股权分置问题。

9.2.2 发展证券市场

作为股份制改造的配套改革措施，证券市场的发展和股份制的推进具有一定的同步性②。

（1）场外交易市场

20 世纪 80 年代，随着股份制在城镇集体所有制经济中的逐步推行，一些企业开始通过发行股票融资。股票发行后必然产生流通需求，为适应这种需求，各地开始出现原始形态的股票交易。1986 年 8 月，沈阳市信托投资公司开办窗口交易，代客买卖股票和企业债券。同年 9 月，上海工行信托投资公司静安证券营业部开办了股票柜台交易。截至 1989 年年底，全国有 34 家证券公司开设了柜台交易业务。20 世纪 90 年代初，还设立了全国证券交易自动报价系统（STAQ）、全国电子交易系统（NET）和 20 多家地方证券交易中心等柜台交易市场。

---

① 详见：1990 年前国家体改委、人民银行、外管局等部委组成联合调查组对上海股份制试点和股票市场发展的调查报告，转引自刘鸿儒. 突破——中国资本市场发展之路 [M]. 北京：中国金融出版社，2008：89-96.

② 证券市场通常包括债券市场和股票市场，本书仅讨论和股份制改造密切相关的股票市场改革问题。

这些柜台交易市场大多是在全国证券市场监管体系建立之前自发形成的，不仅缺乏上柜标准，也没有规范的交易和结算制度，市场秩序较为混乱。从1998年开始，中国证监会逐步对场外交易场所进行了全面清理。截至1999年上半年，共关闭了41个场外股票交易场所，场外股票交易清理整顿基本完成。至此，曾经在我国证券市场的起步中扮演了重要角色的柜台交易市场退出了历史舞台。

（2）场内交易市场

随着股份制在国有大中型企业的推行，通过建立全国性的交易场所、统一监管股权交易，从而配套完善股份制改革，也逐步凸显必要性。可以说，我国证券市场建立之初，其基本功能定位就是"为国企改革服务"，促进国企转换经营机制、缓解国企资金需求等也一度被视为发展证券市场的主要目的。①

一方面，对众多国有企业进行股份制改造，并使其能按现代企业制度运行，必须发展证券市场。只有发展证券市场，才能为股份制改造提供外部产权流动市场，为企业间的兼并重组提供实际操作场所。并且证券市场中的股价涨落、公司间的收购兼并，又会产生巨大的压力，促使改制后的公司加强管理、按市场规则运作（董辅礽，1997）。另一方面，"拨改贷"财政改革后，银行和国有企业债务负担沉重，也亟须建立相应的资本金注入机制。例如，1996年全国清产核资结果表明，在已完成清产核资的30.2万户国有企业中，资产负债率为71.0%，其中众多企业所需资金主要依靠银行贷款。初步测算，解决国有企业过度负债和财产损失需注入2万亿元，扣除6900亿元用于消化财产损失，至少需要13100亿元。政府财政背负着巨大的财政赤字，预算中能用于建设的资金极其有限；巨额的死账、呆账使银行的不良债务比率高达25%，国有银行自有资金比率只有3%左右。国家财政和银行资金均已无法继续为国企改革大规模"输血"（董辅礽，1997）。与此形成鲜明对比的是民间储蓄的充沛：1992年国家财政收入仅

---

① 详见：刘倩. 前任中国证监会主席周正庆回首来时路 [N]. 证券时报，2000-12-11.

为3800亿元，而城乡居民储蓄为1.5万亿元，为国家财政收入的4倍。1997年中国人民银行提供的金融资料显示，当年城乡居民储蓄存款达到了42771.2亿元（何清涟，1996）。由此开始建立证券市场，通过直接融资吸纳民间储蓄、解决国企资金需求的政策导向。

1990年、1991年，上海证券交易所、深圳证券交易所相继正式成立。监管部门在发行和上市审批方面采取了行政审批制，即实质性审查制度。在2000年之前很长的一段时期内，公司上市要经过省级政府推荐、证监会批准给予上市名额，再确定上市额度和首发公募价格等多道行政审批程序。能够通过层层审批的，基本上都是国有企业。而事实上，1993年国务院颁布的《股票发行与交易管理暂行条例》就旗帜鲜明地指出："股票的发行与交易，应当维护社会主义公有制的主体地位，保障国有资产不受侵害"。由此可见，"向国有企业倾斜"曾是我国证券市场运行和监管的重要导向。

9.2.3 非国有经济的扶持与发展

非国有经济主要指由城镇集体所有制企业、城乡个体工商户、私营企业以及海外在华独资企业组成的经济活动总和（刘迎秋，2008）。① 国家对集体、个体、外资、私营等不同形态非国有经济其合法地位的认可，存在时间上的先后顺序。但整体而言，伴随着我国经济体制改革由"增量改革"发展到"整体推进"，非国有经济的发展问题也越来越受到决策层的重视。

20世纪80年代的"增量改革"阶段，非国有经济得到了很大发展，这些新经济成分也构成了当时中国经济持续高增长的重要基础（吴敬琏，2003）。十一届三中全会后，在国有企业扩大自主权改革陷入困境、国有经济停滞不前的情况下，决策层开始考虑"体制外先行"的改革策略。即

---

① 这里的"非国有经济"也就是学术界和实务界普遍认同的"民营经济"概念，或者更确切地说，应该是"广义民营经济"概念。与"广义民营经济"相对应的是"狭义民营经济"，后者即通常所说的"个体私营经济"。

将改革的重点转移到非国有部门，建立市场导向的企业并依托其实现经济增长。农村联产承包责任制首先带来乡镇集体经济和个体经济的发展，对外开放的基本国策则奠定了外资企业的发展基础。经过上述改革，中国经济开始有限度地向业主制企业开放，1982年通过的《中华人民共和国宪法》也作出规定："在法律规定范围内的城乡劳动者个体经济，是社会主义公有制经济的补充。"之后国家对私人资本主义工商业的限制开始逐步放宽，1987年党的十三大明确提出鼓励发展个体经济和私营经济，1988年通过的宪法修正案进一步规定："国家允许私营经济在法律规定的范围内存在和发展。私营经济是社会主义公有制经济的补充。国家保护私营经济的合法权利和利益，对私营经济实行引导、监督和管理。"如前文所述，正是在这一时期非国有经济从无到有的成长过程中，产生了我国股份制的雏形，并带来了股份制的初步发展。

党的十四大之后，国务院要求按照《公司法》进行现代企业制度试点，以期在取得经验后在国有经济领域全面推广，由此改革进入"整体推进"阶段（吴敬琏，2003）。"整体推进、重点突破"成为新的改革战略，改革重心由体制外向体制内回归，非国有经济相对国有经济的一些不公平待遇也逐步凸显。如在证券市场的准入制度上，层层行政审批使得民营企业很少能获准公募上市[①]。但随着国有经济布局战略性调整、发展混合所有制等改革战略的提出，阻碍非国有经济发展的意识形态障碍被进一步扫清。1997年党的十五大确认了"公有制为主体、多种所有制经济共同发展的基本经济制度"，由此奠定了非国有经济发展的政治基础。2002年党的十六大提出："个体、私营等各种形式的非公有制经济是社会主义市场经济的重要组成部分，""必须毫不动摇地鼓励、支持和引导非公有制经济的发展。"之后各项具体政策被逐步实施，非国有经济在国民经济中所占份额快速增长。近年来，非国有经济已成为我国国民经

---

① 1998年，民营企业新希望集团控股的四川新希望农业股份有限公司才成为第一家获准上市的私营企业，而在此之前，"借壳上市"是民间资本控股上市公司的主要途径。

济中所占份额最大的经济部门,成为支撑我国经济增长的基础性力量(刘迎秋,2008)。

9.3 非流通股东利益关联分析

非流通股东之间的利益关联处于一个动态发展的过程中。股份公司的成立赋予了利益关联一个初始状态,之后随着股权种种变动、新股东加入或原股东退出,初始的关联性可能得以延续,也可能被削弱甚至是打破。更进一步看,在不同时期加入上市公司的股东,由于相应股权变动的公开性存在差异,利益关联的紧密程度也各不相同。因此,以有代表性的股权变动阶段划分、分析上市公司的股东情况,能较好地解析股东之间利益关联的这种变动性,也有助于选取特定股东类型维度以反映利益关联的差异性。

9.3.1 发起人股东利益关联

股份公司的成立并不是一个在公开市场选择股东和询价的过程,因此对发起人股东的选择也是相对有限的,由此可能带来发起人股东之间相对密切的利益关联。

根据《公司法》(2005),我国股份有限公司的设立方式主要有发起式设立、募集式设立和变更式设立。发起式设立指的是由发起人认购公司应发行的全部股份而设立公司;募集式设立指的是由发起人认购公司应发行股份的一部分,其余部分向社会公开募集或向特定对象募集而设立公司,由此分为公开募集式设立和定向募集式设立两种方式;变更式设立指的是由有限责任公司变更为股份有限公司。无论哪一种设立方式,发起人在募集股份、组建股份公司等方面都发挥了重要作用。发起人的选择和构成,在很大程度上也决定了股份公司的初始股权状态和股东关系。

首先,在国有经济领域,股份制最初是作为国企改制的一项措施被提出的。和民间资本自发形成股份制经营模式不同,国有经济领域的股份制更多表现为自上而下的行政性推动。因此,国有股份公司的发起人选择,和国资监管经营模式密切相关。根据国有资产管理的"三层次"监管模式①，主要由居于第二层次的"授权投资机构"负责改制、组建股份公司。在具体改制过程中，由授权投资机构以所属企业的部分资产出资（如改组为控股公司、资产经营公司的行业管理部门以所分管的企业；已经存在的行业性总公司等行政性公司以其管理的企业；大型企业集团的集团公司以集团内子公司等），并联合其他单位和部门共同作为发起人组建新公司。由于改制是在中央或地方的行政力量主导下进行的，发起人的选择具有一定的倾向性和行政色彩。为响应转制号召，多选择集团内或行业内的关联企业、生产经营的上下游部门、业务相关的金融机构，或行政上的分管单位等。发起人选择上的这些产权纽带、行政关联以及生产联系，使国有股份公司的发起人之间先天地具有某些利益关联。

其次，非国有经济领域股份制的出现，则更多地表现为一个市场化过程。如前文所述，在20世纪80年代"增量改革"阶段，非国有经济领域首先产生了股份制的萌芽和初步发展。随着国家对非国有经济的限制不断放宽，个体和私营经济逐步成为非国有经济的中坚力量。这部分民营股份公司主要由原有限责任公司整体变更设立，原公司股东直接作为股份公司发起人。在原公司股东的选择上，民营企业更注重经济利益方面的考虑。民营企业多为家族企业，为保证家族对公司的控制优势，选择股东时，除少数外部战略投资者，集团内的其他企业、家族成员等都是主要考虑对象。为促进公司高管和公司利益的一致协调，高管人员也可能受让部分股权。② 在战略投资者的选择上，有时出于获取隐性政治支持的考虑，民营企业也可能引进一些具有政治关联的国有战略投资者。整体而言，民营股

---

① 十四届三中全会后，在国有资产管理体制改革方面，"三层次"模式是主要思路。这一模式的基本构想是：在第一层次，即政府层次设立国有资产管理委员会，集中行使国家的所有者职能；在其下的第二层次，设置国有资产的"经营机构"，即《公司法》第64条所规定的"国家授权投资的机构"，具体形式包括国家投资公司、国家控股公司、国有资产经营公司、具备条件的企业集团的集团公司等；第三个层次就是改制后的公司，由第二层次的"授权投资机构"行使股东权利。

② 形成鲜明对比的是，一旦民营企业的高管离开原公司，其持有的股权都必须出让。

份公司的发起人之间也会具有相当密切的利益关联。

总体而言，虽然国有股份公司和民营股份公司对发起人的选择各有侧重，但由于股份公司的成立并不是一个在公开市场选择股东和询价的过程，两类公司对发起人的选择实质上都可以看作是，在现有或既定的经济、政治、社会关系网络中，基于各自标准所作出的有限选择，并且这种"事前"的关联性必然带来"事后"发起人之间特定的利益关联。

9.3.2 "IPO 前股东"利益关联

股份公司成立后，公司的股东构成还可能发生变动，并且这一时期股权变动的公开性仍然相对有限。一方面是因为交易范围的地域性限制；另一方面则是上一阶段的某些利益关联仍在延续。

以国有股份公司为例。首先，由于国有股权的转让受到较大限制、审批手续烦琐，国有股权协议转让的情况较少。并且由于公司尚未进入公开交易的平台，信息披露、交流相对有限，新股东（股权受让方）和原股东通常都具有地域或行政上的关联性。其次，国有企业多为部分改制或在行政力量主导下改制。公司成立后，为响应国家产业政策、服务集团整体目标、顺应地方经济发展需要等，行业性总公司、集团公司、行政管理部门可轻易通过增资扩股、吸收合并、股权划转等方式为公司引入新股东。这也决定了新进入的股东和公司发起人之间会具有一定利益的关联，只是密切程度弱于发起人之间。最后，发起人职工股的处置是这一时期股权变动的另一主要方式。发起人职工股是国企改制时为募集资金同时也考虑企业员工利益而作出的安排，但由于在股份公司成立后职工股交易中屡次出现违法行为，"内部职工股""公司职工股""职工持股会"等多种职工持股形式一再被叫停，已发行的职工股、法人股也必须作出相应处置。通常这些职工股、法人股的受让对象和股份公司具有一定的业务和产权的关联性，或是专业的投资公司。

由于这一时期的权益变动仍是在一个公开性不足的关系网络内进行，权益持有者或受让方与股份公司发起人在业务、产权、行政上都会具有一定的关联性。这一时期的股东变动对上一阶段形成的发起人利益关联的影响不大,并且还可能形成新的股东利益关联。但这部分"IPO前股东"之间及其与发起人之间利益关联的密切性要弱于发起人股东之间的利益关联。

9.3.3 "IPO后股东"利益关联

虽然股权分置改革前非流通股东持有的股份尚无法在二级市场自由流通,但和前两类非流通股股东相比,"IPO后股东"产权交易的公开性大为提高。

一方面,上市后公司的交易平台从区域性市场拓展到全国范围。上市公司信息披露的公开性、透明性,使得公司股权交易的参与方大大增加,并且参与方可能突破地域、行业、行政隶属等方面的限制。另一方面,"壳资源"的稀缺性为公司股权带来了流动性之外的特殊价值,以资本运作、战略性投资甚至是买卖上市为目的的股权交易随之增多。加之公司上市后受到市场的广泛关注,因此和前两个阶段股权变动侧重行政、产权等方面的关联性不同,这一时期的股权交易相对更为市场化、公开化。双方就股权的交易价格达成协议,报主管部门批准、办理变更登记,具体包括协议转让、划转以及资产重组、债务重组等间接转让方式。此外,司法处置也可能促成这一时期的股权变动。上市公司股东以所持股份抵押担保,在无法清偿或经营失败的情况下,司法机构有权对抵押股份进行强制执行、拍卖等司法处置。由此引入的新股东和上市公司原股东之间几乎不可能存在太多的利益关联。

总体而言,这一时期股权交易相对公开与活跃,这使得与股份公司原股东之间的利益关联,对能否成为公司新股东不再具有决定性影响。并且,新进入的股东是从原发起人或"IPO前股东"手中取得股权,这也有可能打破上市前这两类股东之间业已形成的某些利益默契。最后,"IPO后股东"之间是否具有利益关联也是一个较为复杂的问题,这些股东可能来自同一利益阵营,也可能没有任何利益关联。但可以推定的是,"IPO后股东"

与发起人和"IPO 前股东"这两类股东之间的利益关联将是最为疏离的。

从股份公司成立到公开上市前,再到公开上市后,股权变动(发行、交易)的公开性在不断加强,相应期间进入公司的股东其利益关联也随之减弱。股份公司成立阶段,对发起人的选择是一个在既定的经济、政治、社会关系网络内进行的有限选择,由此带来发起人股东之间较为密切的利益关联;股份公司成立后,由于股权交易范围有限,上一阶段形成的利益关联在某些方面得以延续。这一时期进入公司的"IPO 前股东"和发起人之间仍有可能存在一定的利益关联,但要弱于前一阶段;股份公司公开发行并上市后,虽然非流通股份暂时无法进行市场交易,但股权变动的公开性较前两个阶段大为增强。"IPO 后股东"之间的利益关联如何难以确定,但可以推定的是,这部分股东和前两类股东之间的利益关联最为疏远。

9.4 描述性案例

9.4.1 "高鸿股份"股东变动

9.4.1.1 股份制改造

高鸿股份(000851)的前身为"贵州中国第七砂轮股份有限公司"(七砂股份),采用定向募集设立。1992 年 10 月 28 日,经贵州省体改委【黔体改股字〔1992〕26 号文】批复,同意组建中国七砂,进行股份制改革试点。试点的资产主体是中国第七砂轮厂下属四分厂。1993 年 5 月 3 日,经贵阳市国资局【筑国资评字〔1993〕第 016 号文】批准,以 1993 年 3 月 31 日为基准日,对中国第七砂轮厂下属四分厂进行资产评估。(详见表 9 – 1)

1993 年 6 月 18 日,经贵阳市国资局【筑国资字〔1993〕第 13 号文】批准,确认中国第七砂轮厂进入股份公司的净资产为 35278051.88 元,按照 71.65% 的比例折成 25278051.88 股国有法人股。同时确认发起人贵州省电力工业局、第六砂轮厂分别以现金按面值认购发起法人股 900 万元、93 万元。截至 1993 年 11 月 29 日,公司共募集股份 6252.3 万元,其中发起人法人股3520.8万元，定向募集法人股1217.5万元，内部职工股1460万元。共完成募股计划的83.4%（经贵州省体改委批准的股本总额为7500万元，其中内部职工股1460万元，占批准总股本的19.47%），经贵州省体改委黔体改股字〔1993〕140号文确认，以实际募集股本进行工商注册登记，注册资本为6252万元。①

9.4.1.2　IPO前增资扩股

1995年9月，为适应新修订《公司法》的规范要求，减少内部关联交易和避免同业竞争，七砂股份进行了一次资产重组。经贵州省体改委黔体改企字〔1995〕9号文批准，经贵州省国资局黔国资综评确〔1995〕103号文、黔国资企发〔1995〕128号文确认，七砂集团下属的6万吨/年生产能力的磨料生产线及七砂进出口公司的经营性净资产7944.5万元全部纳入七砂股份。按76.386%的比例折成6068.46万元国有法人股，超过面值部分计入资本公积。至此，七砂股份的股本总额增至12800万元，其中国有法人股8849.05万元，占本公司总股本的69.13%，由七砂集团持有。

9.4.1.3　IPO前股权结构调整

1997年，经贵州省证券委员会批准，七砂股份获得4500万元A股额度，全部向社会公众发行。同时，经贵州省国资局黔国资企发〔1997〕239号文、黔国资企发〔1997〕240号文批准确认，七砂股份的股权结构作了如下调整。

（1）根据贵州省政府黔府函〔1996〕233号文，授权七砂集团为国有资产投资主体，将第六砂轮厂等企业并入七砂集团，发起人中国第六砂轮厂持有的本公司102.3万元法人股改由七砂集团持有管理。

（2）七砂股份下属七砂进出口公司的产权共955万元股份（即七砂股份1995年进行增资扩股时，七砂进出口公司经评估后净资产折股的股份数）属于省级国有产权，核定为国家股，并由贵州省国资局持有管理；七

---

① 1995年7月17日，七砂股份1994年度股东大会通过了年度分红派息方案：法人股10送1派0.59元现金，内部职工股10派1.70元现金。分派后，公司股本总额增至6731.5万元。

砂集团持有的股份由原8849.05万元调整为7996.35万元（即扣除原持有七砂进出口公司955万元国有法人股），并按国有股权管理有关规定，将股权性质由国有法人股调整为国家股。

（3）国投机轻有限公司按2.01元/股的价格，以债务转股权的方式，受让2641.48万股七砂集团持有的国家股，股权性质核定为国有法人股。股权受让后，七砂集团持有的国家股调减为5354.87万元，股权受让方国投机轻有限公司持有的国有法人股为2641.48万元；

（4）发起人贵州省电力工业局持有的本公司990万元法人股，按国有股权管理有关规定，将股权性质调整为国有法人股。

调整后，七砂股份的国家股为6309.87万元，其中5354.87万元国家股由七砂集团持有，955万元国家股由贵州省国资局持有；国有法人股3631.48万元，其中2641.48万元国有法人股由国投机轻有限公司持有，990万元由贵州省电力工业局持有；其他法人股、内部职工股的股权性质和持股人不变。

9.4.1.4 首次公开发行（IPO）

经中国证监会证监发字〔1998〕75号文和〔1998〕76号文批准，七砂股份于1998年4月27日以每股3.63元的价格向社会公众发行4500万股社会公众股（其中，向证券投资基金配售450万股），占发行后公司总股本的26.01%。本次发行后，本公司总股本为17300万股。公司于1998年5月28日，在贵州省工商行政管理局注册登记，注册资本为17300万元。

公司1460万元内部职工股依法在贵州证券登记公司集中托管，并经贵州省证券委员会黔证券办字〔1997〕83号文确认。根据中国证监会《关于股票发行工作若干规定的通知》，公司1460万元的内部职工股自本次公开发行之日起，期满三年后方可上市流通。向证券投资基金配售的股票，自公司股票上市之日起，持有时间不得少于2个月。①

---

① 公司于2000年向所有股东按每10股送3股红股，共送出5190万股，经此次送股后，本公司实收股本增至22490万元。

9.4.1.5 IPO后资产重组

2002年11月4日,七砂集团与贵州达众磨料磨具有限责任公司(以下简称"达众公司")签署《股权划转协议》,将持有的6728.341万股国家股划转给达众公司,占七砂股份总股本的29.92%。2003年3月3日,国家财政部财企(2002)532号文件批准了上述股权划转。

2002年12月31日,达众公司和电信院、大唐电信科技股份有限公司("大唐电信")分别签订了《股份转让协议》。达众公司将持有的七砂股份52828491股转让给电信院,占总股本的23.49%,受让价格为10927.69万元;达众公司将持有的七砂股份14454919股转让给大唐电信,占总股本的6.427%,受让价格为2990万元。过户手续于2005年5月13日完成。

2003年5月19日,经股东大会批准,七砂股份进行重大资产置换。七砂股份将所拥有的贵州七砂进出口公司100%权益以及从事磨料磨具业务的资产(包含相关负债)换出,换入北京大唐高鸿数据网络技术有限公司83.165%的权益。2003年5月资产重组完成后,公司名称由"贵州中国第七砂轮股份有限公司"变更为"大唐高鸿数据网络技术股份有限公司"(高鸿股份)。2003年11月27日,由贵州省工商行政管理局换发了《企业法人营业执照》。

9.4.2 "浙富股份"股东变动

(1) 公司前身成立

浙富股份(002266)全称为"浙江富春江水电设备股份有限公司",系由"富春江水电"整体变更设立。富春江水电于2004年3月26日由孙毅、富春江富士水电设备有限公司、彭建义、富春江水电设备总厂电站设备成套公司("成套公司")、杭州西湖电力电子技术有限公司与另外29名自然人出资1000万元发起设立。除成套公司以资产作价出资外,其余股东均以现金出资。截至2004年3月29日,富春江水电共收到全体股东缴纳的注册资本合计人民币1000万元(详见表9-2)。

（2）2005 年股权转让、增资

2005 年 2 月，成套公司上级单位富春江水电设备总厂与富春江水电订立协议转让成套公司整体资产，富春江水电承接原成套公司整体资产、债务。在被转让的成套公司的整体资产中，包含持有的富春江水电之 8% 的股权，为避免发生富春江水电收购自身股权的情形，富春江水电设备总厂企业产权评审委员会书面同意成套公司关于将所持富春江水电 8% 的股权转让给孙毅之《申请报告》。孙毅支付 80 万元转让价款作为成套公司移交的资产后，进入富春江水电。

2005 年 5 月召开的股东会同时决议富春江水电注册资本增加 235 万元人民币，每 1 元注册资本的认购价格为 1 元。其中，股东孙毅现金增资 5 万元，吸收王荣超等 11 人现金出资 230 万元成为新股东；股东周安伟将其持有的 2% 的股权以 20 万元转让给股东孙毅；因原股东富春江富士水电设备有限公司变更为外商控股公司——东芝水电设备（杭州）有限公司，公司股东更名。就上述股权转让，周安伟与孙毅依法签署了《转让出资协议》。

（3）2006 年、2007 年三次股权转让

2006 年 2 月，富春江水电发生股权转让：股东张鹏程将其持有的 0.81% 的股权转让给孙毅；股东孙玄铦将其持有的 1.63% 的股权转让给孙毅；股东孙毅将其持有的 2.44% 股权转让给新股东史国犹，上述股权转让价格分别为 10 万元、20 万元、30 万元。[①]

2006 年 7 月，富春江水电发生股权转让：股东张信江将其持有的 0.81% 的股权以 10 万元的价格转让给股东赵志强；股东张庆平将其持有的 0.4% 的股权以 5 万元转让给股东王荣超；股东陶静将其持有的 0.81% 的股权以 10 万元转让给股东傅友爱；股东吴元珍将其持有的 1.63% 的股权以 20 万元的价格转让给股东郑怀勇；股东邵小娜、周慧富、汪锡荣、王荣超、王新富、何鸣、马林、蔡新华、林家作分别将其持有的 0.81%、

---

① 张鹏程、孙玄铦均系原富春江水电员工，后因个人原因于 2006 年 2 月离职，故转让其股权；史国犹系公司引入的高级管理人员，2005 年 12 月进入后公司任董事、副总经理，目前仍担任公司董事、副总经理。

0.81%、0.81%、0.81%、3.24%、0.4%、0.4%、0.4%、0.4%的股权转让给孙毅，转让价格分别为：10万元、10万元、10万元、10万元、40万元、5万元、5万元、5万元、5万元。①

2007年4月，富春江水电发生股权转让：股东东芝水电设备（杭州）有限公司将其持有的16.19%的股权以700万元人民币的价格转让给股东孙毅；股东章文将其持有的0.81%的股权以15万元的价格转让给股东孙毅；股东孙毅将其持有的0.4%的股权以5万元的价格转让给股东朱娟；股东孙毅将其持有的0.4%的股权以5万元的价格转让给股东黄俊。②

（4）2007年两次增资、一次股权转让

2007年6月，富春江水电吸收房振武为新股东，同意其以面值认购，对富春江水电增资15万元，折合注册资本15万元，占增资后富春江水电注册资本的1.2%。③ 出资方式为货币，变更后累计注册资本实收金额为1250万元。增资后，富春江水电注册资本由原来的1235万元增加至1250万元。

2007年6月，股东杭州西湖电力电子技术有限公司将其持有5.67%的股权以人民币70万元的价格转让给自然人鲍建江。④

2007年6月29日，富春江水电注册资本增加637.6万元，每1元注册资本的认购价格为5元。其中，原股东按其持股比例同比例增资500万元，

---

① 通过受让吴元珍股权而成为富春江水电股东的郑怀勇，系公司引入之中层管理人员，2006年进入公司至今任市场部部长，目前系公司监事会主席。张信江原系富春江水电员工，2006年6月因个人原因离开公司，故转让其股权，受让其股权的赵志强受让前至今系公司董事、副总经理，通过该次受让张信江持有的股权使其持股比例由1.63%增加至2.43%。受让陶静股权的傅友爱原系富春江水电董事、副总经理，通过受让股权，其持股比例由3.24%增加4.05%，至今仍任公司董事、副总经理。邵小娜、周慧富、汪锡荣、王荣超、王新富、何鸣、马林、蔡新华及林家作均系原富春江水电员工，后因个人原因在2006年6月前离开公司，故转让其股权。

② 经其董事会批准，东芝水电设备（杭州）有限公司决意退出在富春江水电的持股，故出让其股份。章文原系富春江水电员工，2007年4月因个人原因离开公司，故转让其股份。孙毅将持有的0.8%股权按出资额分别转让给朱娟、黄俊，主要因朱娟（公司人力资源部负责人）、黄俊（公司财务部负责人）均为公司中层骨干。

③ 房振武系公司以引进人才为目的吸收进入的新股东，其目前担任公司副总经理、财务总监兼董事会秘书。

④ 鲍建江受让前至今一直任公司董事，目前持有公司3.52%的股份。杭州西湖电力电子技术有限公司系由自然人股东鲍建江、鲍才源投资设立的有限责任公司，其中，鲍建江持有49%的股权，鲍才源持有51%的股权，鲍才源与鲍建江系父子关系。

折合注册资本 100 万元；董事长孙毅除按原持股比例增资外，另定向增资 2328 万元，折合注册资本 465.6 万元；吸收王光明等 13 人为公司新股东，该等新股东认购公司新增出资 360 万元，折合注册资本 72 万元。① 此次增资为公司新增股权资金 3188 万元，新增注册资本合计人民币 637.6 万元，变更后，富春江水电注册资本由原来的 1250 万元增加至 1887.6 万元。

（5）2007 年再次增资

2007 年 7 月，富春江水电于吸收浙江睿银创业投资有限公司、浙江嘉银投资有限公司、自然人陈平、陈之皓为公司新股东，同意该等新股东以每 1 元注册资本认购价格为 22.5 元，对富春江水电增资 5854.5 万元，折合注册资本 260.2 万元，分别占增资后公司注册资本的 5.59%、3.72%、1.86% 及 0.94%。② 此次增资为公司新增股权资金 5854.5 万元，增资后富春江水电注册资本由原来的 1887.6 万元增加至 2147.8 万元。

（6）整体变更为股份有限公司

2007 年 8 月，经浙江省工商行政管理局核准，富春江水电整体变更设立浙江富春江水电设备股份有限公司。以富春江水电截至 2007 年 7 月 31 日经审计的净资产为 158471908.27 元，按 1.4757:1 的比例折为 107390000 股，净资产超过折股部分 51081908.27 元计入资本公积，注册资本为 10739 万元。整体变更设立后，公司管理层、各股东持股比例均未发生变化。

（7）首次公开发行（IPO）

经中国证券监督委员会证监许可【2008】923 号文核准，公司首次公开发行人民币普通股股票 3580 万股。发行采用网下向询价对象配售与网上资金申购定价发行相结合，其中网下配售 716 万股，网上定价发行 2864 万股，发行价格为 14.29 元/股。

---

① 王光明等 13 名新进股东与目前公司董事、监事及高级管理人员间不存在关联关系。
② 新股东均为公司为壮大资本实力引入的外部投资人，增资进入的自然人股东陈平和陈之皓与目前公司董事、监事及高级管理人员间不存在关联关系。

表9-1 "高鸿股份"股东变动情况

1993年定向募集设立		1995年资产重组		1997年股权结构调整		1997年IPO		2003年股权划转		2005年股权转让	
股东名称	持股量（万）持股比例	股东名称	持股量（万）持股比例	股东名称	持股量（万）持股比例	股东名称	持股量（万）持股比例	股东名称	持股量（万）持股比例	股东名称	持股量（万）持股比例
第七砂轮厂	2527.80 40.43%	七砂集团	8849.05① 69.13%	七砂集团	5354.87② 41.83%	七砂集团	5354.87 30.95%	达众公司	6728.34③ 29.92%	中信科学技术研究院	5282.85 23.49%
贵州省电力工业局	900.00 14.39%	贵州省电力工业局	990.00 7.73%	国投轻机	2641.48 20.63%	国投轻机	2641.48 15.27%	国投轻机	3433.92 15.27%	国投轻机	3433.92 15.27%
第六砂轮厂	93.00 1.49%	第六砂轮厂	102.30 0.80%	贵州省电力工业局	990.00 7.73%	贵州省电力工业局	990.00 5.72%	贵州省电力公司	1287.00 5.72%	大唐电信	1445.49 6.43%
定向募集股东	1271.50 20.34%			贵州省国资局	955.00 7.46%	贵州省国资局	955.00 5.52%	贵州省国资局	1241.50 5.52%	贵州省电力公司	1287.00 5.72%
内部职工股	1460.00 23.35%					开元基金管理公司	225.00 1.30%			贵州省国资局	1241.50 5.52%
						金泰基金管理公司	225.00 1.30%				
						其他社会公众股	4050.00 23.41%				
总股份	6252.30	总股份	12800.00	总股份	12800.00	总股份	17300.00	总股份	22500.00	总股份	22500.00

根据《贵州中国第七砂轮股份有限公司招股说明书》《贵州中国第七砂轮股份有限公司股票上市公告书》《大唐高鸿数据网络技术股份有限公司股权分置改革说明书》等资料整理。

① 8849.05 = 2527.8 × 1.1 + 6068.46
② 5354.87 = 8849.05 + 102.30 − 955 − 2641.48
③ 6728.34 = 17300 × 29.92% × 1.3

9 股东利益关联与股东关系

表 9-2 "浙富股份"股东变动情况

2004年公司前身成立		2005年股权转让、增资		2006、2007年股权转让		2007年股权转让、增资		2007年增资（变更设立）		2008年IPO	
股东名称	持股比例	股东名称	持股比例	股东名称	持股比例	股东名称	持股比例	股东名称	持股比例	股东名称	持股比例
孙毅	29.50%	孙毅	29.50%	孙毅	57.09%	孙毅	65.00%	孙毅	57.13%	孙毅	42.85%
富春江富士水电设备有限公司	20.00%	富春江富士水电设备有限公司	20.00%								
彭建义	10.00%	彭建义	10.00%	彭建义	8.10%	彭建义	5.72%	彭建义	5.03%	彭建义	3.77%
富春江水电设备总厂电站设备成套公司	8.00%	富春江水电设备总厂电站设备成套公司	8.00%								
杭州西湖电力电子技术有限公司	7.00%	杭州西湖电力电子技术有限公司	7.00%	杭州西湖电力电子技术有限公司	5.67%						
								浙江睿银创投	5.59%	浙江睿银创投	4.19%
								浙江嘉银投资	3.72%	浙江嘉银投资	2.79%
29位自然人股东	25.50%	29位自然人股东	25.50%	25位自然人股东	29.14%	40位自然人股东	29.28%	42位自然人股东	28.53%	42位自然人股东	21.40%
										社会公众股东	25.00%

根据《浙江富春江水电设备股份有限公司首次公开发行股票招股说明书》《浙江富春江水电设备股份有限公司首次公开发行股票上市公告书》等资料整理。

10　非流通股份交易中的会计信息质量[①]

本章以股权分置改革后"大小非"减持中的盈余管理为研究对象，考察我国证券市场是否存在资本市场动因的盈余管理。研究发现，在原非流通股股东所持股份解禁或减持之前的季度期间，公司的可操纵应计显著为正，并且盈余管理的程度与相应期间公司股票的市场表现正相关。这一发现表明，我国证券市场存在比较普遍的以配合减持为目的的盈余管理行为，资本市场动因的盈余管理为人们思考"大小非"交易监管和信息披露监管提供了新的线索。

10.1　研究问题的提出

2005年4月29日，中国证监会发布《关于上市公司股权分置改革试点有关问题的通知》，正式启动股权分置改革。2006年6月19日，股改第一家试点企业"三一重工"的法人股东象征性抛售了100股法人股，由此拉开了我国证券市场"大小非"减持的序幕。减持过程中，"大小非"是否利用了本身的信息优势、相关行为是否有违公平原则等，也逐步成为市场关注的焦点。2008年4月20日，证监会发布《上市公司解除限售存量股份转让指导意见》，规定预计未来一个月内减持量超过总股本1%的，必须通过交易所大宗交易系统转让；上市公司控股股东在公司年报、半年报公告前30日内不得转让解除限售的存量股份。前者主要是为了缓解"大小非"减持对市场的冲击，后者则旨在遏制利用信息优势的内幕交易。

---

① 本章内容已在有关期刊作公开发表，编入本书时作了适当删节、修改，特此说明。

股权分置改革之前,非流通股股东持有的股份无法自由转让、正常获益渠道不通畅,被认为是导致上市公司大股东寻求非市场化途径掠夺中小投资者的重要原因。割裂的股权结构也使得市场机制在约束大股东、公司高管等方面无法发挥应有的作用(吴敬琏,2001)。随着非流通股份限售规定逐步解除,原非流通股股东的利益实现方式与市场的关联性越来越直接。较好的市场行情、低持股成本、减持过程中可能采取的一些关联性策略等,都被认为是促使股东减持的有利外部条件。但在法律、监管相对滞后的情况下,这也可能诱发股东新的掠夺行径。相应的,原非流通股股东所具有的信息优势可能在其中发挥重要作用,从而引发上市公司基于资本市场动因的盈余管理。

表10-1是2006—2012年我国证券市场"大小非"解禁与减持情况。从表10-1中可以看出,2009年我国证券市场将迎来股改后最大规模的解禁高潮,如何加强减持过程中的交易监管和信息披露监管,保护中小投资者利益、维护证券市场稳定发展,构成未来市场监管的重中之重。基于此,本章尝试以股权分置改革后原非流通股股东减持股份过程中的盈余管理为研究对象,考察股东利益实现机制嬗变是否会引发上市公司新的盈余管理行为。

表10-1 我国证券市场"大小非"解禁与减持规模

	解禁规模(万股)	减持规模(万股)	减持市值(万元)
2006	1048010	43884	497302
2007	5635596	555233	8391120
2008	7995257	152788	2295644
2009	20366860	N/A	N/A
2010	4343368	N/A	N/A
2011	3780393	N/A	N/A
2012	819933	N/A	N/A

数据来源:根据WIND金融研究数据库数据整理,其中2008年减持数据截至2008年4月30日。

10.2 案例分析：冠福家用

2008年5月，福建证监局向冠福家用（002102）发出了《关于限期整改的通知》（闽证监公司字〔2008〕14号），对公司随意变更会计核算方法等问题提出了整改要求。

10.2.1 随意变更会计政策

冠福家用全称为"福建冠福现代家用股份有限公司"，2006年12月在深市中小企业板上市，股票代码为002102。经营范围包括日用及工艺美术品加工制造、陶制品原辅料销售等，主要采用经销商销售的经营模式。公司在2007年之前采用"委托代销"的方式确认销售收入，即各分销商实际售出商品、向公司按月报送已销产品清单后，公司才确认销售收入实现。2007年实施新会计准则后，冠福家用董事会决定从2007年1月1日起，将销售收入的确认方法从"委托代销"统一改为"一般销售"①，即公司在向分销商发出商品、并在对方确认收到商品后，就直接确认收入，而不考虑分销商是否真正实现或完成了对外销售。公司同时承认，"此变更将影响当期损益，增加当期利润和股东权益"。冠福家用在2007年季报、半年报和年度业绩快报中都采用了"一般销售"法确认收入，这几份财务报告无一例外都提到，会计方法变更是公司业绩比上年同期大幅增长的主要原因，但同时也带来应收账款的大幅增长。2007年各会计期间主要财务指标相对上年度增长情况详见表10-2。

---

① 2007年3月28日，冠福家用第二届董事会第十次会议决定，公司将从2007年1月1日起施行新的《企业会计准则》，并根据该准则相应修改本公司的会计政策，调整会计估计作为2007年度会计核算的基础和依据。其中，公司经销商原采用的由受托方自行定价、差价归受托方收取的"委托代销"收入确认方法将变更为"一般销售"方式，此变更将影响当期损益、增加当期利润和股东权益。

表10-2 "冠福家用"2007年各会计期间主要财务指标（一般销售核算法）

	第一季度季报	半年报	第三季度季报	年度业绩快报
营业总收入比上年同期增长	42.37%	42.59%	43.51%	52.14%
净利润比上年同期增长	22.96%	47.19%	38.02%	17.40%
应收账款比期初增长	80.74%	92.58%	105.77%	N/A
EPS/元	0.11	0.195	0.2948	0.35

资料来源：根据冠福家用2007年第一季度季报、半年报、第三季度季报、年度业绩快报等整理。

2008年2月29日，冠福家用公告了2007年度业绩快报，但就在2008年3月19日，公司又发布了2007年度业绩快报修正公告。公告指出，采用的"一般销售"核算方式"无法更全面和准确反映2007年的经营成果"，"为坚持会计核算的谨慎原则"，2007年度财务报告继续采用"委托代销"方式进行核算。这一核算方式变更直接导致2007年度财务业绩大幅下降，董事会成员也因此向广大投资者致歉。在2008年4月28日公布的2007年年报、2008年第一季度季报中，冠福家用也都恢复采用"委托代销"核算方法。

表10-3列示了收入核算方法变更前后冠福家用2007年度主要财务指标变动情况。从表10-3中可以看出，采用委托代销法后公司业绩显著下降。以每股净利润（EPS）为例，收入核算方法从"一般销售"变更为"委托代销"，公司的2007年度EPS也从0.35元变为0.22元。前后不足20天，仅仅因为会计政策调整，冠福家用年度收益下降了37%。

表10-3 "冠福家用"收入核算方法变更前后2007年度主要财务指标比较

	2007年度业绩快报		比上年同期增长	
	变更前（一般销售）	变更后（委托代销）	变更前（一般销售）	变更后（委托代销）
营业总收入/万元	50,882.74	41,116.86	52.14%	22.94%
净利润/万元	4,303.08	2,735.24	17.40%	-28.09%
EPS/元	0.35	0.22	16.67%	-26.67%

资料来源：根据冠福家用2007年度业绩快报、2007年度业绩快报修正公告整理。

10.2.2 非流通股东的减持行为

2007年,冠福家用将收入核算方法由"委托代销"变为"一般销售",2008年又再次变回"委托代销"。2007年的变更是为了配合新会计准则实施,2008年则是因为变更后的收入核算方法无法全面、准确反映公司的经营成果。一年之内两次调整会计政策,虽然冠福家用都向市场公告说明,但变更理由显然较为主观,会计政策调整的随意性也较大。并且从表10-2、表10-3中可以看出,两次变更对公司业绩的影响都相当显著,尤其是第二次变更,直接导致公司2007年度业绩大幅下降。冠福家用随意变更会计政策的真实动因暂且不论,结合变更前后公司非流通股股东在资本市场的相关行为会发现,冠福家用变更会计政策的"时机"颇为耐人寻味。

表10-4 "冠福家用"相关事件时间顺序及相应期间股价表现

日期	相关事件	股价
2007.10.26	公布2007第三季度季报	收盘价14.66元/股
2008.1.2	2624.6285万股非流通股解禁上市	收盘价28.80元/股
2008.1.3	公司股价达到历史最高点	最高价31.07元/股
截至2008.2.29	共计减持598.3907万股,占解禁总股份的22.08%	1月份均价25.62元/股,2月份均价22.17元/股
2008.2.29	公布2007年度业绩快报	收盘价21.15元/股
2008.3.19	公布2007年度业绩快报修正公告	收盘价14.86元/股
2008.3.31	公布澄清公告	收盘价12.65元/股
2008.4.28	公布2007年报、2008第一季度季报	收盘价11.88元/股

2008年1月2日,冠福家用首次公开发行前部分已发行股份取得流通权。此次可上市流通2624.6285万股,占公司总股份的22.99%。公司11位发起人股东中除了前4位股东,其余7位发起人所持股份全部解禁。次日公司股价创出历史最高,达到每股31.07元。截至2月29日,冠福家用在1月份解禁的2624余万股非流通股中的22.08%已被减持,公司发起即原第5大股东福建华兴创业投资有限公司更是将持有的4.62%股份悉数抛

售完毕①。也正是在 2 月 29 日这一天，公司公布了 2007 年度业绩快报，19 天后的 3 月 19 日，公司又公布了 2007 年度业绩修正公告。从公司的股价表现可以看出，在减持最有可能发生的 1 月、2 月，公司股票的平均交易价格都达到了 20 元以上，分别为每股 25.62 元和每股 22.17 元。2 月底公布业绩快报后则持续走低，3 月中旬公布业绩快报修正公告当日，公司股价收于每股 14.86 元。3 月底冠福家用公布澄清公告时，公司股价收盘价为每股 12.65 元，还不及历史最高点的一半（详见表 10-4）。

10.2.3　会计政策变更配合股东减持？

如此随意的会计政策变更、变更前后公司业绩的重大差异、"巧合"的解禁和减持时间安排，以及相应期间公司股价的"应景"表现等，都不得不让人怀疑，这一切的背后很可能是部分股东有计划促成管理层选择会计处理方法，以达到配合减持套现的目的。

事实上，市场对公司变更会计政策和股东减持之间的时间巧合性也颇有质疑。2008 年 3 月 29 日，《经济观察报》以"冠福家用年报质疑，21 天核销 3 成利润"为题，指出冠福家用短时间内变更会计政策是为了配合非流通股东减持。报道认为，公司可能通过 2007 年三季度季报抬高股价，为即将解禁股份的减持作准备。相应的，冠福家用股价自 2007 年 10 月底开始持续走高，直至解禁次日的历史最高点。另外，解禁日后的 10 个交易日内，冠福家用的累计换手率达到了 33.5%，而解禁日之前的 70 个交易日内，只有 3 个交易日的换手率在 1% 以上。针对该财经报道，冠福家用于 2008 年 3 月 31 日公布澄清公告，说明公司并不存在上述行为。但也正是通过该澄清公告，市场投资者才得以了解公司已解禁股份的减持情况。而在此之前，因为监管部门对"小非"减持的信息披露未作硬性规定，公司从未向市场公告过相关减持信息。

---

① 需要说明的是，2007 年 12 月 28 日冠福家用公布非流通股份上市流通提示公告后，再未向市场披露解禁股份的任何减持情况。直至 2008 年 3 月 31 日，公司针对《经济观察报》"冠福家用年报质疑，21 天核销 3 成利润"的澄清公告，才让市场了解到解禁股份在 1 月、2 月的减持情况。

10.3 制度背景与研究假说

10.3.1 制度背景

股权分置改革前，割裂的股权结构是我国证券市场的一个显著特征。由于所有制等方面的原因，原国有企业股份制改造产生的国有股一直处于暂不流通的状态，公开发行前的社会法人股、自然人股等非国有股份也作出了暂不流通的安排，由此形成了我国证券市场股权分置的格局。这部分非流通股股东在很大程度上掌握了对上市公司的控制权，但由于无法通过在市场上转让原始股权获取资本性收益，非流通股股东的利益主要由非证券价格渠道获得。有关上市公司大股东掏空行为（Tunneling）的研究也发现，控股股东有可能通过关联交易（刘峰等，2004）、现金股利（李增泉等，2004）、并购重组（李增泉等，2005）等方式转移中小投资者财富。

股权分置改革的初衷是期望通过推动资本市场转换机制，消除非流通股与流通股的流通差异性，强化市场对上市公司的约束机制（尚福林，2005）。改革后，随着股份逐步解禁、取得流通权，原非流通股股东的利益实现途径也开始发生变化。原非流通股份在满足特定条件后，可在市场上以市值变现，这使得股东利益与二级市场股价直接挂钩。由于会计信息在引导投资者对公司股票进行估价的过程中具有重要作用（Scott，2003），对股价波动的敏感性可能引发股东以影响市场预期为主要目的的操纵行为。因此可以预期，出于减持的需要，原非流通股股东可能有动力通过操控会计盈余来影响公司的股价表现。

另外，改革之前原非流通股股东对上市公司的控制力，也令其有能力影响公司的会计政策，甚至是会计信息的加工与披露。这种控制力主要来自两个途径：一是股东的直接持股优势；二是股东的隐性影响力。直接持股优势主要是原非流通股股东中第一大股东的优势，根据 WIND 金融研究数据库的统计，截至 2005 年年底我国 A 股上市公司第一大股东平均持股比例为 40.42%，如此高的持股比例令这部分股东很容易左右公司的会计政策。隐性影响力则是原非流通股东中第一大股东以外其他股东的优势，这部分股东虽然持股比例较低，但其中多数所具有的发起人身份（部分还是内部股东），可能使其对公司具有一定的影响力。首先，同为发起人的身份使得原非流通股东之间可能具有某种默契性质的战略合作关系，因此这部分股东可能借助具有持股优势的股东来实现利益诉求。其次，发起人认购股份、构建公司治理时，其委派的高管也可能是这部分股东影响公司决策的途径。最后，发起人股东之间存在的其他关联甚至某些利益链条，也可能成为其施加影响力的途径。

10.3.2 研究假说

股份的自由流通赋予了股东最为直接的操纵激励，这一过程需要区分解禁和减持两个事件点。解禁指的是股改方案规定的限售期结束后，原非流通股份取得上市流通权。虽然这一事件并不涉及事实上的出售行为，但也给股东提供了确定的可出售预期，因此，股东可能在解禁来临之前就开始盈余管理，为未来减持作准备。减持指的是原非流通股获准上市流通后，股东以市价在市场上公开出售所持有的股份。可以说，以市价减持为原非流通股股东操控最接近期间的会计盈余、影响市场预期提供了最为直接的动力。

目前国内有关盈余管理的研究多以年度盈余为考察对象，但非流通股份的解禁和减持是一个连续过程，并且多次行为之间的时间间隔较短。相比之下，对季度财务数据的操纵可更为及时地配合股东在资本市场上的各种意图（Erickson and Wang，1999；Park and Park，2004）。由于盈余管理的目的是为了配合股东出售股份，相应的盈余管理应该是一种正向操控（Upward），并以提升股价为目的（Rangan，1998；Erickson and Wang，1999）。

解禁、减持规模和相应期间公司的股价表现，是影响股东减持收益的两个最为直接的因素。因此可以预期，在下一阶段行将解禁或计划减持的规模越大，股东进行正向盈余管理的激励也越大。而为最大化减持收益，股东也会尽可能选择在公司股价表现较好的期间出售股票。公司的股价表现除受制于市场整体行情外,还可能受公司财务信息的影响。因此,为配合减持需要,上市公司可能通过各种信息途径引导投资者的价值判断,这其中就包括了对解禁、减持之前的季度性盈余进行正向操控。由此,本书提出以下待检验假说:

H10-1a:为配合减持需要,原非流通股股东有可能对解禁或减持之前最近季度的财务数据进行正向盈余管理。

H10-1b:解禁或减持的规模越大,相应期间的盈余管理的程度也越强。

H10-2:解禁或减持期间,公司股票的市场收益显著为正,并与相应期间的盈余管理程度正相关。

10.4 研究设计

10.4.1 数据来源

研究以截至 2007 年 12 月 31 日上交所上市公司非流通股股东的解禁和减持事件为研究对象。剔除金融和保险行业上市公司以及财务数据和交易数据缺失的上市公司,最后取得 175 家样本公司,共计 219 起解禁事件、531 起减持事件。解禁和减持数据来自上交所"上市公司诚信记录",财务数据和市场交易数据来自 CSMAR 中国股票市场研究数据库和 WIND 金融研究数据库。表 10-5 是解禁和减持事件在研究期间内各季度的分布情况。

表 10-5 解禁和减持事件时间分布

	06 III	06 IV	07 I	07 II	07 III	07 IV	合计
解禁事件	6	29	42	54	48	40	219
减持事件	2	7	102	146	171	103	531

10.4.2 盈余管理的季度性财务期间

图 10-1 说明了如何确定最可能进行盈余管理的季度性财务期间。如果解禁或减持发生在季度 N,解禁或减持之前最近公布的财务报告所归属

的季度为（$N-1$），则确定为最有可能进行盈余管理的财务期间为 $T0$，期间 $T1$、$T-1$ 等依次顺推。同一家公司，受同一期间盈余管理影响的解禁或减持事件可能会有若干次，在研究中只认定为该公司的一次盈余管理行为。

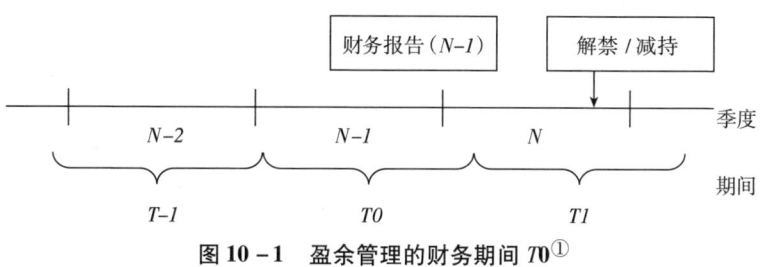

图 10-1　盈余管理的财务期间 $T0$①

10.4.3　操控性应计和市场收益

（1）操控性应计（DA）

研究采用应计利润分离法计量盈余管理规模。夏立军（2003）对多个应计利润分离模型在中国市场的比较发现，分行业估计、采用营业性总应计作为因变量估计行业特征参数的截面 Jones 模型，能够更为有效地揭示上市公司的盈余管理。因此，研究以营业性总应计（OA）作为因变量、采用分行业截面 Jones 模型分离营业性操控应计（DOA）。在非营业性操控利润（DNOI）的估计上，张国清、方轶强、夏立军（2006）采用非营业性利润（NOI）的行业均值作为非营业性非操控利润（NDNOI），其与各公司非营业性利润（NOI）之间的差值为非营业性操控利润（DNOI）。最后，营业性操控应计（DOA）与非营业性操控利润（DNOI）之和，为操控性应计（DA）。

$$OA_i = OI_i - CFO_i \qquad (10-1)$$

OA_i 为营业性总应计，OI_i 为当期营业利润，CFO_i 为当期经营活动净现金流，其中期间以季度为单位。

$$\frac{OA_i}{TA_i} = \alpha_0 \left(\frac{1}{TA_i}\right) + \alpha_1 \left(\frac{\Delta REV_i}{TA_i}\right) + \alpha_2 \left(\frac{PPE_i}{TA_i}\right) + \varepsilon_i \qquad (10-2)$$

---

① 还存在一种情况，解禁或减持发生在季度 N，但季度 $N-1$ 的财务报告尚未公布，因此追溯季度 $N-2$ 的财务报告为最可能配合资本市场行为的财务报告，季度 $N-2$ 确定为盈余管理的财务期间 T0。

研究以营业性总应计 OA 为因变量，采用分行业截面 Jones 模型分离公司的营业性操纵应计 DOA。ΔREV_i 为当期主营业务收入相对上期的变化量，PPE_i 为当期期末厂场设备等固定资产原值，TA_i 为期初资产总额。营业性非操控应计 NDOA 计算如下

$$NDOA_i = a_0 \left(\frac{1}{TA_i}\right) + a_1 \left(\frac{\Delta REV_i}{TA_i}\right) + a_2 \left(\frac{PPE_i}{TA_i}\right) \qquad (10-3)$$

由此得到营业性操控应计 DOA

$$DOA_i = \frac{OA_i}{TA_i} - NDOA_i \qquad (10-4)$$

经公司规模调整后的非营业性非操控利润（NDNOI）项目在同一行业、同一期间可能是类似的，因此可采非营业性利润（NOI）的行业均值作为公司的非营业非操控利润（NDNOI），其与公司的非营业性利润（NOI）的差值则是公司的非营业性操控利润（DNOI）。

$$NOI_i = NI_i - OI_i \qquad (10-5)$$

$$NDNOI_i = \overline{\frac{NOI_i}{TA_i}} \qquad (10-6)$$

$$DNOI_i = \frac{NOI_i}{TA_i} - \overline{NDNOI_i} \qquad (10-7)$$

NI_i 为当期净利润，NOI_i 为非营业性利润，$NDNOI_i$ 为非营业性非操控利润，$\overline{NDNOI_i}$ 为非营业性非操控利润的行业均值，$DNOI_i$ 为非营业性操控利润。最后得出操控性应计 DA

$$DA_i = DOA_i + DNOI_i \qquad (10-8)$$

如果确实存在基于解禁或减持目的的盈余管理，那么样本公司的操控性应计 DA 在 T0 期间应该显著大于 0，并呈现出在 T0 之前逐步上升，但之后转为下降的趋势（Erickson and Wang, 1999; Teoh et al., 1998a、1998b）。因此，如果研究发现 T0 期间的 DA 显著大于 0，且在前后期间呈现出上述变化趋势，则假说 H4 - 1a 通过检验。

（2）市场收益（RET）

借鉴 Teoh etc.（1998a，1998b），以经市场调整后的长时窗累计超常

收益测度解禁、减持期间样本公司的市场收益。由于长时窗市场收益结果容易受计算方法的影响,研究采用了两种不同的计算方法

$$\text{CAR}_T = \sum_{t=0}^{T}\left[\frac{\sum_{i=1}^{N}(r_{it} - m_t)}{N}\right] \quad (10-9)$$

$$\text{BH}_T = \frac{\sum_{i=1}^{N}\left[\prod_{t=0}^{T}(1+r_{it}) - \prod_{t=0}^{T}(1+m_t)\right]}{N} \quad (10-10)$$

其中,r_{it} 为公司 i 在 t 月的个股收益率;m_t 为 t 月的市场收益率;T 为设定的研究期间长度;N 为 t 月的样本公司数。

研究采用了月度和季度两种期间。以月为单位时,解禁或减持发生的当月设定为 0 期,计作 $M0$,前后月份顺推。以季为单位时,解禁或减持发生的当季度设定为 0 期,计作 $Q0$,前后季度顺推。$Q0$ 的季度期间不采用年历季度,而是以受同一季度财务数据影响的多次解禁或减持行为中最后一次行为所在的月份为起点,向前追溯两个月,合计 3 个月计算①。研究预期样本公司的市场收益在 $M0$ 和 $Q0$ 期间应该会有一个显著走高的趋势。

10.4.4 检验模型

(1) 资本市场动因的盈余管理

为检验假说 H4-1b,研究设置了模型(10-11)

$$\begin{aligned}\text{DA}_i =\ & \beta_0 + \beta_1 Transaction_i + \beta_2 Lev_i + \beta_3 Size_i + \beta_4 \text{CFO}_i + \beta_5 \text{DA}_{-1,i} + \\ & \beta_6 E_{+1,i} + \text{QUA} + \varepsilon_i \end{aligned} \quad (10-11)$$

---

① 之所以这样确定 $Q0$,是基于以下考虑:①3 个月的 RET 计算期间与季报期间相对应;②不采用解禁或减持所在的年历季度作为 RET 的计算期间,是为了避免把解禁或减持后月度的市场收益计算在内(例如:最后一次减持发生在 5 月,本书的确定方法 $Q0$ 包括 3、4、5 三个月,年历季度则为 4、5、6 三个月)。通常认为减持信息披露后,市场的反应将为负,如果把减持后(如 6 月份)的市场收益计算在内,会扭曲对实际减持期间 RET 的计算(当然,如果最后一次减持发生在 6 月份,那么 $Q0$ 就和年历季度重合);③如果前溯的第二个月早于季报公布的实际日期(承上例:3 月份为前溯的第二个月,而第一季度的季报在 4 月份公布),研究认为将该月纳入 $Q0$ 对 RET 准确性的影响可以忽略。因为通常在季报正式公布之前会有业绩预增(减)公告发布,或者投资者还能通过其他渠道获知即将公布的业绩情况,因此市场会开始有所反应。

因变量。DA_i 为公司 i 在 $T0$ 期间的操控性应计。

测试变量。$Transaction_i$ 为公司 i 公布了 $T0$ 期间的季度性盈余后，到 $T1$ 期间季度财务报告披露之前这一期间内的总交易规模。如果这一期间内公司发生了多次解禁或减持事件，那么各次事件的交易规模之和为 $Transaction_i$，这些交易可视为受同一期间财务报告的影响。借鉴 Park 和 Park（2004）的研究，$Transaction$ =（交易量×交易价格）/期初资产总额。对解禁事件而言，$Transaction$ 为解禁规模，交易量为期间内取得上市流通权的股份总数，交易价格采用取得上市流通权当月公司股票的交易均价；对减持事件而言，$Transaction$ 为减持规模，交易量为期间内实际减持的股份总数，交易价格为减持价格①。研究预期 $Transaction$ 和 DA 正相关。

控制变量。Lev_i 为公司 i 在 $T0$ 的财务杠杆，以负债总额除以资产总额计量，为控制债务约束对盈余管理的影响（DeFond and Jiambalvo，1994）；$Size_i$ 为公司 i 在 $T0$ 的规模，以资产总额的自然对数计量，为控制公司规模引发的外部监管对盈余管理的影响（Dechow and Dichev，2002）；CFO_i 为公司 i 在 $T0$ 的经营活动产生的净现金流，以期初资产总额标准化表示除以期初资产总额，DA_{-1i} 为公司 i 在 $T-1$ 期间的操控性应计，E_{+1i} 为公司 i 在 $T1$ 期间的净利润，以期初资产总额标准化，三者用以消除估计操控性应计过程中遗漏的与业绩相关的变量（Dechow and Dichev，2002；DeFond and Park，1997；Subramanyam，1996）②；QUA 为虚拟变量，对财务报告所属的季度期间进行控制。

（2）盈余管理的经济后果

为检验 H4-2，研究设置了模型（10-12）：

$$RET_i = \beta_0 + \beta_1 DA_i + \beta_2 ROA_i + \beta_3 B/M_i + QUA + \varepsilon_i \quad (10-12)$$

---

① 没有披露减持价格的，采用减持期间公司股票的交易均价。

② 模型同时采用 DA 与 DA_{-1}，可能会出现时间序列相关问题。借鉴张国清、赵景文（2008）的研究，Newey etc.（1987）所提出的方法能有效克服这一问题。该方法不会改变参数估计，只是以更为稳健的方法估计参数标准差，以获得更为一致的 t 统计值。研究采用 Newey etc.（1987）的方法估计标准差，进而估计各参数的 t 统计量并进行假设检验，研究结果并无重大差异。

因变量。RET_i 为公司 i 在 $Q0$ 期间的市场收益,分别采用 CAR 和 BH 计量。

测试变量。DA_i 为公司 i 在 $T0$ 期间的操控性应计,预期 DA 与 RET 之间正相关。

控制变量。ROA_i 为公司 i 在 $T0$ 期间的总资产收益率,控制当期报告盈余对市场收益的影响;B/M_i 为公司 i 在 $T0$ 期间的期初资产账面价值与市值之比,控制公司成长性对市场收益的影响;QUA 为虚拟变量,对解禁或减持发生的季度期间进行控制(详见表 10 – 6)。

表 10 – 6 变量定义

变量名	变量定义
(1)因变量	
DA	$T0$ 期间的操控性应计,采用分行业截面 Jones 模型计量
RET	$Q0$ 期间的市场收益,分别采用 CAR 和 BH 计量
(2)测试变量	
Transaction	交易规模,(交易量×交易价格)/期初资产总额。 当研究对象为解禁事件时,Transaction 为解禁规模,交易量为解禁股份数,交易价格为解禁当月公司股票的交易均价; 当研究对象为减持事件时,Transaction 为减持规模,交易量为实际减持股份数,交易价格为减持价格
DA	操控性应计,采用分行业截面 Jones 模型计量
(3)控制变量	
Lev	财务杠杆,负债总额/资产总额
Size	规模,期初资产总额取自然对数
CFO	经营活动现金流,以期初资产总额标准化
DA_{-1}	$T-1$ 期间的操控性应计
E_{+1}	$T1$ 期间净利润,以期初资产总额标准化
ROA	总资产收益率,净利润/资产总额
B/M	成长性,期初资产账面价值/期初资产市值
QUA	虚拟变量,具体为 QUA1, QUA2, QUA3, QUA4; 在模型(10 – 11),当 $T0$ 为第一季度,QUA1 = 1,其余为 0,以此类推; 在模型(10 – 12),当减持发生在第一季度,QUA = 1,其余为 0,以此类推

10.5 检验结果

10.5.1 描述性统计

（1）操纵性应计（DA）

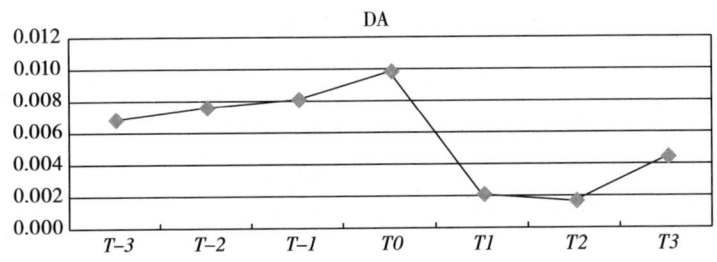

图 10-2 解禁事件 DA 趋势（均值）

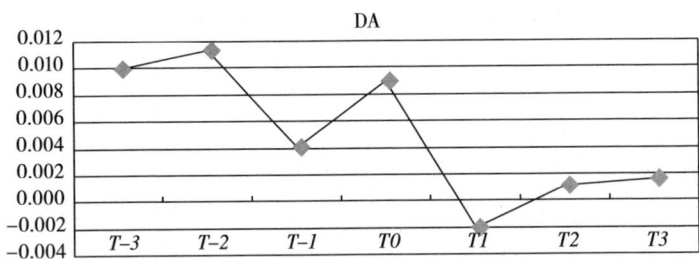

图 10-3 减持事件 DA 趋势（均值）

表 10-7 各期间 DA 均值

		$T-3$	$T-2$	$T-1$	$T0$	$T1$	$T2$	$T3$
解禁	DA	0.006844	0.007600	0.008053	0.009868	0.002044	0.001692	0.004383
	t 值	1.325	2.195**	2.059**	2.455**	0.538	0.437	0.777
减持	DA	0.009894	0.011184	0.004059	0.008925	-0.001997	0.001137	0.001609
	t 值	2.126**	3.917***	1.139	2.485**	-0.537	0.233	0.231

注：***、**分别表示在 0.01、0.05 水平以下统计显著（双尾检验）。

图 10-2 和图 10-3 是解禁和减持前后公司 DA 的变化趋势。从图 10-2 中可看出，在解禁之前，DA 有一个逐步走高的趋势，并在最接近解禁时点的 $T0$ 期间达到最大值。DA 在 $T1$ 期间随即下降，一直到 $T3$ 期间才开始缓

慢上升。解禁的时点在股改完成时就已确定,因此公司可能在解禁之前,开始逐步为将来的资本市场行为作准备。之后期间 DA 的再次上升,可能是为了配合后续的减持需要。从图 10-3 中可看出,减持前后的 DA 也存在类似变化趋势。DA 在 T0 期间达到较大值,在 T1 期间迅速回落,在 T2 期间才开始逐步上升,基本上印证了公司存在配合实际减持的盈余管理。相比之下,T0 之前 DA 的波动性比较大。一方面可能是因为减持不像解禁那样具有确定的可预期性;另一方面减持之前的解禁也可能影响 DA 的变化。表 10-7 各期间 DA 的均值检验结果进一步支持了上述结论,H4-1a 通过检验。

(2)市场收益(RET)

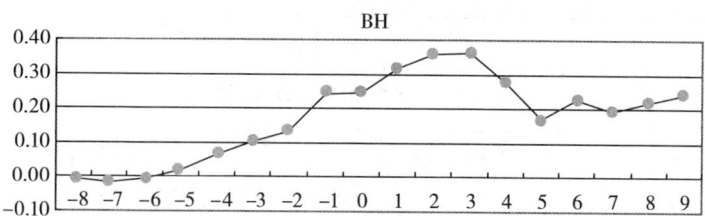

图 10-4 解禁事件市场收益(月度)

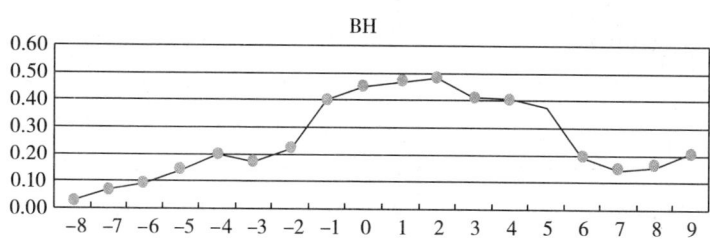

图 10-5 减持事件市场收益(月度)

表 10-8 解禁事件市场收益(季度)

期间	CAR			BH		
	季度值	t 值	累计值	季度值	t 值	累计值
$Q-2$ ($-8\sim-6$)	-0.010192	-0.471	-0.010192	-0.005947	-0.221	-0.005947
$Q-1$ ($-5\sim-3$)	0.062311**	2.157	0.052119	0.098368***	2.608	0.103717

续表

期间	CAR			BH		
	季度值	t 值	累计值	季度值	t 值	累计值
Q0 (-2~0)	0.064218**	2.329	0.116338	0.069476**	1.961	0.244218
Q1 (1~3)	0.075391***	2.762	0.191729	0.077260**	2.253	0.362565
Q2 (4~6)	-0.003862	-0.148	0.187867	-0.014118	-0.445	0.226867
Q3 (7~9)	0.014863	0.403	0.203303	0.023810	0.530	0.243957

注：***、**分别表示在0.01、0.05水平以下统计显著（双尾检验）。

表10-9 减持事件市场收益（季度）

期间	CAR			BH		
	季度值	t 值	累计值	季度值	t 值	累计值
Q-2 (-8~-6)	0.070695***	2.879	0.070695	0.094463***	2.998	0.094463
Q-1 (-5~-3)	0.041484*	1.615	0.112179	0.045837	1.387	0.173240
Q0 (-2~0)	0.119529***	4.440	0.231708	0.142868***	4.036	0.455523
Q1 (1~3)	0.025967	0.965	0.257676	0.008374	0.261	0.411808
Q2 (4~6)	-0.051242*	-1.652	0.206434	-0.060320*	-1.652	0.201175
Q3 (7~9)	-0.038099	-0.992	0.168335	-0.059225	-1.466	0.206740

注：***、**、*分别表示在0.01、0.05、0.1水平以下统计显著（双尾检验）。

图10-4和图10-5是解禁和减持前后市场收益的变化趋势。从图10-4中可看出，解禁之前样本公司的市场收益逐步由负转为正，$Q-1$、$Q0$ 和 $Q1$ 期间均显著为正，$Q2$ 期间开始下降，$Q3$ 期间又转为上升。可见

解禁当期样本公司的市场收益显著高于市场整体水平，这一情况还持续了一定期间，可能和后续的减持行为有关。从图10-5中可看出，减持公司的市场收益从 $Q-2$ 期间就开始显著为正，并在实际减持当期达到最大值，$Q1$ 期间的季度收益虽然仍为正，但值很小，且没有通过显著性测试，$Q2$ 期间市场收益开始下降。这表明减持期间样本公司股票的获利能力是高于市场整体水平的，之后由于信息披露等原因，投资者修正了对公司的价值判断，股价开始转而走低（详见表10-8、表10-9）。

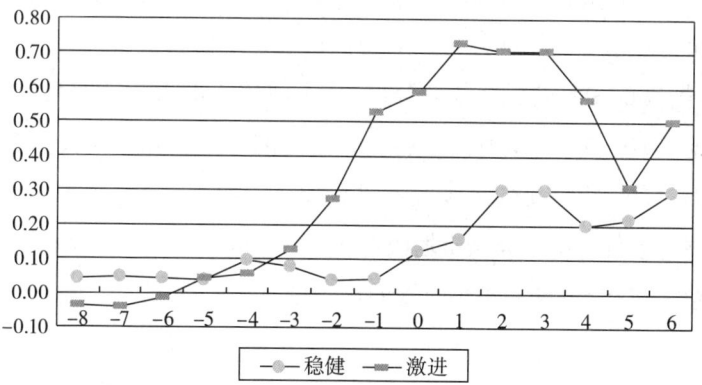

图 10-6　解禁事件市场收益比较（BH）

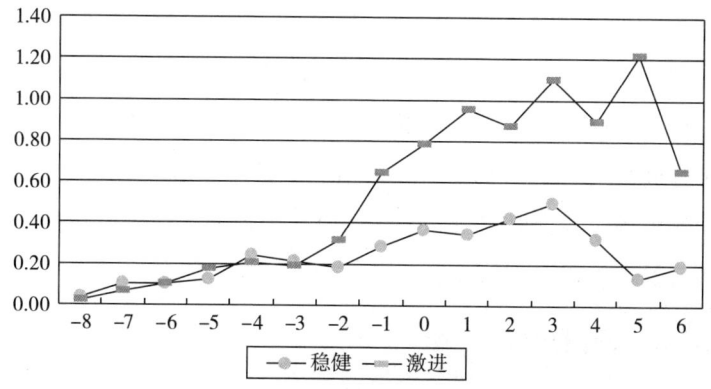

图 10-7　减持事件市场收益比较（BH）

表 10-10　激进组/稳健组 $Q0$ 期间市场收益比较

事件	市场收益	稳健组均值	激进组均值	均值比较 t 值
解禁	CAR	0.033763	0.169322	-2.079**
	BH	0.012479	0.172248	-1.982**
减持	CAR	0.090003	0.207776	-1.758*
	BH	0.109202	0.260429	-1.674*

注：**、* 分别表示在 0.01、0.05、0.1 水平以下统计显著（双尾检验）。

为进一步检验盈余管理程度对相应期间市场收益的可能影响，研究对不同盈余管理水平的样本公司的市场收益进行了比较。研究首先对样本公司在 T0 期间的 DA 进行三分位分组，DA 值位于前 1/3 区间的样本公司，定义为稳健型公司，DA 值位于后 1/3 区间的样本公司，定义为激进型公司，继而对这两组公司的市场收益进行比较。图 10-6、图 10-7 分别是解禁和减持事件里两组公司市场收益比较，表 10-7 列示了解禁、减持事件里两组公司在 Q0 期间市场收益的比较情况。

从图 10-6 和图 10-7 中可看出，无论解禁还是减持事件，虽然两组公司在 $Q-2$ 和 $Q-1$ 期间的市场收益没有显著的差异，但在 $Q0$ 期间激进组的市场收益开始显著大于稳健组，这个趋势一直延续到后续期间。表 10-10 的均值比较结果也显示出，就解禁事件而言，$Q0$ 期间激进组的市场收益在 0.05 以下的水平显著大于稳健组（t 值分别为 -2.079 和 -1.982）；就减持事件而言，$Q0$ 期间激进组的市场收益在 0.1 以下的水平显著大于稳健组（t 值分别为 -1.758 和 -1.674）。操控性应计的值越大，相应期间的市场收益也就越高。这些结果初步证明，盈余管理的程度与相应期间股价的市场表现正相关。

10.5.2　回归分析

表 10-11　模型（4-1）回归结果

	解禁	减持
Constant	-0.093	-0.137***
	(-1.551)	(-2.583)

续表

	解禁	减持
$Transaction$	0.014**	0.067***
	(2.109)	(3.425)
Lev	-0.028**	-0.036***
	(-2.213)	(-3.250)
$Size$	0.005*	0.008***
	(1.891)	(3.088)
CFO	-0.868***	-0.949***
	(-20.408)	(-21.937)
DA_{-1}	-0.118	0.076**
	(-1.104)	(2.032)
E_{+1}	-0.006	-0.006
	(-1.032)	(-0.329)
QUA	控制	控制
F	52.554***	58.278***
Adj. R^2	0.681	0.679
Number	219	245

注：***、** 分别表示在 0.01、0.05 的水平以下统计显著（双尾检验）；括号内为 t 值。

表 10-12　模型（4-2）回归结果

	解禁		减持	
	CAR	BH	CAR	BH
$Constant$	-0.293**	-0.457***	-0.143	-0.195
	(-2.155)	(-2.604)	(-1.113)	(-1.138)
DA	1.071***	1.341***	0.981***	1.148**
	(3.135)	(3.036)	(2.685)	(2.356)
ROA	4.875***	7.266***	0.817**	0.797
	(2.700)	(3.114)	(2.047)	(1.497)
B/M	0.361**	0.486***	0.259*	0.301
	(2.316)	(2.410)	(1.719)	(1.499)
QUA	控制	控制	控制	控制

续表

	解禁		减持	
	CAR	BH	CAR	BH
F	16.920***	14.338***	11.023***	9.881***
Adj. R^2	0.306	0.269	0.198	0.180
Number	219	219	245	245

注：＊＊＊、＊＊、＊ 分别表示在0.01、0.05、0.1的水平以下统计显著（双尾检验）；括号内为t值。

表10－11列示了模型（4－1）的回归结果，从中可看出，解禁和减持事件中，样本公司在特定期间的操控性应计与相应期间的解禁和减持规模分别在0.05和0.01以下水平显著正相关。这表明，股东的解禁或减持规模确实可能对样本公司最近季度的盈余管理行为产生正向影响。为最大化减持收益，根据股改方案，公司在下一阶段即将解禁或股东计划减持的规模越大，股东在之前期间将越有激励对公司的季度性盈余进行正向管理。H4－1b通过检验。

表10－12列示了模型（4－2）的回归结果，从中可看出，解禁和减持事件中，样本公司在特定期间的操控性应计与解禁、减持期间公司的市场收益都在0.01以下水平显著正相关。可见，旨在配合解禁或减持目的的盈余管理行为，通过影响投资者对公司的价值判断，确实可能推动股票价格在解禁或减持期间朝所期望的方向变动。H4－2通过检验。

10.5.3 稳健性检验

模型（4－1）和模型（4－2）的检验结果表明，股东有可能为了减持而进行盈余管理，减持的规模越大，盈余管理的程度也越强；并且之前的盈余管理将影响相应期间投资者对公司股票的定价。但减持规模与盈余管理之间还可能存在逆向关系，即正是之前的盈余管理带来了相应期间公司股价的较好表现，从而使得公司股东"择机"性减持股票。为了克服减持的内生性问题，研究设置工具变量对模型（4－1）进行二阶段回归。

影响投资决策的因素可能有很多，但短期而言，市场行情和公司的投资前景是其中两个重要因素。而根据现有文献，这两个因素并不直接影响公司的盈余管理行为。因此，本书选取市场行情和公司的投资前景作为减持规模的工具变量进行二阶段回归（见表10-13）。市场行情采用减持当月的市场收益率计量，股东的减持行为一定程度上会受到市场行情的影响，当行情整体向好时，可以预期股东会加大减持力度。公司的投资前景以托宾Q计量，即资产的市场价值与重置成本的比值，通常认为公司的成长性等前瞻信息会影响股东继续持有还是出售股票的决策。模型（4-1）的二阶段回归结果显示，测试变量 Transaction 仍然与 DA 在 0.1 以下水平显著正相关。这表明，在控制了减持的内生性问题后，减持规模对盈余管理程度的影响依然存在。

表10-13 模型（4-1）的二阶段回归结果

	减持
$Constant$	-0.253**
	(-2.355)
$Transaction$	0.259*
	(1.624)
Lev	-0.024
	(-1.474)
$Size$	0.012***
	(2.742)
CFO	-0.972***
	(-15.778)
DA_{-1}	0.033
	(0.604)
E_{+1}	-0.026
	(-0.963)
QUA	控制
F	55.882***
Adj. R^2	0.575
Number	245

注：＊＊＊、＊＊、＊分别表示在0.01、0.05、0.1的水平以下统计显著（双尾检验）；括号内为t值。

10.6 研究结论

股权分置改革消除了非流通股与流通股之间的流通差异性，利益实现机制嬗变有可能引发原非流通股股东新的侵害行为。本书以原非流通股股东所持股份解禁、减持前后的盈余管理为研究对象，发现解禁或减持之前季度期间公司的可操纵应计显著为正，并且与相应期间公司的股价表现显著正相关。这一研究发现表明，我国证券市场存在配合减持需要的盈余管理行为。这一新动因显著区别于过去研究所发现的新股发行、再融资、退市等事件中的盈余管理，也为思考目前的市场监管提供了新的线索。

2008年4月20日证监会发布的《上市公司解除限售存量股份转让指导意见》，对"大小非"减持中的不规范行为、内幕交易等作出了限制。随后上交所发布细则，对"大小非"减持过程中的信息披露作出具体规定，同时，深交所也推出了"大小非"解限减持瞭望台，按周回顾披露"大小非"的解限和减持情况。但这些规范在实施中也暴露出了一些问题：以总股本1%作为进入大宗交易系统的最低限制，实务中这一规定易流于形式；目前主要对"大非"的减持行为进行规范，对"小非"减持的监管还比较欠缺；解禁、减持的信息披露侧重事后披露模式；对解禁、减持前后公司财务报告质量关注不足等。而事实上，在市场普遍存在配合解禁、减持需要的盈余管理的情况下，监管部门对相应期间的交易监管和信息披露监管应当加强：交易信息的披露可以更为及时，采取当日或隔日披露交易情况，并且披露对象不限于总股本1%的交易下限；实行预披露制度，定期向市场预告未来期间股东的解禁和减持安排，并辅之以严格的反馈、惩戒制度；与预披露制度相结合，公司股东预期在下一期间有解禁、减持安排的，公司当期财务报告实行强制性审计；如果"小非"也有可能通过特定渠道影响公司决策，那么"小非"的解禁和减持行为的监管力度要向"大非"看齐。

本章是就我国证券市场是否存在资本市场动因盈余管理进行的一个整体性检验。不同股东的信息优势是否存在差异、股东的控制力或影响力是如何转化为具体信息优势的、股东的发起人身份在其他非流通股股东实施影响力过程中的具体作用、发起人股东之间可能存在的利益链条等，这些都构成了未来研究可进一步考察的问题。

11 股东关系、非流通股份交易与会计信息质量

本章以减持中的盈余管理为研究切入点,考察非流通股东之间利益关联对股东合谋的影响。研究发现,当第一大股东和其他股东减持时,其操纵盈余的可能性不存在显著差异;当其他股东为公司发起人时,更有可能正向操纵盈余以配合减持需要;更进一步看,这部分股东与同为发起人的第一大股东之间的合谋可能,是其得以操纵盈余的关键。这些发现表明,股东之间利益关联的密切性可能影响股东的合谋选择,而股东的发起人身份是考察股东利益关联问题的一个重要研究视角。

11.1 研究问题的提出

2009年我国证券市场迎来股权分置改革后的解禁最高潮,如何缓解"大小非"减持对市场的冲击力,成为各方关注的焦点。2009年3月"两会"期间,证监会相关人士在答记者问时指出:"大非"并不构成非流通股份减持的主力,目前为止,"大非"的累计减持比例不超过2%,相反,"小非"的实际减持比例则达到了68%左右①。另外,2008年8月证监会修订《上市公司收购管理办法》、放宽对上市公司控股股东增持的限制后,市场的增持事件大大增加。证监会公布的调查数据显示,从修订《上市公司收购管理办法》至2008年12月19日止,共有124家上市公司的控股股东及其一致行动人、实际控制人公告增持。购入股份合计约5.99亿股,增

---

① 周小雍、陆媛. 小非实际减持比例不超过68% [N]. 第一财经日报,2009-03-05.

持金额约为39.24亿元,超过同期"大小非"减持数。此举在稳定投资者信心的同时也表明,虽已解禁但"大非"的减持意愿确实相对有限。

对国有性质的"大非"而言,一方面,这类股东的减持激励相对不足,另一方面,由于涉及国资监管等问题,审批手续相当复杂,这些都将影响这部分"大非"的实际减持;对非国有性质的"大非"而言,减持与否更多是在现金收益和控制权收益两者间的权衡,对保持控制力的考虑也很可能抑制其减持意愿。因此在实际减持中,"小非"的减持意愿要强于"大非"。那么在持股比例逊于"大非"的情况下,"小非"又是如何操纵特定期间会计盈余以配合减持需要的?正如第4章论述指出的,非流通股东影响上市公司决策的途径主要有两个:一是持股优势;二是隐性影响力,而后者通常为持股比例较低的股东所倚重。隐性影响力指的是,非流通股东之间的某些利益关联可能促成这部分股东结成特定利益联盟,并借由这一联盟实现特定利益诉求。此外,非流通股东还可能通过向上市公司派驻董事和高管、在董事会中占据有利席位等方式,实现对上市公司相关决策的介入和影响。

现有股权结构、股东行为的研究通常认为,绝对持股优势是大股东得以侵害中小投资者的重要原因(Shleifer and Vishny,1997;Claessens et al.,2000)。针对多个大股东共享控制权的研究则进一步发现,大股东之间还可能通过合谋(Collusion)来获取更多的控制权私利(Pagano and Röell,1998;Bloch and Hege,2001;Maury and Pajuste,2005)。控股股东"收买"(Buy Off)其他大股东以抑制其监督,而其他大股东也可能借由这种默契实现某些利益诉求。这种合作性博弈增进了大股东之间的共同效用(Joint Utility),但同时也是以市场投资者的利益受损为代价。因此,本章尝试从股东合谋角度出发,探讨非流通股东之间的某些特定股东关系是否可能引发这部分股东的合谋选择,从而操纵特定期间的报告盈余以配合相应的减持需要。

11.2 案例分析：兴业房产

兴业房产（600603）是我国证券市场5只"三无概念股"之一，股本总额仅1.9亿元。公司股权分散，前几大股东持股比例差异不大，这一股权结构特征相当符合现有理论研究中的"股东制衡"状态。作为第一家上市的房地产公司，在上一轮房地产全行业低迷的6年时间里（1993—1999年），兴业房产显示了相当稳定的获利能力，EPS一直保持在0.25元之上。但公司业绩从2000年开始下滑，2001年陡然巨亏，2002年成为我国证券市场首只被"ST"的"全流通"上市公司。是什么造成了兴业房产的业绩急剧恶化？公司分散的股权结构对此有何影响？看似"制衡"的股东构成是否发挥了预期的"制衡"作用？

11.2.1 发起人股东联盟

兴业房产全称为"上海兴业房产股份有限公司"，1988年经上海市人民政府批准，由中华企业公司、上海纺织住宅开发公司、交通银行上海分行、上海房产经营公司、上海久事公司和徐汇区城市建设开发总公司等6家单位共同发起设立，并于1992年成为上交所首家上市公司。从公司上市起至2003年发起人股东全面退出公司前十大股东为止，兴业房产的股东构成保持了相当大的稳定性。

表11-1列示了兴业房产1992—2003年的前十大股东构成情况。从表中可以看出，在兴业房产上市后的第1年，6家发起人股东在二级市场合计出售套现了23%的股份。此后多年，6家发起人股东一直名列公司前几大股东，发起人持股总量也基本稳定在15%以上。相比之下，前十大股东中的非发起人股东的变动则十分频繁，主要是一些以投资为主要目的的市场投资者在买卖公司股票。在公司的前十大股东的名单中，很难看到非发起人股东连年名列其中。即便有，在很大程度上也是因为其他股东减持股份而被动进入。此外，除了1995年、1996年云南恒丰集团出于控制目的曾持股5%以上，其他非发起人股东的持股比例都相当低，大部分都大大

低于1%。由此可见，兴业房产的发起人股东在公司上市后相当一段时间里，保持了稳固的发起人股东联盟。

与股权结构上的发起人联盟相对应的是，发起人股东对兴业房产董事会的长期控制。1992年公司上市时，第二大股东纺织开发的法人代表唐相道出任公司董事长，第一大股东中华企业的法人代表张昌勤出任公司副董事长①。1993年，中华企业成为公司的第四大股东，纺织开发成为第三大股东；其后至1999年的6年间，除1996年云南恒丰举牌收购外，纺织开发始终是公司的第一大股东。2000年纺织开发彻底退出兴业房产，之后公司的第一大股东几易其手。尽管兴业房产的第一大股东历经上述变动，但唐相道始终担任公司的董事长，并由此成为我国上市公司任职时间最长的董事长之一②。尤为奇特的是，在2003年4月产生的新一届董事会上，早已不再是公司股东的纺织开发却仍能在其中占据一席，且继续担任董事长。公司董事长无代表股份，这实在是我国证券市场上特立独行的一幕。

兴业房产董事会的超稳定结构和发起人股东联盟密切相关。可以说，正是在公司上市后的若干年时间里，发起人股东始终居于前几大股东之列，且保持了相对优势的持股比例，才能够保证发起人对公司董事会的控制力，甚至在纺织开发不再是公司股东的情况下，其法人代表仍能继续担任公司董事长一职，这也有可能是发起人股东之间的某些利益默契在发挥作用。2003年全部发起人股东退出上市公司后，发起人对公司董事会的控制力则得益于公司章程对发起人权益的维护。兴业房产的公司章程第六十七条就公司董事的提名方法规定："由发起单位推荐董事候选人，或由上一届董事会推荐下一届董事候选人；"第七十九条规定："公司董事由六家发起单位推荐和总经理担任；"第九十八条进一步规定："董事长和副董事长由公司董事担任。"从以上条款中可以看出，作为公司根本大法的公司

---

① 上市公司的董事长由第二大股东的法人代表出任，这可能和兴业房产主管部门上海市房产管理局的行政干预有关，如从上市之日起就担任公司总经理的曹光骝，之前曾有过在上海市房地产管理局担任处长之职的经历，而非由兴业房产任何股东所委派。

② 至2006年股东大会批准唐相道辞去董事长一职为止，唐担任兴业房产董事长达14年之久。此外，公司总经理曹光骝任职时间虽比唐相道晚3个月，但迄今为止仍继续担任公司总经理。

章程，奠定了发起人股东对公司管理构架的绝对控制①。

兴业房产上市后发起人股东长期稳定在股东排名前几位，这使得公司成立之初形成的发起人联盟得以延续并逐步稳固。发起人股东对董事会的长期控制就是这种稳固联盟的体现，更进一步看，这种控制力也将成为发起人联盟实现特定利益诉求的重要途径。

11.2.2 发起人股东的"制衡"作用——抵制云南恒丰收购

1996年，云南恒丰通过在二级市场收集7%的筹码成为兴业房产第一大股东，但却无法改组公司董事会，最后被迫退出兴业房产。发起人联盟在其中的抵制作用，对收购事件的最终发展具有重大影响。

1995年云南恒丰首次举牌，以5.25%的持股比例成为兴业房产的第二大股东。1996年持股比例增加到7%，从而以第一大股东的身份在股东大会上通过程序，成为公司的董事单位。但在当年召开的第三届董事会年度第一次会议上，第一大股东云南恒丰仅在董事会中占据一席，由云南恒丰集团的总经理罗江出任兴业房产的常务副董事长。在这次会议上，第二大股东代表唐相道再次被选为公司董事长，上一届董事会的两位副董事长，一位连任，一位改选。因此，在一定程度上，云南恒丰派出的人员在董事会中是处于被架空的尴尬境地。由于无法真正入主董事会、有效控制上市公司，云南恒丰开始逐步退出收购行动。1997年云南恒丰两次公告减持兴业房产股票，截至1997年5月12日，云南恒丰持有兴业房产股份48.9万股，占总股本的0.57%。兴业房产随即于5月19日召开董事会年度第二次会议，宣布鉴于云南恒丰已成为公司七家董事单位中持股最少的股东，罗江不再适于继续担任公司常务副董事长一职，遂免去其在兴业房产的原有职务。至此，云南恒丰针对兴业房产的举牌收购以失败终结。

兴业房产股权结构分散，前几大股东持股比例较低，理论上不需要太

---

① 当然，随着发起人股东退出上市公司的时间日渐久远，公司章程中的上述规定也会逐渐失效。2003年发起人股东全部退出兴业房产后，新进入的股东开始提出自己的利益诉求。2006年7月召开的临时股东大会产生了新一届董事会，董事人员基本全面更新，新股东上海北孚集团有限公司总裁秦少秋出任兴业房产董事长。

高的股权份额就能轻易实现对公司的有效控制。这也正是近几年来,爱使股份、方正科技、申华控股等"三无概念股"在市场上被频繁举牌的原因之所在。但是兴业房产的前几大股东均为公司发起人,并且这些股东持有的股权份额在公司上市后都保持了相当高的稳定性。发起人之间的特定利益关联,使得这部分股东可能结成稳固的利益联盟,通过控制公司董事会有效制约非发起人股东的相关行为。由此,云南恒丰的收购行为才会遭遇公司发起人联盟的强硬抵制。

11.2.3 发起人股东"制衡"失效——纺织开发占用资金

在针对外来非发起人股东时,发起人联盟能有效发挥"制衡"作用,那么在面对取得公司控制权的内部发起人股东时,其他发起人股东又能否发挥理论上的"制衡"作用?兴业房产由盈转亏继而被"ST"的经历,无疑是对这一理论预期的否定注脚。

在1993—1999年的房地产全行业低迷阶段,兴业房产保持了较为稳定的盈利能力。经过多次以送股为主的股本扩张后,公司的EPS维持在0.25元左右,资产负债率也稳定在30%~50%。但情况从1999年开始发生变化,发起人股东纺织开发开始以各种途径占用上市公司资金。1999年当年纺织开发一次性向兴业房产借款2.67亿元,数额之巨大直接导致当年负责审计的上海立信会计师事务所出具了带说明段的审计意见。此后,借款数额逐年增加,2001年达到顶峰,达到6.38亿元。除此之外,兴业房产还为纺织开发提供了巨额贷款担保,其中相当大一部分担保已逾期。

表11-2列示了1997—2003年纺织开发占用兴业房产资金的情况,从中可以看出,纺织开发占用兴业房产的资金数额连年上升,兴业房产为纺织开发担保的数额越来越大,其中逾期部分也越来越多。以2001年为例,当年纺织开发向上市公司借款以及上市公司为其提供担保的数额超过了11亿元,且担保金额中的90%以上已逾期。巨额的关联方借款迫使兴业房产计提了大量坏账准备,直接造成公司当年巨亏,并于2002年被上交所"特别处理"(ST)。与此同时,由于公司及董事会在纺织开发借款问题上

清欠不力、未及时披露借款和担保逾期情况，2002年兴业房产分别受到证监会的公开批评和上交所的公开谴责。

在纺织开发大量占用兴业房产资金的过程中，公司的其他发起人股东并没有显示出预期的制衡作用。从表11-1中可以看出，1999年纺织开发虽位列公司第一大股东，但持股比例仅为2.29%，与同为发起人的第二大股东差距极小，并且此时纺织开发之外的其他发起人合计持股比例达到了4.45%。但即便是在持股比例并不占优势的情况下，纺织开发还是顺利实现了对上市公司的资金占用。2000年纺织开发退出上市公司，但仍保持着对公司董事会的控制力，纺织开发向上市公司的借款额、上市公司提供的担保额仍不断上升。也正是从这一时期开始，其他4位发起人股东逐步出售持有的公司股票，直至2003年完全退出前十大股东之列。由此可见，在纺织开发占用上市公司资金的过程中，其他发起人股东并没有发挥预期的制衡作用[1]，在侵害问题日益严重之时，更是采取了消极退出的策略。因此，发起人股东联盟可能带来的制衡效应在发起人内部是无效的。

---

[1] 这里可能存在两种情况：第一，其他发起人股东并未采取制衡措施，对纺织开发的行径听之任之，甚或可能达成了某种合谋默契；第二，其他发起人股东采取了制衡措施，但因为种种原因未能奏效。前者与后者的主要区别在于态度上的消极性和积极性，但都可归为股东制衡失效的情况。

11 股东关系、非流通股份交易与会计信息质量

表 11-1 兴业房产前十大股东（1992—2003 年）

年份	第一大股东 持股比例	第二大股东 持股比例	第三大股东 持股比例	第四大股东 持股比例	第五大股东 持股比例	第六大股东 持股比例	第七大股东 持股比例	第八大股东 持股比例	第九大股东 持股比例	第十大股东 持股比例
1992	中华企业★ 11.32%	纺织开发★ 10.13%	徐汇城开★ 8.25%	交行上分★ 7.50%	上海久事★ 7.50%	房产经营★ 5.55%				
1993	交行上分★ 5.56%	徐汇城开★ 5.48%	纺织开发★ 5.30%	中华企业★ 4.95%	房产经营★ 4.04%	上海久事★ 2.55%	二纺股份 0.95%			
1994	纺织开发★ 4.94%	徐汇城开★ 4.85%	交行上分★ 4.42%	中华企业★ 3.56%	上海久事★ 2.69%	房产经营★ 2.11%	二纺股份 0.95%	爱使电子 0.20%	山东工行 0.17%	浙江上证 0.17%
1995	纺织开发★ 6.52%	云南恒丰 5.25%	中华企业★ 4.47%	徐汇城开★ 4.43%	交行上分★ 4.42%	房产经营★ 2.16%	二纺股份 0.95%	惠州汽车 1.86%	惠州能源 1.45%	集大实业 1.24%
1996	云南恒丰 7.00%	纺织开发★ 6.036%	交行上分★ 4.425%	中华企业★ 4.248%	上海城开★ 3.613%	房产经营★ 2.128%	铁力证券 1.36%	上海久事★ 1.244%	新皓工程 0.87%	汇达房屋 0.84%
1997	纺织开发★ 6.32%	上海城开★ 2.41%	中华企业★ 2.35%	房产经营★ 2.06%	上海久事★ 0.82%	陈永宗 0.35%	钟俊敏 0.25%	建皖基金 0.23%	李正清 0.22%	李珍 0.20%
1998	纺织开发★ 5.02%	上海城开★ 2.41%	中华企业★ 1.11%	鼎达房产 0.79%	房产经营★ 0.65%	上海久事★ 0.62%	程跃进 0.50%	李存正 0.34%	何承玖 0.31%	河南证券 0.31%
1999	纺织开发★ 2.29%	上海城开★ 2.21%	中华企业★ 1.04%	中实装饰 0.73%	上海久事★ 0.63%	房产经营★ 0.57%	辽财证券 0.57%	王爱友 0.42%	林升禄 0.34%	伊能商社 0.32%
2000	上海城开★ 2.14%	兴业证券 0.75%	中华企业★ 0.52%	迅发房产 0.42%	泰和基金 0.32%	刘亚 0.29%	古井房产 0.20%	苏佩玉 0.20%	黄谨 0.18%	李伟兵 0.17%

续表

年份	第一大股东 持股比例	第二大股东 持股比例	第三大股东 持股比例	第四大股东 持股比例	第五大股东 持股比例	第六大股东 持股比例	第七大股东 持股比例	第八大股东 持股比例	第九大股东 持股比例	第十大股东 持股比例
2001	上海城开★ 1.95%	金鑫基金 0.77%	葛豫鸿 0.42%	建国投资 0.36%	王宝珠 0.28%	苏佩玉 0.20%	黄谨 0.18%	薛镇芳 0.17%	徐士忠 0.17%	张淑敏 0.16%
2002	中天国际 0.38%	刘成堆 0.24%	苏佩玉 0.20%	路佩玲 0.18%	薛镇芳 0.17%	徐士忠 0.17%	苏伟峰 0.16%	上海城开★ 0.16%	时中华 0.15%	谢情忠 0.14%
2003	上海诚培 1.06%	国润投资 0.86%	林奇投资 0.42%	城际房产 0.40%	林建新 0.29%	中天国际 0.25%	曹琦 0.21%	老区文化 0.19%	罗海红 0.19%	薛镇芳 0.17%

注：①标注★的股东为兴业房产的发起人股东：②中华企业为"中华企业公司"、纺织开发为"上海纺织住宅开发公司"、徐汇城开为"徐汇区城市建设开发总公司"、交行上分为"交通银行上海分行"、上海久事为"上海久事公司"、房产经营为"上海房产经营公司"；③上海城开为"上海城市建设开发集团有限公司"，由原上海市徐汇区住宅建设办公室、上海市徐汇区城市建设开发总公司改制组建而成。

表 11-2 纺织开发占用兴业房产资金情况（1997—2003 年） 单位：万元

Panel A：1997—2003 年纺织开发向兴业房产借款总额							
年度	1997	1998	1999	2000	2001	2002	2003
借款金额	0	0	26 750	39 855	63 832	59 066	28 436
Panel B：1997—2003 年兴业房产为纺织开发担保情况							
年度	1997	1998	1999	2000	2001	2002	2003
对外担保合计	12 984	36 400	59 400	82 265	124 808	105 062	78 499
其中为关联单位担保	8 000	8 000	29 400	41 145	51 567	46 460	28 714
其中为纺织开发担保	8 000	8 000	9 000	37 765	46 414	40 207	25 270
对外担保逾期合计	0	0	—	—	96 866	102 229	77 399
其中为关联单位担保逾期	0	0	—	—	43 675	45 127	27 614
其中为纺织开发担保逾期	—	—	—	—	42 375	40 207	25 270

11.2.4 小　结

兴业房产虽然股份全流通、股权结构分散，但由于发起人股东持股稳定，由此形成了较为稳固的发起人联盟，并通过对董事会的控制来影响上市公司相关决策。多个大股东并存并不必然意味着制衡，只有在面对不具有利益关联的非发起人股东时，发起人联盟才可能进行有效制衡，如抵制云南恒丰的举牌收购行为。就发起人内部而言，这种联盟关系无法带来预期的制衡效应，甚至有可能引发一定程度的股东合谋，由此带来了纺织开发大规模占用上市公司资金、严重影响上市公司的获利能力。由此可见，股东之间的关系先决性地影响了股东对制衡与合谋策略的选择，而上市公司发起人这一股东身份特征是决定股东关系亲疏性的一个重要维度。

11.3　研究假设

如第 4 章所述，非流通股东对上市公司的影响力主要来自两个途径：持股优势和股东合谋，不同股东对这两种途径各有侧重。整体而言，我国

中国上市公司股权结构及其代理问题研究

上市公司的第一大股东具有绝对持股优势①，这使其能轻易主导公司的会计政策。在第一大股东相对于其他股东的持股优势不那么显著的情况下，与持股比例较为接近的股东之间的合谋默契可能弥补其持股的不足。就第一大股东之外的其他非流通股东（下文统称"其他股东"）而言，这部分股东相对于大部分流通股东具有持有优势，但更多时候非流通股东之间的合谋默契会是其他股东介入公司决策的主要途径。因此，无论第一大股东还是其他股东都有可能影响公司的会计政策，两者为配合减持需要而操纵会计盈余的能力不存在显著差异。由此提出待检验的第一个假说：

H11-1：为配合减持需要，第一大股东和其他股东都有可能在相应会计期间进行正向盈余管理。

较之第一大股东，股东之间的合谋默契是其他股东进行盈余管理的主要途径，或者说，得以操纵盈余正是股东之间特定利益关联引发股东合谋的体现。合谋与制衡是多个股东共享控制权情形下的两种可能格局。多股东共存并不必然意味着制衡，只有当权益持有人有激励行权时，控制权才可能转化为有效控制力（Burkart, Gromb and Panunzi, 1997）。更进一步看，股东的身份（Identity）决定了其是更有可能与控股股东达成合谋，还是更有激励去制衡控股股东（Bloch and Hege, 2001）。换言之，股东身份决定了股东之间利益关联的密切性，进而决定了股东对合谋抑或制衡的最终选择。

结合我国上市公司股份制改造、上市的历史沿革可以看出，上市公司发起人这一特定身份，对非流通股东之间特定利益联盟的形成有着重要的促进作用。股份公司成立时对发起人股东的选择，并不是一个在公开市场选择股东和询价的过程，而更多表现为在现有或既定的经济、政治、社会关系网络中所作出的有限选择。在国有经济领域，股份制最初是作为国企改制的一项措施被提出的。为响应转制号召，国有股份公司可能侧重考虑

---

① 根据WIND金融研究数据库统计，截至2005年年底中国A股上市公司第一大股东平均持股比例为40.42%。

集团或系统内的关联企业、生产经营的上下游单位、业务相关的金融机构等。相比之下，民营经济对股份制的选择则更多表现为侧重利益考虑的自主化行为。为保持家族对公司的控制优势，除少数外部战略投资者外，集团内其他企业、家族成员、公司高管等会是主要考虑对象。在战略投资者的选择上，有时出于获取隐性政治支持的考虑，也会引进一些具有政治关系的国有战略投资者。无论国有股份公司还是民营股份公司，发起人选择上的这些产权纽带、行政关联、生产联系等，都将使得发起人股东之间先天地具有特定利益关联，进而影响到公司成立后这部分股东的相关行为，包括合谋选择。

更进一步地，发起人股东之间利益关联的存在、稳固与否，直接影响到发起人合谋最终能否达成。发起人利益关联形成于股份公司成立之初，之后随着股权变动新股东进入、旧股东退出，原先的利益关联可能会被削弱甚至是打破。并且可以推定的是，如果是发起人中的第一大股东发生了变动，那么剩余发起人合谋得以实现预期目的的可能性将大为削弱。换言之，发起人股东减持时，如果此时公司的第一大股东也为发起人，那么更有可能正向操纵盈余以配合减持需要。由此提出以下待检验假说：

H11-2a：当其他股东是公司的发起人时，这部分股东减持之前更有可能进行正向盈余管理。

H11-2b：与同为发起人的第一大股东之间的合谋，使得发起人股东能够在减持之前进行正向盈余管理。

11.4 研究设计

11.4.1 数据说明

研究以2006年6月中国证券市场第一支原非流通股获得解禁开始，截至2008年6月30日，沪深主板上市公司公告的1446起股东减持事件为研究对象。其中减持数据来自WIND金融数据库，具体数据与上交所、深交所的"股东诚信档案"进行了比对；股东"发起人"身份、"IPO前股东"

身份数据来自上市公司招股说明书、上市公告书；第一大股东变更数据、股东性质数据来自上市公司有关年度年报。上市公司招股说明书、上市公告书、年报等资料从金融界网站获取（www.jrj.com.cn）。其他财务数据从WIND金融数据库获取。表11-3是减持事件的具体时间分布。

表11-3 减持事件时间分布

	06III	06IV	07I	07II	07III	07IV	08I	08II	合计
沪市	4	20	112	198	206	144	206	68	958
深市	0	6	38	109	106	105	75	49	488
合计	4	26	150	307	312	249	281	117	1446

11.4.2 模型检验

（1）设置模型（11-1）对假说H11-1进行检验

$$DA = \beta_0 + \beta_1 First + \beta_3 Reduction + \beta_4 ROA + \beta_5 Size + \beta_6 Lever + Q + \varepsilon \quad (11-1)$$

该模型检验第一大股东和其他股东在为配合减持而操纵会计盈余上是否存在差异（变量定义详见表11-4）。

因变量。DA为公司在$T0$期间的操控性应计，计算方法同第4章。

测试变量。$First$为哑变量，当减持股东为公司的第一大股东时，$First=1$；当减持股东为公司的其他股东时，$First=0$。研究预期无论β_1的符号如何，将不会通过统计上的显著性测试，即公司的第一大股东和其他股东在正向盈余管理上不存在显著差异。

控制变量。$Reduction$为股东的减持规模，具体为公司公布了$T0$期间的季度性盈余后到$T1$期间的季度性盈余披露之前股东实际减持的总金额，以期初资产规模标准化。$Reduction=$（减持数量×减持价格）/期初资产总额，控制股东减持激励对其操纵盈余的影响；ROA为公司在$T0$期间的总资产报酬率，控制操控性应计估计过程中可能遗漏的业绩变量（Haw etc. 2003）；$Size$为公司在$T0$期间的规模，以资产总额取自然对数计量，控制由公司规模带来的外部监管对盈余管理的影响（Dechow and Dichev,

2002）；*Lever* 为公司在 T0 期间的财务杠杆，以负债总额除以资产总额计量，控制债务约束对盈余管理的影响（DeFond and Jiambalvo，1994）；*Q* 为虚拟变量，对财务报告所属的季度期间进行控制。

（2）设置模型（11-2）对假说 H11-2a 进行检验

$$DA = \beta_0 + \beta_1 Sponsor + \beta_2 Holding + \beta_3 Reduction + \beta_4 ROA + \beta_5 Size + \beta_6 Lever + Q + \varepsilon \qquad (11-2)$$

该模型检验当其他股东身为公司发起人时，是否更有可能正向操纵会计盈余。

因变量。DA 为公司在 T0 期间的操控性应计，计算方法同第 4 章。

测试变量。*Sponsor* 为其他股东的发起人身份，该变量为哑变量。当其他股东为公司的发起人时，*Sponsor* = 1；当其他股东不是公司的发起人时，*Sponsor* = 0。研究预期 *Sponsor* 与 DA 正相关，即当其他股东是公司的发起人时，其减持时进行正向盈余管理的可能性更大。

控制变量。*Holding* 为其他股东的持股比例，控制股东控制权对其操纵盈余能力的影响；其他控制变量同模型（11-1）。

（3）设置模型（11-3.1）、模型（11-3.2）、模型（11-3.3）对假说 H11-2b 进行检验

$$DA = \beta_0 + \beta_1 Sponsor\_FirstSponsor + \beta_2 Holding + \beta_3 Reduction + \beta_4 ROA + \beta_5 Size + \beta_6 Lever + Q + \varepsilon \qquad (11-3.1)$$

$$DA = \beta_0 + \beta_1 FirstSponsor + \beta_2 Holding + \beta_3 \times Reduction + \beta_4 ROA + \beta_5 * Size + \beta_6 Lever + Q + \varepsilon \qquad (11-3.2)$$

$$DA = \beta_0 + \beta_1 Sponsor + \beta_2 Holding + \beta_3 Reduction + \beta_4 ROA + \beta_5 Size + \beta_6 Lever + Q + \varepsilon \qquad (11-3.3)$$

研究通过这一组模型检验，与第一大股东之间的合谋是否使得发起人股东更有可能操纵盈余。首先依据"股东是否发起人"和"减持时第一大股东是否发起人"两个标准，将其他股东样本分为三组：

组 A：股东为发起人且第一大股东也为发起人；

组 B：股东为发起人但第一大股东非发起人；

组 C：股东非发起人。

研究从发起人角度讨论股东合谋问题，因此认为减持时第一大股东也是发起人的情况下，其他发起人股东才可能借助与第一大股东之间的利益关联，实现对公司会计政策的影响（组 A）。换言之，如果公司上市后第一大股东发生变动，减持时公司的第一大股东不再是原发起人，那么其他发起人股东和此时第一大股东的合谋可能性将不复存在，对盈余的操纵能力也随之减弱（组 B）。但是，发起人身份的特殊性使得这部分股东可能有多个途径影响公司决策，而发起人合谋只是途径之一，因此，组 A 和组 B 股东的盈余管理能力并不必然存在显著差异。所以从研究设计的角度看，只要第一大股东是否为发起人能部分解释其他发起人股东的盈余管理优势，那么就可以认为发起人股东可能借助合谋实现减持前的正向盈余管理。

研究首先通过模型（11-3.1）对三组股东盈余管理能力的差异性做一个整体检验。研究认为这三组股东进行盈余管理的能力呈现一个由强趋弱的趋势。$Sponsor\_FirstSponsor$ 为哑变量，当股东属于组 A 时，$Sponsor\_FirstSponsor=1$；当股东属于组 B 时，$Sponsor\_FirstSponsor=0$；当股东属于组 C 时，$Sponsor\_FirstSponsor=-1$。研究预期 $Sponsor\_FirstSponsor$ 与 DA 正相关。

接着通过模型（11-3.2）和模型（11-3.3）检验，"第一大股东是否发起人"是引致发起人股东和非发起人股东盈余管理能力差异的可能原因，以进一步证明发起人之间的合谋使得这部分股东更有可能进行盈余管理。具体检验步骤如下：

首先，模型（11-3.2）对（组 A+组 B）样本集合进检验，测试减持时第一大股东是否也是发起人，对发起人股东盈余管理能力的影响。当股东属于组 A 时，$FirstSponsor=1$；当股东属于组 B 时，$FirstSponsor=0$；

其次，模型（11-3.3）对（组 A+组 C）样本集合进行检验，测试股东是否为发起人对这两组股东盈余管理能力的影响。当股东属于组 A 时，$Sponsor=1$；当股东属于组 C 时，$Sponsor=0$；

最后，模型（11-3.3）对（组 B + 组 C）样本集合进行检验，测试股东是否为发起人对这两组股东盈余管理能力的影响。当股东属于组 B 时，$Sponsor = 1$；当股东属于组 C 时，$Sponsor = 0$。

如果能够发现组 A 和组 C 之间存在显著差异，组 B 和组 C 之间差异性不明显，兼之模型（11-2）中（组 A + 组 B）与组 C 之间存在显著差异，那么可以得出结论：与第一大股东的合谋关系使得其他股东能够在减持之前进行相应的盈余管理。

表 11-4　变量定义

变量名	变量定义
（1）因变量	
DA	T0 期间的操纵性应计，采用分行业截面 Jones 模型计量
（2）测试变量	
First 模型（11-1）	测试股东身份对 DA 的影响： 当股东为公司第一大股东时，$First = 1$； 当股东为公司其他股东时，$First = 0$
Sponsor 模型（11-2）	测试其他股东发起人身份对 DA 的影响： 当其他股东为公司发起人时，$Sponsor = 1$； 当其他股东不是公司发起人时，$Sponsor = 0$
Sponsor_FirstSponsor 模型（11-3.1）	测试不同组股东 DA 的差异性： 当其他股东为公司发起人且减持时第一大股东也是公司发起人，$Sponsor\_FirstSponsor = 1$；（组 A） 当其他股东为公司发起人但减持时第一大股东非公司发起人，$Sponsor\_FirstSponsor = 0$；（组 B） 当其他股东非公司发起人时，$Sponsor\_FirstSponsor = -1$。（组 C）
FirstSponsor 模型（11-3.2）	测试第一大股东也是公司发起人对 DA 的影响： 当减持时第一大股东也是公司发起人，$FirstSponsor = 1$；（组 A） 当减持时第一大股东不是公司发起人，$FirstSponsor = 0$。（组 B）
Sponsor 模型（11-3.3）	测试其他股东发起人身份对 DA 的影响： 当其他股东为公司发起人时，$Sponsor = 1$；（组 A）、（组 B） 当其他股东不是公司发起人时，$Sponsor = 0$。（组 C）

续表

变量名	变量定义
（3）控制变量	
Holding	减持前原持股比例，控制股东控制力对 DA 的影响
Reduction	Reduction =（减持数量×减持价格）/期初资产总额，控制股东减持激励对 DA 的影响
ROA	总资产收益率，控制估计操控性应计过程中的计量误差
Size	总资产自然对数，控制公司规模对 DA 的影响
Lever	总负债/总资产，控制公司负债水平对 DA 的影响
Q	财务报告所属的季度期间，4 个取值 $Q1$、$Q2$、$Q3$、$Q4$，当财务报告为第一季度季报时，$Q1=1$，其他 3 个为 0，依此类推。控制公司 DA 在不同季度的差异性

11.5 检验结果

11.5.1 描述性统计

表 11 -5 列示了各组股东 DA 均值的 T 检验结果。从表 11 -5 中可以看出，全体股东的 DA 均值为负，可见就全部减持股东而言，并不存在显著的配合减持需要的盈余管理。导致这一结果的原因是多方面的，原非流通股股东较低的持股成本、减持时较好的市场行情等，都可能使得整体而言，股东并不存在强烈的激励去操纵盈余，以获取更多减持收益。对股东的进一步分类发现，第一大股东之外的其他股东、发起人股东的 DA 均值为正，但没有通过显著性测试。而减持时第一大股东也是发起人的这部分发起人股东，其 DA 均值为正，并通过显著性测试（t = 1.687）。可见，和第一大股东同为发起人的这部分发起人股东，更有可能在减持之前进行正向盈余管理。因此，虽然市场整体而言不存在显著的配合减持需要的盈余管理，但是就特定股东而言，这种可能性是存在的。

11 股东关系、非流通股份交易与会计信息质量

表 11-5 各组股东 DA 均值 T 检验

全部股东	全部股东（608）		其他股东（407）		发起人股东（169）	
	第一大股东	其他股东	发起人股东	非发起人股东	第一大股东为发起人	第一大股东非发起人
DA	-0.00023	-0.00504	0.00215	0.00544	-0.00019	0.00720*	-0.00239
t 值	-1.000	-1.282	0.750	1.408	-0.047	1.687	-0.262
N	608	201	407	169	238	138	31

注：* 在 0.1 的水平下统计显著（双尾检验）。

11.5.2 回归分析

表 11-6 模型 H11-1、模型 H11-2a、模型 H11-2b 检验结果

	模型（11-1）	模型（11-2）	模型（11-3.1）
$Constant$	-0.050 (-1.032)	-0.097 (-1.523)	-0.091 (-1.437)
$First$	-0.004 (-0.875)		
$Sponsor$		0.009* (1.779)	
$Sponsor\_FirstSponsor$			0.006** (2.112)
$Holding$		0.003 (0.059)	0.002 (0.049)
$Reduction$	0.002 (0.052)	0.014 (0.323)	0.016 (0.370)
ROA	0.762*** (13.678)	0.653*** (9.436)	0.655*** (9.469)
$Size$	0.002 (0.734)	0.003 (1.171)	0.003 (1.160)
$Lever$	0.009 (1.309)	0.019** (2.272)	0.020** (2.317)
Q	控制	控制	控制
Adjusted R^2	0.264	0.235	0.238

续表

	模型（11-1）	模型（11-2）	模型（11-3.1）
F	28.156***	14.828***	15.019***
N	608	407	407

注：***、**、*分别表示在0.01、0.05、0.1的水平以下统计显著（双尾检验）；括号内为t值。

表11-6列示了模型（11-1）、模型（11-2）和模型（11-3.1）的检验结果。从中可以看出，$First$ 的系数为负，但没有通过统计上的显著性测试。这表明减持的股东是否为第一大股东，对正向盈余管理没有显著影响，假说H11-1通过检验，即无论减持的股东是公司的第一大股东还是其他股东，其对盈余的正向操纵不存在显著差异，持股优势和股东合谋都能够实现预期目的。$Sponsor$ 的系数为正，并通过了显著性测试，这表明当其他股东为公司的发起人时，这部分股东减持时更有可能对会计盈余进行正向管理，假说H11-2a通过检验。发起人股东在盈余管理上的这种优势可能是多方面因素带来的，股东合谋是否是其中途径之一，还有待进一步检验。

$Sponsor\_FirstSponsor$ 的系数为正，也通过了显著性测试，这表明三组股东的盈余管理存在差异，从组A到组B再到组C，股东对盈余的操纵不断减弱。进一步看三组股东两两比较的结果。

表11-7 H11-2b检验结果

	模型（11-3.2） 组A vs. 组B	模型（11-3.3） 组A vs. 组C	模型（11-3.3） 组B vs. 组C
Constant	-0.261** (-2.414)	-0.086 (-1.291)	-0.061 (-0.816)
FirstSponsor	0.015 (1.546)		
Sponsor		0.012** (2.187)	-0.002 (-0.153)
Holding	-0.062 (-0.936)	0.015 (0.311)	0.002 (0.038)

续表

	模型（11-3.2） 组A vs. 组B	模型（11-3.3） 组A vs. 组C	模型（11-3.3） 组B vs. 组C
Reduction	0.110 (1.418)	0.012 (0.250)	-0.016 (-0.323)
ROA	0.638*** (3.508)	0.630*** (8.707)	0.670*** (9.002)
Size	0.012** (2.326)	0.003 (0.903)	0.002 (0.490)
Lever	-0.026 (-1.064)	0.023*** (2.677)	0.022** (2.412)
Q	控制	控制	控制
Adjusted R^2	0.119	0.231	0.302
F	3.530***	13.480***	13.838***
N	169	376	269

注：***、**、* 分别表示在0.01、0.05、0.1的水平以下统计显著（双尾检验）；括号内为t值。

表11-7列示了模型（11-3.2）和模型（11-3.3）的检验结果。从表11-7中可以看出，组A vs. 组C的回归中，Sponsor的系数显著为正，可见组A（发起人且第一大股东也为发起人）和组C（非发起人）相比，当股东为公司的发起人时更有可能进行正向盈余管理；而组B vs. 组C的回归中，Sponsor的系数没通过显著性测试，可见组B（发起人但第一大股东非发起人）和组C（非发起人）相比，是否为发起人对两类股东盈余管理没有显著影响。结合模型（11-2）的检验结果，即发起人股东（组A+组B）比非发起人股东（组C）更有可能操纵盈余，可以推论：发起人和非发起人之间在盈余管理的差异，一定程度上是由减持时公司的第一大股东是否也为发起人带来的。整体而言，发起人比非发起人更有可能操纵会计盈余，但是细分减持时第一大股东是否为发起人这一特征后，第一大股东发生变动的发起人股东其操纵盈余的优势消失了，因此，与同为发起人的第一大股东的合谋使得其他发起人股东有可能进行正向盈余管理。假说H11-2b通过检验。

从表 11-7 中还可以看出，组 A（发起人且第一大股东也为发起人）和组 B（发起人但第一大股东非发起人）的盈余管理差异性并不显著，这符合前文的判断。发起人股东影响公司决策的可能途径较多，合谋只是其中之一，两类股东盈余管理能力不存在显著差异也在情理之中。

11.6 补充检验

11.6.1 持股成本与盈余管理

中国上市公司的发展历程大致可以分为两个重要阶段：第一个阶段是股份公司成立；第二个阶段是首次公开发行股票并上市流通。前文研究所关注的"发起人股东"指的是在公司成立阶段就出资入股、承担公司组建职责的这部分非流通股东。在公司成立后到首次公开发行前，还有一部分股东也可能通过各种途径进入公司，研究将这部分非流通股东界定为"IPO 前股东"。"IPO 前股东"和发起人之间的利益关联可能弱一些，但其持股成本更高。

股份公司成立后公司还可能通过资产重组、股权交易等方式引入新的股东。资产重组通常包括增资扩股、吸收合并、债转股等方式，上市前的重组行为很多时候是为了响应政府的产业结构调整号召，或符合某些政策规定，而这一时期的股权交易也更多是一种行政划转，或对原来发起人职工股等历史遗留问题的处置。因此，参与重组的对象或股权受让方和公司原股东在业务或产权关系上都可能存在一定的关联性。另外，"IPO 前股东"其持股成本相对发起人也更高。发起人的入股方式主要有两种，即净资产折股或者现金认购，关于净资产折股比例国资管理部门通常会做出下限规定，现金认购则基本都是面值认购。相比之下，"IPO 前股东"其出资入股成本会更高。

在成本补偿的激励下，预期"IPO 前股东"会更有动力进行盈余管理，以获取较高的减持收益，而"IPO 前股东"与发起人股东之间的某些利益关联，也令其有可能影响会计盈余。因此，研究假设，"IPO 前股东"

更有可能对盈余进行正向管理。

研究设置了模型（11-4）对股东持股成本是否影响正向盈余管理进行检验。

$$DA = \beta_0 + \beta_1 Pre\text{-}IPO + \beta_2 Holding + \beta_3 Reduction +$$
$$\beta_4 ROA + \beta_5 Size + \beta_6 Lever + Q + \varepsilon \qquad (11-4)$$

研究对407个其他股东样本，就股东类型作了进一步分类。Pre-IPO为哑变量，表示其他股东是否为公司的"IPO前股东"，取值如表11-8所示。

表11-8 其他股东分组

分组	股东类型	数量	组E vs. 组D Pre-IPO 取值	组E vs. 组F Pre-IPO 取值
组D	发起人股东	169	0	
组E	IPO前股东	28	1	1
组F	IPO后股东	210		0

在股东分组的两两比较中，研究认为组E是更有可能进行盈余管理的股东类型，并预期Pre-IPO的符号为正。

表11-9 各组股东DA均值

	组D	组E	组F	组E vs. 组D	组E vs. 组F
DA	0.005439	0.024440	-0.003476	t值 1.769	t值 2.240
t值	1.408	1.966	-0.820		
N	169	28	210	197	238

表11-9是三组股东的DA均值。从表11-9中右侧两列的独立样本T检验可以看出，组E（IPO前股东）的DA均值要显著大于组D（发起人股东）和组F（IPO后股东）的DA均值（t=1.769, t=2.240）。描述性统计结果初步证明，"IPO前股东"更有可能进行正向盈余管理。

表11-10 模型（11-4）检验结果

	组E vs. 组D	组E vs. 组F
Constant	-0.164*	-0.013
	(-1.736)	(-0.166)

续表

	组 E vs. 组 D	组 E vs. 组 F
Pre-IPO	0.019*	0.032***
	(1.736)	(2.993)
Holding	-0.064	0.055
	(-0.925)	(0.878)
Reduction	0.101	-0.027
	(1.273)	(-0.509)
ROA	0.589***	0.649***
	(3.308)	(8.369)
Size	0.008*	-0.001
	(1.834)	(-0.291)
Lever	-0.032	0.027***
	(-1.394)	(2.819)
Q	控制	控制
Adjusted R^2	0.091	0.324
F	3.178***	13.562***
N	197	238

注：***、*分别表示在0.01、0.1的水平以下统计显著（双尾检验）；括号内为 t 值。

表11-10是模型（11-4）的回归结果。从表11-10中可以看出，两组回归中 Pre-IPO 的系数都显著为正。可见无论是和发起人股东相比，还是和"IPO 后股东"相比，"IPO 前股东"都更有可能对盈余进行正向操纵，研究假设通过检验，即股东的持股成本越高，其越有激励操纵盈余以配合减持需要。

11.6.2 股东性质与盈余管理

在现有研究中，股东性质也被认为是可能影响股东合谋决策的一项重要特征。Maury 和 Pajuste（2005）对股东制衡与公司价值的研究发现，股东制衡对公司价值的正向影响在家族控制公司中更为显著，因为在缺乏其他股东监督的情况下，家族股东更倾向于谋取控制权私利。并且其他股东的性质制约了制衡效应的发挥,如家族股东的制衡效应要小于机构投资者。针对中国上市公司的股东合谋问题,也有一些研究从股东性质角度展开讨论。陈信元、汪辉(2004)研究了上市公司第二大股东对第一大股东的监督问题,研究发现法人股股东的监督效力要强于国家股股东。刘星、刘伟(2007)研究了股东之间制衡与合谋选择对公司价值的影响,发现股东选择监督还是制衡受制于股东的性质。在第一、第二大股东分属不同性质的公司中,股权制衡的效果相对较好,而在第一、第二大股东属于同一性质的公司中,股东更有可能达成合谋。

基于以上研究发现,研究设置了模型(11-5)对股东性质是否可能影响减持前的盈余管理做进一步检验

$$DA = \beta_0 + \beta_1 SameNature + \beta_2 Holding + \beta_3 Reduction + \beta_4 ROA + \beta_5 Size + \beta_6 Lever + Q + \varepsilon \quad (11-5)$$

研究假设,当其他股东和减持时公司第一大股东的股权性质相同时(即同为国有股东或同为非国有股东),股东之间更有可能达成合谋,从而实现对盈余的正向管理;当其他股东和减持时公司第一大股东的股权性质不同时(即一方为国有股东另一方为非国有股东),股东之间无法实现合谋,盈余管理能力也随之减弱。$SameNature$ 为哑变量,表示减持的股东与第一大股东的性质是否相同。当股东的性质相同时,$SameNature=1$;否则 $SameNature=0$,研究预期 $SameNature$ 的符号为正。

表 11-11 各组股东 DA 均值

	股权性质相同	股权性质不同	股权性质相同		股权性质不同	
			Sponsor_FS	Others	Sponsor_FS	Others
DA	0.001619	0.002845	0.010185	-0.00333	0.002405	0.003036
t 值	0.399	0.724	1.719	-0.620	0.418	0.600
N	232	175	85	147	53	122
	股权性质相同 vs. 股权性质不同		股权性质相同 Sponor_FS vs. Others		股权性质不同 Sponor_FS vs. Others	
t 值	-0.212		1.611		-0.074	
N	409		232		175	

表 11-11 是各组股东 DA 均值和均值比较的结果,首先看测试变量 SameNature 的描述性统计结果。表 11-11 的均值比较结果显示,股权性质相同组和股权性质不同组股东的 DA 均值不存在显著差异（t = -0.212）,描述性统计不支持研究假说。由此可见,至少在配合减持的盈余管理问题上,股东性质可能未必是促成股东合谋的一个主要原因。

基于此,研究对依据股东性质划分的两组样本作进一步分类。根据模型 H11-2b 已证明的结果,将股权性质相同组中的"发起人股东且减持时第一大股东也为发起人"作为一组（Sponsor_ FS）,其余的股东归作为另一组（Others）。股权性质不同组的股东也作同样分类。从表 11-11 中可以看出,在股权性质相同组,Sponsor_ FS 的 DA 均值要大于 Others 的 DA 均值（t = 1.611）,但在股权性质不同组,Sponsor_ FS 和 Others 的 DA 均值不存在显著差异（t = -0.074）。描述性统计结果初步表明,股权性质的差异性无法影响股东的盈余管理,但如果同时考虑发起人身份带来的股东合谋问题,那么盈余管理的差异性能在一定程度上显现出来。

因此除模型（11-5）外,研究进一步采用模型（11-3.1）分别对股权性质相同组、股权性质不同组进行检验。当股东为"发起人股东且减持时第一大股东也为发起人"时,Sponsor_ FirstSponsor = 1；否则 Sponsor_ FirstSponsor = 0。

表 11-12 模型（11-5）、模型（11-3.1）检验结果

	模型（11-5）	模型（11-3.1） 股权性质相同	模型（5-3.1） 股权性质不同
Constant	-0.100 (-1.545)	-0.153 (-1.501)	-0.036 (-0.476)
SameNature	0.004 (0.795)		
Sponsor_ FirstSponsor		0.016** (2.054)	0.005 (0.724)

续表

	模型（11-5）	模型（11-3.1）股权性质相同	模型（5-3.1）股权性质不同
Holding	-0.007	-0.004	-0.017
	(-0.153)	(-0.056)	(-0.278)
Reduction	0.015	0.037	-0.043
	(0.343)	(0.540)	(-0.851)
ROA	0.658***	0.451***	0.814***
	(9.440)	(3.861)	(10.712)
Size	0.004	0.006	0.002
	(1.260)	(1.206)	(0.471)
Lever	0.017**	0.037***	-0.021
	(2.035)	(3.219)	(-1.333)
Q	控制	控制	控制
Adjusted R^2	0.230	0.171	0.426
F	14.454***	6.283***	15.338***
N	407	232	175

注：***、**、* 分别表示在0.01、0.05、0.1的水平以下统计显著（双尾检验）；括号内为t值。

表11-12是模型（11-5）和模型（11-3.1）的回归结果。从表11-12中可以看出，$SameNature$的系数为正但不显著，可见股东性质是否相同对股东合谋进行盈余管理没有解释力。在股东性质相同的情况下，$Sponsor\_FirstSponsor$的系数显著为正；但在股东性质不同的情况下，$Sponsor\_FirstSponsor$的系数不显著。这样的回归结果表明，虽然和第一大股东股权性质相同并不能带来有助于盈余管理的合谋，但如果同时考虑和第一大股东之间的发起人利益默契，那么还是可能达成合谋以操纵盈余的。但如果和第一大股东股权性质不同，发起人之间的利益默契可能也无法促成合谋。由此可见，较之股东性质，发起人身份可能是讨论股东合谋选择的一个更为主要的研究视角，而前者在股东合谋中可能只是发挥次要的作用。

11.7 研究结论

探讨中国上市公司的股东关系问题，离不开 30 年经济体制改革背景。以国有经济战略性改组为契机的历次产权结构调整，外生性地决定了上市公司的股权结构、股东构成、股东之间的利益关联等。从 20 世纪八九十年代的股份制改造、改制上市，到 2005 年开始的股权分置改革、2006 年开始的原非流通股限售解禁等，为本书研究公司成立时发起人选择可能带来的某些利益默契，以及由此引致的股东合谋、在特定事件中对控制权私利的分享等，提供了一个完整且连续的研究视角。

研究以非流通股减持过程中的盈余管理为切入点，考察股东合谋问题。研究首先考察了第一大股东和其他股东在减持中盈余管理的差异性，发现两者并不存在显著区别，可见持股优势和股东合谋都能实现对盈余的正向操纵。接着研究进一步细分了其他股东盈余管理的差异，发现其他股东中的发起人股东相对非发起人股东更可能操纵盈余，并且这部分股东与公司第一大股东（同为发起人）之间的合谋可能，很大程度上解释了这种差异性。就股东成本、股权性质对盈余管理影响的补充检验发现，IPO 前股东比发起人股东更有可能为了获取较高减持收益而操纵会计盈余，因为这部分股东比发起人具有更高的持股成本，而这为其操纵盈余提供了更为强烈的激励；股权性质问题无法解释股东在盈余管理上的差异性，这一特征可能不是考察中国上市公司股东合谋问题的主要研究视角。综上所述，发起人之间的利益关联是促成中国上市公司股东合谋的一个重要影响因素，并且这种合谋也带来了基于减持目的的盈余管理行为。

就未来研究而言，本书还存在可进一步拓展之处。首先，IPO 前股东和发起人之间的成本差异性问题，本书主要是基于制度背景进行定性分析，定量比较能够提供更为直接的支持。今后研究可以采用"入股成本＝每股入股价格/每股净资产"的计量方法，以每股净资产标准化后的购买成本在股东之间进行比较，进一步考察成本补偿激励对盈余管理行为的影响。其次，发起人股东可能通过多种途径介入公司经营决策，发起人合谋只是其中之一。发起人股东还可能对上市公司直接派驻高管、董事或监事,通过公司管理层实现利益诉求。因此,股东与上市公司高管合谋、共享控制权私利,也是未来研究可进行的方向。最后,配合减持需要的盈余管理较为间接地检验了股东合谋问题,相比之下,发起人利用信息优势的内幕交易、与上市公司的关联方交易等则是更为直接地合谋侵害市场中小投资者行为,也构成了未来股东合谋问题的研究内容。

参考文献

[1][冰]艾格特森著. 经济行为与制度[M]. 吴经邦,等,译. 北京:商务印书馆,2004.

[2]安灵,刘星,白艺昕. 基于海洋博弈的大股东制衡与合谋研究[J]. 管理工程学报,2008(3):1-5.

[3][美]伯利,米恩斯. 现代公司和私有财产[M]. 北京:商务印书馆,2004.

[4]蔡祥,李志文,张为国. 中国实证会计研究评述[J]. 中国会计与财务研究,2003(6).

[5]蔡祥,张海燕. 资产减值准备的计提、追溯与市场效应[J]. 中国会计与财务研究,2004(6):31-84.

[6]陈小悦,肖星,过晓艳. 配股权与上市公司利润操纵[J]. 经济研究,2000(1):30-36.

[7]陈信元,汪辉. 股东制衡与公司价值:模型及经验证据[J]. 数量经济技术经济研究,2004(11):102-110.

[8]陈晓,陈小悦,刘钊. A股盈余报告的有用性研究——来自上海、深圳股市的实证证据[J]. 经济研究,1999(6).

[9]陈晓,江东. 股权多元化、公司业绩与行业竞争性[J]. 经济研究,2000(8).

[10]陈小悦,徐晓东. "股权结构、企业绩效与投资者利益保护[J]. 经济研究,2001(11).

[11]陈信元,陈冬华,时旭. 公司治理与现金股利:基于佛山照明的案

例研究[J]. 管理世界,2003(11).

[12]程小可. 公司盈余质量评价与实证分析[M]. 北京:清华大学出版社,2004.

[13][美]道格拉斯·C. 诺斯. 经济史中的结构与变迁[M]. 上海:上海三联书店,1991.

[14]董辅礽. 国有企业应当进行股权结构的调整[M]//国企改革攻坚15题. 北京:中国经济出版社,1997.

[15]杜滨,李若山,乔俞. 中国上市公司盈余管理程度研究[J]. 中国金融学,2003(1):99-118.

[16]费方域. 企业的产权分析[M]. 上海:上海三联书店,上海人民出版社,1998.

[17]葛家澍. 会计基本理论与会计准则问题研究[M]. 北京:中国财政经济出版社,2000.

[18]葛家澍,刘峰. 会计理论——关于财务会计概念结构的研究[M]. 北京:中国财政经济出版社,2003.

[19]葛家澍,杜兴强. 财务会计概念框架与会计准则问题研究[M]. 北京:中国财政经济出版社,2004.

[20]何浚. 上市公司治理结构的实证分析[J]. 经济研究,1998(5).

[21]何佳,何基报."中国股市重大事件信息披露与股价异动[R]. 深证证券交易所综合所研究报告,2001.

[22]何清涟. 现代化的陷阱:当代中国的经济社会问题[M]. 北京:今日中国出版社,1998.

[23]何自力. 法人资本所有制与公司治理[M]. 天津:南开大学出版社,1997.

[24]洪剑峭,薛皓. 股权制衡对关联交易和关联销售的持续性影响[J]. 南开管理评论,2008(1):24-30.

[25]洪剑峭,薛皓. 股权制衡如何影响经营应计的可靠性[J]. 管理世界,2009(1):153-161.

[26]胡汝银. 中国资本市场的发展与变迁[M]. 上海:格致出版社,2008.

[27]黄余海,王贤英."股东大会浓缩股市精华[J]. 上市公司,1998(9).

[28]黄渝祥,孙艳,邵颖红,王树娟. 股权制衡与公司治理研究[R]. 同济大学学报,2003(9):1102-1116.

[29]孔翔,陈炜. 我国上市公司应该选择什么样的股权结构[R]. 深圳证券交易所研究报告,2005.

[30][美]科斯,阿尔钦,诺斯. 财产权利与制度变迁[M]. 上海:上海三联书店,上海人民出版社,1994.

[31][美].科斯. 企业、市场与法律[M]. 盛洪,等,译. 上海:上海三联书店,1990.

[32]柯武刚,史曼飞. 制度经济学:社会秩序与公共政策[M]. 北京:商务印书馆,2000.

[33]雷光勇,刘慧龙. 大股东控制、融资规模与盈余操纵程度[J]. 管理世界,2006(1):129-136.

[34]赖建清. 我国上市公司的所有权和控制权对绩效的影响研究[D]. 厦门:厦门大学,2005.

[35]朗咸平. 三家典型的派现公司[J]. 新财富,2002(2).

[36]朗咸平. 从历史动荡看中国今天需要怎样的公司治理[J]. 新财富,2002(11).

[37]刘峰. 会计准则变迁[M]. 北京:中国财政经济出版社,2000.

[38]刘峰. 制度安排与会计信息质量[J]. 会计研究,2001(7).

[39]刘峰,吴风,钟瑞庆. 会计准则能提高会计信息质量吗?——来自中国股市的初步证据[J]. 会计研究,2004(5).

[40]刘峰,贺建刚. 股权结构与大股东利益实现方式的选择[Z]. 中国第二届实证会计国际研讨会论文集,2003.

[41]刘小玄. 上市公司股权结构与绩效分析[M]//海通证券年报

2000. 长春:吉林人民出版社,2001.

[42] 刘芍佳,李骥. 终极产权与企业绩效[J]. 经济研究,2003(4).

[43] 刘芍佳,孙霈,刘乃全. 终极产权、股权结构和公司绩效[J]. 经济研究,2003(4).

[44] 刘鸿儒. 突破——中国资本市场发展之路[M]. 北京:中国金融出版社,2008.

[45] 刘星,刘伟. 监督抑或共谋——我国上市公司股权结构与公司价值的关系研究[J]. 会计研究,2007(6):68-75.

[46] 刘迎秋. 中国非国有经济改革与发展30年研究[M]. 北京:经济管理出版社,2008.

[47] 卢纹岱. 统计分析[M]. 北京:电子工业出版社,2002.

[48] 卢现祥. 西方新制度经济学[M]. 北京:中国发展出版社,2003.

[49] 林舒,魏明海. 中国A股发行公司首次公开募集过程中的盈余管理[J]. 中国会计与财务研究,2000(2):87-107.

[50] 陆建桥. 中国亏损上市公司盈余管理实证研究[J]. 会计研究,1999(9):25-35.

[51] 陆正飞,魏涛. 配股后业绩下降:盈余管理后果与真实业绩滑坡[J]. 会计研究,2006(8):52-59.

[52] 李心丹,宋素荣,卢斌,查晓磊. 证券市场内幕交易的行为动机研究[J]. 经济研究,2008(10).

[53] 李增泉,王志伟,孙铮. 隧道挖掘与所有权安排[Z]. 中国第二届实证会计国际研讨会论文集,2003.

[54] 李增泉,孙铮,任强. 所有权与现金股利政策[J]. 中国会计与财务研究,2004(4):48-72.

[55] 李增泉,余谦,王晓坤. 掏空、支持与并购重组[J]. 经济研究,2005(1):95-105.

[56] 李增泉. 我国上市公司资产减值政策的实证研究[J]. 中国会计与财务研究,2001(4):70-113.

[57] 李志文,宋衍蘅. 股权结构会影响筹资决策吗?——来自中国赛格系公司的案例[Z]. 中国会计教授会,2002.

[58] 毛世平. 金字塔股权结构与股权制衡效应[J]. 管理世界,2009(1):140-151.

[59] [美]普特曼,科洛茨纳. 企业的经济性质[M]. 孙经纬,译. 上海:上海财经大学出版社,2002.

[60] 宋力,韩亮亮. 大股东持股比例对代理成本影响的实证分析[J]. 南开管理评论,2005(1):30-34.

[61] 尚福林. 开弓没有回头箭[N]. 上海证券报,2005-05-16.

[62] 司可脱,著. 财务会计理论[M]. 陈汉文,等,译. 北京:机械工业出版社,2000.

[63] 苏启林,朱文. 上市公司家族控制与企业价值[J]. 经济研究,2003(8).

[64] 沈艺峰. 资本结构理论史[M]. 北京:经济科学出版社,1999.

[65] 沈艺峰,沈洪涛. 公司财务理论主流[M]. 大连:东北财经大学出版社,2004.

[66] 史永东,蒋贤锋. 内幕交易、股价波动与信息不对称[J]. 世界经济,2004(12).

[67] 孙永祥,黄祖辉. 上市公司的股权结构与绩效[J]. 经济研究,1999(12).

[68] 孙兆斌. 股权集中、股权制衡与上市公司的技术效率[J]. 管理世界,2006(7):115-124.

[69] 孙铮,王跃堂. 资源配置与盈余操纵之实证研究[J]. 财经研究,1999(4):3-11.

[70] 唐齐鸣,张云. 基于公司治理视角的中国股票市场非法内幕交易研究[J]. 金融研究,2009(6).

[71] 唐跃军,李维安,谢仍明. 大股东制衡、信息不对称与外部审计约束[J]. 审计研究,2006(5):33-39.

[72]唐跃军,谢仍明.股份流动性、股权制衡机制与现金股利的隧道效应——来自1999—2003年中国上市公司的证据[J].中国工业经济,2006(2).

[73][美]瓦茨,齐默尔曼.实证会计理论[M].陈少华,等,译.大连:东北财经大学出版社,1999.

[74]吴东辉.中国上市公司应计项目选择的实证研究[J].中国财务与会计研究,2001(3).

[75]吴敬琏.十年纷纭话股市[M].上海:上海远东出版社,2001.

[76]吴敬琏.当代中国经济改革[M].上海:上海远东出版社,2003.

[77]吴联生,王亚平.盈余管理程度的估计模型与经验证据:一个综述[J].经济研究,2007(8):143-152.

[78]魏涛,陆正飞,单宏伟.非经常性损益盈余管理的动机、手段和作用研究——来自中国上市公司的经验证据[J].管理世界,2007(1):113-121.

[79]王亚平,吴联生,白云霞.中国上市公司盈余管理的频率与幅度[J].经济研究,2005(12):102-112.

[80]王跃堂,孙铮,陈世敏.会计改革与会计信息质量[J].会计研究,2001(7).

[81]夏立军.盈余管理计量模型在中国股票市场的应用研究[J].中国会计与财务研究,2003(2):94-154.

[82]徐莉萍,辛宇,陈工孟.股权集中度和股权制衡及其对公司经营绩效的影响[J].经济研究,2006(1):90-100.

[83]许小年,王燕.中国上市公司的所有制结构与公司治理,梁能主编,公司治理结构:中国的实践与美国的经验[M].北京:中国人民大学出版社,2000.

[84]于东智.股权结构、治理效率与公司绩效[J].中国工业经济,2001(5).

[85]晏艳阳,赵大玮.我国股权分置改革中内幕交易的实证研究[J].

金融研究,2006(4).

[86]张华,张俊喜,宋敏. 所有权和控制权分离对企业价值的影响——我国民营上市企业的实证研究[J]. 经济学(季刊),2004(3).

[87]张红军. 中国上市公司股权结构与公司绩效的理论与实证分析[J]. 经济科学,2000(4).

[88]张军. 现代产权经济学[M]. 上海:上海三联书店,1991.

[89]张维迎. 企业理论与中国企业改革[M]. 北京:北京大学出版社,1995.

[90]张新,祝红梅. 内幕交易的经济学分析[J]. 经济学(季刊),2003(10).

[91]张宗新. 内幕交易行为预测:理论模型与实证分析[J]. 管理世界,2008(4).

[92]张宗新,沈正阳. 内幕操纵、市场反应与行为识别[J]. 金融研究,2007(6).

[93]曾庆生. 公司内部人具有交易时机的选择能力吗?[J]. 金融研究,2008(10).

[94]曾亚敏,张俊生. 上市公司高管违规短线交易行为研究[J]. 金融研究,2009(11).

[95]赵景文,于增彪. 股权制衡与公司经营业绩[J]. 会计研究,2005(12):59-64.

[96]赵子夜. 业务复杂度、股权制衡和独立董事行业监督力[J]. 经济科学,2006(5):74-82.

[97]赵宇龙. 会计盈余与股价行为[M]. 上海:上海三联书店,2000.

[98]朱红军,汪辉. 股权制衡可以改善公司治理吗?——宏智科技股份有限公司控制权之争的案例研究[J]. 管理世界,2004(10):114-140.

[99]周业安. 金融抑制对中国企业融资能力影响的实践研究[J]. 经济研究,1999(2).

[100]Abarbanell, J. and R. Lehavy, Biased Forecasts or Biased Earnings?

The Role of Reported earnings in Explaining Apparent Bias and Over/Underreaction in Analysts' Earnings Forecasts[J]. *Journal of Accounting and Economics*, 2003,36:105 – 146.

[101]Agrawal, A. and J. F. Jaffe. Does Section 16b Deter Insider Trading by Target Managers [J]. *Journal of Financial Economics*, 1995, 39 (2): 295 – 319.

[102]Aharony J. , C. J. Lee and T. J. Wong. Financial Packaging of IPO Firms in China[J]. *Journal of Accounting Research*,2000, 38:103 – 126.

[103]Ako, D. Insider Trading: A Review of Theory and Empirical Work [J]. *Journal of Accounting and Finance Research*, 2003:11(1).

[104]Alford, Andrew, Jennifer Jones, Richard Leftwich and Mark Zimijewski. The Relative Informativeness of Accounting Disclosures in Different Countries[J]. *Journal of Accounting Research* 1993, 31: 183 – 223.

[105]Ali, Ashiq and Lee – Seok Hwang. Country – specific Factors Related to Financial Reporting and The Value Relevance of Accounting Data [J]. *Journal of Accounting Research*, 2000,38: 1 – 21.

[106]Ausubel L. M. Insider Trading in A Rational Expectations Economy [J]. *The American Economic Review*,1990,80(5): 1022 – 1041.

[107]Bae, Kee – Hong, Jun – Koo Kang and Jin – Mo Kim. Tunneling or Value Added? Evidence from Mergers by Korean Business Groups[J]. *Journal of Finance*, 2002,December: 2695 – 2740.

[108]Bainbridge, S. M. Insider Trading[J]. *Encyclopedia of Law and Economics*, 2000:772 – 812.

[109]Ball, Ray, S. P. Kothari and Ashok Robin. The Effect of International Institutional Factors on Properties of Accounting Earnings[J]. *Journal of Accounting and Economics*,2000,29: 1 – 51.

[110]Ball, Ray, Ashok Robin and Joanna Shuang Wu. Incentives Versus Standards: Properties of Accounting Income in Four East Asian Countries [J].

Journal of Accounting and Economics, 2003, 36: 235 - 270.

[111] Banerjee, A. and E. W. Eckard. Why Regulate insider Trading? Evidence from The First Great Merger Wave[J]. *The American Economic Review*, 2001, 91(5): 1329 - 1349.

[112] Barclay, M. J. and J. B. Warner. Stealth Trading and Volatility: Which Trades Move Prices? [J]. *Journal of Financial Economics*, 1993, 34 (3): 281 - 305.

[113] Barclay, Michael J. and Clifford, G. Holderness. Private Benefits from Control of Public Corporations[J]. *Journal of Financial Economics*, 1989, 25: 861 - 878.

[114] Bartov, E., P. Mohanram. Private Information, Earnings Manipulations and Executive Stock - Option Exercises[J]. *The Accounting Review*, 2004, 79: 889 - 920.

[115] Basu, Sudipta. The Conservatism Principle and The Asymmetric Timeliness of Earnings [J]. *Journal of Accounting and Economics*, 1997, 24: 3 - 37.

[116] Bebchuk, L. A. A Rent - protection Theory of Corporate Ownership and Control[J]. Working Paper, John M. Olin Center for Law, *Economics and Business*, Harvard University, 1999.

[117] Bebchuk, Lucain, Kraakman, Reinier, Triantis, George. Stock Pyramids, Cross - ownership, and Dual Class Equity: The Creation and Agency Costs of Separating Control form Cash Flow Rights[J]. *Working Paper*, Yale School of Management's Economics Research Network, 1998.

[118] Bebchuk, L. A., and M. K. A Framework for Analyzing Legal Policy towards Proxy Contests[J]. *California Law Review*, 1990, 78: 1071 - 1135.

[119] Bertrand, Marianne, Aaras Mehta and Sendhil Mullainathan. Ferreting Out Tunneling: An Application to Indian Business Groups [J]. *Quarterly Journal of Finance*, 2002, February: 121 - 148.

[120] Beneish, M. and M. Vargus, Insider trading. Earnings Quality and Accrual Mispricing[J]. *The AccountingReview*, 2002,77:755 – 791.

[121] Bennedsen, M. and D. Wolfenzon. The Balance of Power in Closely Held Corporation[J]. *Journal of Financial Economics*,2000, 58:113 – 139

[122] Bergstresser, D. and T. Philippon. CEO Incentive and Earnings Management[J]. *Journal of Financial Economics*, 2006,80:511 – 529.

[123] Bhattacharya, U. and H. Daouk. The World Price of Insider Trading [J]. *The Journal of Finance*,2002,57(1): 75 – 108.

[124] Bloch, F., and U. Hege. Multiple Shareholders and Control Contests[J]. *Working Paper*,2001.

[125] Bolton, P. and E. von Thadden. Blocks, Liquidity and Corporate Control[J]. *Journal of Finance*,1998, 1:1 – 25.

[126] Burgstahler, D. and I. Dichev. Earnings Management to Avoid Earnings Decreases andosses [J]. *Journal of Accounting and Economics*, 1997, 24:99 – 126.

[127] Burgstahler, D. C. and M. J. Eames. Earnings Management to Avoid Losses and Earnings Decreases: Are Analysts Fooled? [J]. *Contemporary Accounting Research*,2005, 20: 253 – 294.

[128] Burkart, M., D. Gromb and F. Panunzi. Large Shareholders, Monitoring and The Value of The Firm[J]. *Quarterly Journal of Economics*, 1997: 694 – 728.

[129] Cao, C., L. C. Field and G. Hanka. Does Insider Trading Impair Market Liquidity? Evidence from IPO Lockup Expirations[J]. *The Journal of Financial and Quantitative Analysis*, 2004,39(1): 25 – 46.

[130] Carline, N. F., S. C. Linn and P. K. Yadav. The Influence of managerial Ownership on The Real Gains Incorporate Mergers and Market Revaluation of Merger Partners: Empirical Evidence [EB/OL]. Working Paper,2002.

[131] Chen, K. and H. Yuan. Earnings Management and Capital Resource

Allocation: Evidence from China's Accounting – based Regulation of Rights Issues[J]. *The Accounting Review*,2004,79:645 – 665.

[132] Cheng, Q. and K. Lo. Insider Trading and Voluntary Disclosure [J]. *Journal of Accounting Research*,2006, 44(5):815 – 848.

[133] Cheng, Q. and T. D. Warfield. Equity Incentives and Earnings Management[J]. *The AccountingReview*2005,80:441 – 476.

[134] Claessens, Stijin and S. Djankov. Managers, Incentives and Corporate Performance: Evidence from The Czech Republic [EB/OL]. SSRN Working Paper,1998.

[135] Claessens, Stijn, Simeon Djankov, Joseph, P. H. Fan and Larry H. P. Lang. Expropriation of Minority Shareholders: Evidence from East Asia [EB/OL]. World Bank Policy Research Working Paper No. 2088,1999.

[136] Claessens, Stijn, Simeon Djankov and Larry, H. P. Lang. The Separation of Ownership and Control in East Asian Corporations[J]. *Journal of Financial Economics*,2000,58: 81 – 112.

[137] Claessens, Stijn, Simeon Djankov, Joseph, P. H. Fan and Larry H. P. Lang. Disentangling the Incentive and Entrenchment Effects of Large Shareholdings[J]. *Journal of Finance*,2002:2741 – 2771.

[138] Claessens, Stijn and Joseph P. H. Fan. Corporate Governance in Asia: A Survey[J]. *International Review of Finance*,2002: 71 – 103.

[139] Craswell, A. T., S. L. Taylor and R. A. Saywell. Ownership Structure and Corporate Performance: Australian Evidence[J]. *Pacific – Basin Finance Journal*,1997,5: 301 – 323.

[140] Das, S. andH. Zhang. Rounding – up in Reported EPS, Behavioral Thresholds and Earnings Management[J]. *Journal of Accounting and Economics*, 2003, 35:31 – 50.

[141] Dechow, P. M. and I. D. Dichev. The Quality of Accruals and Earnings: The Role of Accrual Estimation Errors[J]. *The Accounting Review*,

2002, 77:35 - 59.

[142] DeFond, M. L. and C. W. Park. Smoothing Income in Anticipation of Future Earnings[J]. *Journal of Accountin and Economics*, 1997, 24:115 - 139.

[143] DeFond, M. L. and J. Jiambalvo. Debt Covenant Violation and Manipulation of Accruals [J]. *Journal of Accounting and Economics*, 1994, 17:145 - 176.

[144] Degeorge, F., J. Patel and R. Zeckhauser. Earnings Management to Exceed Thresholds[J]. *Journal of Business*, 1999, 72:1 - 35.

[145] Demsetz, H. Toward A Theory of Property Rights[J]. *American Economic Review*.

[146] Demsetz, H. and K. Lehn. The Structure of Corporate Ownership: Causes and Consequences [J]. *Jorumal of Political Economy*, 1985, 93: 1155 - 1177.

[147] Denis, Diane K.. Twenty - five Years of Corporate Governance Research and Counting[J]. *Review of Financial Economics*. 2003, 10:191 - 212.

[148] Denis, Diane K. and John J. McConnell. International Corporate Governance [J]. *Journal of Financial and Quantitative Analysis*, 2003. 38:1 - 36.

[149] Dhillon, A., and S. Rossetto. Corporate Control and Multiple Large Shareholders[J]. *University of Warwick Working Paper*, 2007.

[150] DuCharme, L. L., P. H. Malatesta and S. E. Sefcik. Earnings Management, Stock Issues and Shareholder Lawsuits[J]. *Journal of Financial Economics*, 2004, 71:27 - 49.

[151] Durtschi, C. and P. Easton. Earnings Management? The Shapes of the Frequency Distributions of Earnings Metrics Are Not Evidence Ipso Facto [J]. *Journal of Accounting Research*, 2005, 43:557 - 592.

[152] Dyck, A. and L. Zingales Private Benefits of Control: An International Comparison[J]. *Journal of Finance*(forthcoming 2002).

[153] Easton, Peter D. and Trevor S. Harris. Earnings as An Explanatory

Variable for Returns[J]. *Journal of Accounting Research*, 1991,29: 19 – 36.

[154] Elizabeth, M. S. Earnings Management using Classification Shifting: An Examination of Core Earnings and Special Items[J]. *The Accounting Review*, 2006,81:501 – 531.

[155] Erickson, M. and S. Wang. Earnings Management by Acquiring Firms in Stock for Stockmergers[J]. *Journal of Accounting and Economics*,1999, 27:149 – 176.

[156] Faccio, M. and L. H. P. Lang. The Ultimate Owmership of Westerm European Corporations,[J]. *Journal of Financial Economics*,2002, 65:365 – 396.

[157] Faccio, M., and L. Lang Separation of Ownership from Control: An Analysis of Ultimate Ownership in Western Europe[J]. *Working Paper, Chinese University of Hong Kong*,2000.

[158] Faccio, M., L. Lang and L. Young Dividends and Expropriation [J]. *The American Economic Review*, 2001,91:54 – 78.

[159] Fama, E. F. and M. C. Jensen Agency Problems and Residual Claims[J]. *Journal of Law & Economics*,June,1983.

[160] Fama, Eugene, F. Michael, C. Jensen Agency Problems and Residual Claims[J]. *Journal of Law & Economics*, XXVI(Jume),1983.

[161] Fan, J. and T. J. Wong. Corporate Ownership Structure and The Informativeness of Accounting Earnings in East Asia[J]. *Journal of Accounting and Economics*,2002,33:401 – 425.

[162] Fidrmuc, J. P., M. Goergen and L. Renneboog. Insider Trading, News Release and Ownership Concentration[J]. *The Journal of Finance*, 2006, 61(6): 2931 – 2973.

[163] Fishman, M. and K. M. Hagerty. Insider Trading and The Efficiency of Stock Prices[J]. *The RAND Journal of Economics*,1992, 23(1): 106 – 122.

[164] Friedman, Eric, Simon Johnson and Todd Mitton. Propping and Tunneling[J]. *Journal of Comparative Economics*,2003,31:732 – 750.

[165] Francis, J., K. Schipper and L. Vincent. Earnings and Dividend Informativeness When Cash Flow Rights are Separated from Voting Rights [J]. *Journal of Accounting and Economics*, 2005, 39: 329 – 360.

[166] Gabrielsen, Gorm, Jeffrey, D. Gramlich and Thomas Plenborg. Managerial Ownership, Information Content of Earnings and Discretionary Accruals in A Non – US Aettings [J]. *Journal of Business Finance and Accounting*, 2002, 29(7) & (8): 967 – 988.

[167] Gomes, A. and W. Novaes. Multiple Large Shareholders in Corporate Governance [J]. *Working Paper of the Wharton School*, 1999.

[168] Gorton, G. and F. A. Schmid. Universal Banking and the Performance of German Firms [J]. *Journal of Financial Economics*, 2000, 58: 28 – 80.

[169] Grossman, Sanford and Olive Hart. Takeover bids, The Free – ride Problem and The Theory of The Corporation [J]. *Bell Journal of Economics*, 1980, 11: 42 – 64.

[170] Grossman, Sanford and Olive Hart. The Costs and Benefits of Ownership: A Theory of Vertical and Lateral Integration [J]. *Journal of Political Economics*, 1986, 94, 691 – 719.

[171] Grossman, Sanford and Olive Hart. One Share – one Vote and The Market for Corporate Control [J]. *Journal of Financial Economics*, 1988, 20: 175 – 202.

[172] Gutierrez, M. and J. A. Tribo. Private Benefits Extraction in Closely-held Corporations: The Case for Multiple Large Shareholders [J]. *Discussion Paper*, 2004: 53, ECGI.

[173] Healy, P. M. and J. M. Wahlen. A Review of The Earnings Management Literature and Its Implications for Standard Setting [J]. *Accounting Horizons*, 1999, 13: 365 – 383.

[174] Heron, R. A. and E. Lie. Does Backdating Explain The Stock Price Patternaround Executive Stock Option Grants [J]. *Journal of Financial Econom-*

ics1999, 83(2): 271-295.

[175] Holderness, C. G. , Randall, S. Kroszner and Dennes, P. Sheehan. Were The Good Old Days That Good? Changes in The Managerial Stock Ownership since Great Depression[J]. *Journal of Finance*, 1999, 54:435-469.

[176] Holerness, C. G. A Survey of Blockholders and Corporate Control [J]. *Economic Policy Review*, 2001, 9(1):54-64.

[177] Holerness, C. G. and Sheehan, D. P. The Role of Majority Shareholders in Publicly Held Corporations[J]. *Journal of Financial Economics*, 1988, 20: 317-346.

[178] Holerness, Clifford G.. A Survey of Blockholders and Corporate Control [J]. *FRBNY Economic Policy Review* April, 2003: 51-64.

[179] Hribar, P. , N. T. Jenkins and B. Johnson. Stock Repurchases as An Earnings Management Device [J]. *Journal of Accounting and Economics*, 2006, 41:3-27.

[180] Hu, J. and T. H. Noe. The Insider Trading Debate[J]. *Federal Reserve Bank of Atlanta Economic Review*, 1997, Fourth Quarter: 34-45.

[181] Huddart, S. , B. Ke, and C. Shi. Jeopardy, Non-public Information and Insider Trading around SEC 10-K and 10-Q Filings[J]. *Journal of Accounting and Economics*, 2007, 43(1): 3-36.

[182] Johnson, S. , P. Boone, A. Breach and E. Friedman. Corporate Governance in the Asian Financial Crisis[J]. *Journal of Financial Economics*, 2000, 58:141-186.

[183] Jensen, M. C.. Agency Costs of Free Cash Flow, Corporate Finance and Takeovers[J]. *American Economic Review*, 1986, May:323-329.

[184] Jensen, M. C. and W. H. Meckling. Theory of The Firm: Managerial Behavior, Agency Costs and Ownership Structure[J]. *Journal of Financial Economics* , 1976, 3:305-360.

[185] Jensen, M. C. and J. B. Warner. The Distribution of Power among

Corporate Managers, Shareholders and Directors [J]. *Journal of Financial Economics*, 1988, 20, 3 – 24.

[186] Jensen, Michael, C. and Richard, S. Ruback. The Market for Corporate Control: The Scientific Evidence [J]. *Journal of Financial Economics*, 1983, 11:5 – 50.

[187] Johnson, Simon, Rafael La Porta, Florencio Lopez – de – Silanes, and Andrei Shleifer. Tunneling [J]. *Harvard Institute of Economic Research Discussion Paper*, No. 1887, 2000.

[188] Jung, Kooyul and Soo Young Kwon. Ownership Structure and Earnings Informativeness Evidence from Korea [J]. *International Journal of Accounting*, 2002, 37:301 – 325.

[189] Ke, B. , S. Huddart and K. Petroni. What Insiders Know about Future Earnings and How They Use It: Evidence from Insider Trades [J]. *Journal of Accounting and Economics*, 2002, 35(3):315 – 346.

[190] Khanna, Tarun. Business Groups and Social Welfare in Emerging Markets: Existing Evidence and Unanswered Questions [J]. *European Economic Review*, 2000, 44:748 – 761.

[191] Kole, Stacey R. . Measuring Managerial Equity Ownership: A Comparison of Sources of Ownership data [J]. *Journal of Corporate Finance*, 1995, 1: 413 – 435.

[192] La Porta, Rafael, Florencio Lopez – de – Silanes, Andrei Shleifer, and Robert Vishny. Law and Finance [EB/OL]. *NBER Working Paper* No. 5661, 1996.

[193] La Porta, Rafael, Florencio Lopez – de – Silanes, Andrei Shleifer, and Robert Vishny. Legal Determinants of External Finance [J]. *Journal of Finance*, 1997, 52:1131 – 1150.

[194] La Porta, Rafael, Florencio Lopez – de – Silanes, Andrei Shleifer, and Robert Vishny. The Quality of Government [EB/OL]. Working Paper, 1998.

[195] La Porta, Rafael, Florencio Lopez – de – Silanes, Andrei Shleifer, and Robert Vishny. Agency Problems and Dividend Policies around The World [J]. *Journal of Finance*, 2000a:1 – 33.

[196] La Porta, Rafael, Florencio Lopez – de – Silanes, Andrei Shleifer, and Robert Vishny. Investor Protection and Corporate Governance[J]. *Journal of Financial Economics*, 2000b, 58: 3 – 27.

[197] La Porta, Rafael, Florencio Lopez – de – Silanes, Andrei Shleifer, and Robert Vishny. Investor Protection and Corporate Valuation[J]. *Journal of Finance*, 2002:1147 – 1170.

[198] La Porta, R., F. Lopez – de – Silanes and A. Shleifer. Corporate Ownership Around The World[J]. *Journal of Finance*, 1999, 54:471 – 517.

[199] Lease, R. C, J. J. McConnell and W. H. Mikkelson. The Market Value of Differential Voting Rights in Closely Held Corporations[J]. *Jounal of Financial Economics*, 1984, 57:443 – 467.

[200] Lee, C. J. and X. Xiao. Cash Dividends and Large Shareholder Expropriation in China[J]. Working Paper, *Tsinghua University*, 2002.

[201] Lehmann, E., and J. Weigand. Does the Governed Corporate Perform Better? Governance Structures and Corporate Performance in Germany [J]. *European Finance Review*, 2000, 4:157 – 195.

[202] Lins, K. V. Equity Ownershio and Firm Value in Emerging Markets [J]. *Journal of Financial and Quantitative Analysis*, this volume, 2003.

[203] Lins, K and H. Servaes. International Evidence on the Value of Corporate Diversification[J]. *Journal of Finance*, 1999, 54:2215 – 2240.

[204] Llorente, G., R. Michaely, G. Saar and J. Wang. Dynamic Volume-return Relation of Individual Atocks[J]. *The Review of Financial Studies*, 2002, 15(4): 1005 – 1047.

[205] Manne, H. G.. *Insider Trading and the Stock Market*[J]. New York, Free Press, 189ff, 1966.

[206] Manove, M. The Harm from Insider Trading and Informed Speculation[J]. *The Quarterly Journal of Economics*,1989,104(4):823-845.

[207] Maury, B. and A. Pajuste. Multiple Large Shareholders and Firm Value[J]. *Journal of Banking and Finance*, 2005,29:1813-1834.

[208] McAnally, M. L., A. Srivastava and C. D. Weaver. Executive Stock Options, Missed Earnings Targets and Earnings Management[J]. *The Accounting Review*,2008,83:185-216.

[209] McConnell, John L. and Henri Servaes. Additional Evidence on Equity Ownership and Corporate Value [J]. *Journal of Financial Economics*, 1990,38:163-184.

[210] Miguel, A., J. Pindado and C. de la Torre. Ownership Structure and Firm Value: New Evidence from The Spanish Corporate Governance System [EB/OL]. *SSRN Working Paper*,2001.

[211] Mikkelson, Wayne and Hailu Regassa. Premiums Paid in Block Transactions[J]. *Managerial and Decision Economics*,1991,12:511-517.

[212] Mitton, T. A Cross-Firm Analysis of the Impact of Corporate Governance on the East Asian Financial Crisis[J]. *Journal of Financial Economics*,64:215-242.

[213] Morck, Randall, Andrei Shleifer and Robert Vishny. Managerment Ownership and Market Valuation: An Empirical Analysis[J]. *Journal of Financial Economics*,1998,20:293-316.

[214] Nagar, V., K. Petroni and D. Wolfenzon. Governance Problems in Close Corporations[J]. *NYU Pollack Center for Law & Business Working Papers*, 2008.

[215] Nancy, R. Insider trading[J]. *Crime and Justice*,1993,18:55-96.

[216] Nicodano, Giovanna and Alessandro Sembnelli. Private Benefits, Block Transaction Premia and Ownership Structure[Z]. Unpublished Paper, Universite of Turin,2000.

[217] Noe, C. F. Voluntary Disclosures and Insider Transactions [J]. *Journal of Accounting and Economics*, 1999, 27(3): 305 – 326.

[218] Ofek E. and D. Yermac. Taking Stock: Equity – Based Compensation and the Evolution of Managerial Ownership [J]. *The Journal of Finance*, 2000, 55(3): 1367 – 1384.

[219] Pagano, M. and Roel, A. The Choice of Stock Ownership Structure: Agency Costs, Monitoringand The Decision to Go Public [J]. *Quarterly Journal of Economics*, 1998, 113: 187 – 225.

[220] Park, M. S. and T. , Park. Insider Sales and Earnings Management [J]. *Journal ofAccounting and Public Policy*, 2004, 23: 381 – 411.

[221] Perry, S. and T. Williams. Earnings Management Preceding Management Buyout Offers [J]. *Journal of Accounting and Economics*, 1994, 18: 157 – 179.

[222] Rangan, S. Earnings Management and The Performance of Seasoned Equity Offerings [J]. *Journal of Financial Economics*, 1998, 50: 101 – 122.

[223] Rogers J. L. Disclosure Quality and Management Trading Incentives [J]. *Journal of Accounting Research*, 2008, 46(5): 1265 – 1296.

[224] Roulstone, D. T. The Relation between Insider – trading Restrictions and Executive Compensation [J]. *Journal of Accounting Review*, 2003, 41(3): 525 – 551.

[225] Scott, W. R. *Financial accounting theory* [M]. Third Edition, Toronto: Prentice Hall, 2003.

[226] Schotland, R. A. Unsafe at Any Price: A Reply to Manne, Insider Trading and The Stock Market [J]. *Virginia Law Review*, 1967, 53: 1425 – 1478.

[227] Seyhun, H. N. The Effectiveness of The Insider – trading Sanctions [J]. *Journal of Law and Economics*, 1992, 35(1): 149 – 182.

[228] Shivakumar, L. Do Firms Mislead Investors by Overstatingearnings before Seasoned Equity Offerings? [J]. *Journal of Accounting and Economics*,

2000,29:399 - 371.

[229] Shleifer, Andrei and Robert Vishny. Large Shareholders and Corporate Control[J]. *Journal of Political Economy*,1986, 94:461 -488.

[230] Shleifer, A. and R. Vishny. A Survey of Corporate Governance [J]. *Journal of Finance*, 1997,52:737 -782.

[231] Shleifer, Andrei and Robert Vishny. Politician and Firms [J]. *QuarterlyJournal of Economics*,1994,1. 9(4).

[232] Short, H. and K. Keasey. Managerial Ownership and The Performance of Firms: Evidence from The UK[J]. *Journal of Corporate Finance*, 1999, 5: 79 -101.

[233] Skinner, D. J. and R. G. Sloan. Earnings Surprises, Growth Expectations and Stock Returns or Don't Let An Earnings Torpedo Sink Your Portfolio [J]. *Review of Accounting Studies*,2002,7:289 -312.

[234] Subramanyam, K. R. The Pricing of Discretionary Accruals [J]. *Journal of Accounting and Economics*, 1998,22:249 -28.

[235] Teoh, S. H. , I. Welch and T. J. Wong. Earnings Management and The Long - term Market Performance of Initial Public Offerings[J]. *Journal of Finance*, 1998,a(53):1935 -1974.

[236] Teoh, S. H. , I. Welch and T. J. Wong. Earnings Management and The Post - issue Performance of Seasoned Equity Offerings[J]. *Journal of Financial Economics*, 1998,b(50):63 -99.

[237] Teoh, Siew Hong and T. J. Wong. Perceived Auditor Quality and The Earnings Response Coefficient [J]. *The Accounting Review*, 1993, 68: 346 -366.

[238] Volpin, P. Governance with Poor Investor Protection: Evidence from Top Executive Turnover[J]. *Journal of Financial Economics*, 1993,64:61 -90.

[239] Warfield, T. D. , J. J. Wild and K. L. Wild. Managerial Ownership, Accounting Choices and Informativeness of Earnings[J]. *Journal of Ac-

counting and Economics, 1995, 20:61 - 91.

[240] Wiwattanakantang. Controlling Shareholders and Corporate Value: Evidence from Thaliand[J]. *Pacific - Basin Finance Journal*, 2001, 9:323 - 362.

[241] Wolfenzon, Daniel. A Ttheory of Pyramidal Ownership[J]. *Working Paper, New York University*, 1999.

[242] Wurgler, Jeffrey. Financial Markets and The Allocation of Capital [J]. *Journal of Financial Economics*, 2000, 58: 187 - 214.

[243] Yeo, Gillian H. H., Patricia M. S. Tan, Kim Wai Ho and Sheng - Syan Chen. Corporate Ownership Structure and The Informativeness of Earnings [J]. *Journal of Business Finance and Accounting*, 2002, 29 (7) & (8): 1023 - 1046.

[244] Zingales, L.. The Value of the Voting Right: A Study of the Mllan Stock Exchange Experience[J], *Review of Financial Studies*, 1984, 7:124 - 148.

[245] Zwiebel, J. Block Investment and Partial Benefits of Corporate Control[J]. *Review of Economic Studies*, 1995, 62:161 - 185.

索 引

B

伯利和米恩斯命题 7

C

财务报告质量 3

产权 1

D

大小非 137

代理问题 1

F

发起人 90

非流通股份 2

G

股东关系 2

股东合谋 2

股东制衡 4

股权分置改革 2

股权结构 1

关联交易 3

I

IPO 117

J

减持 2

解禁 2

K

控制权 2

L

LLSV 范式 1

利益输送 2

N

内幕交易 2

T

投资者法律保护 1

X

现金流权 119

Y

盈余管理 4

Z

最终控制人 2